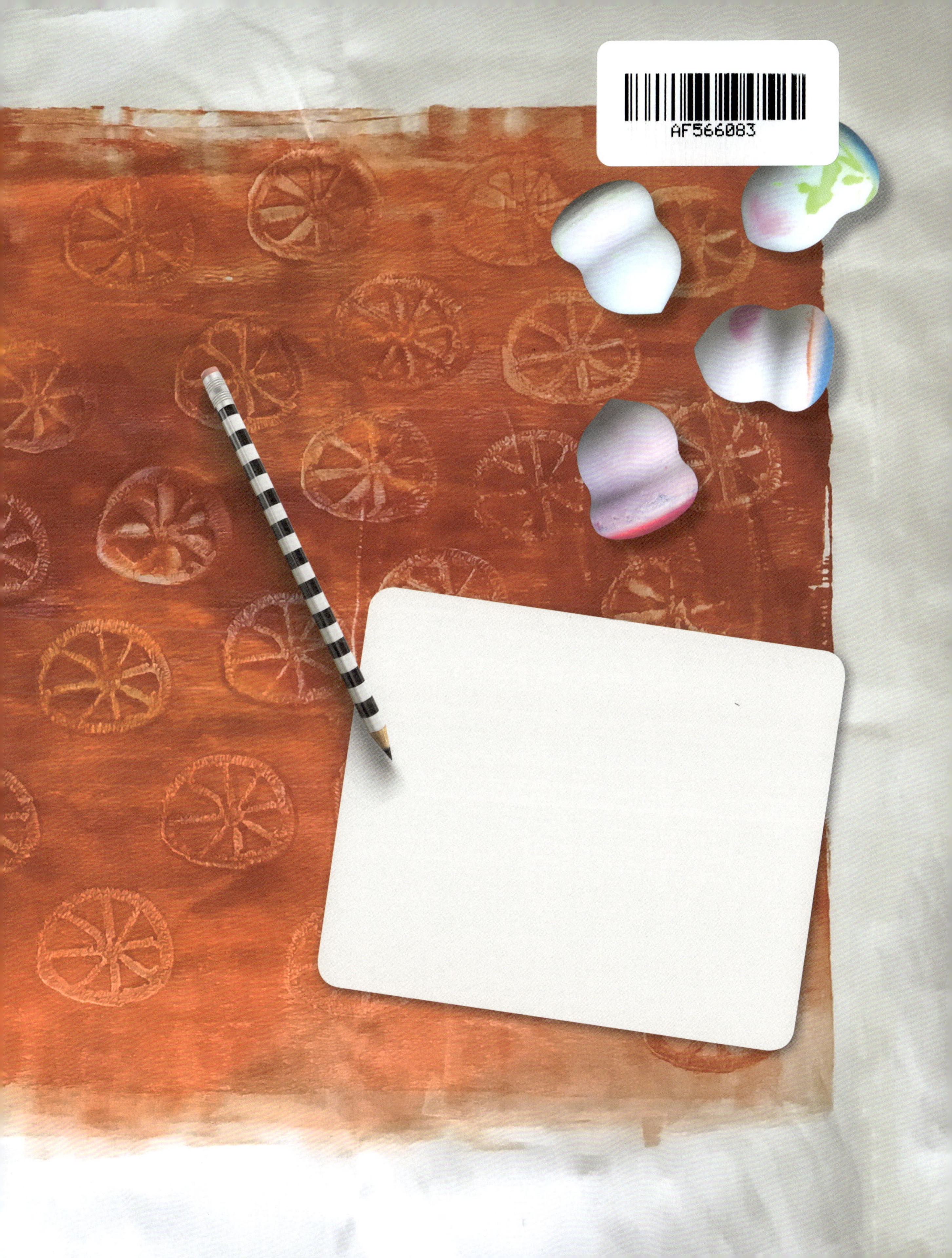

Angelika Holz
Dagmar Steinmetzer

FRISCH GESCHNITTEN

Upcycling
mit dem Plotter

plotterbuch.de

Impressum

Text, Gestaltung und Satz: Angelika Holz
Konzept, Projekte: Angelika Holz, Dagmar Steinmetzer
Lektorat: Dr. Barbara Dierolf
Fotos: Astrid Algermissen, Angelika Holz

Veröffentlicht: 2019 im Selbstverlag
www.plotterbuch.de

Herausgeber: Angelika Holz
Selma-Lagerlöf-Ring 22
14822 Borkwalde

Druck: optimal media GmbH, Röbel/Müritz

ISBN 978-3-9818772-4-3
1. Auflage 2019

Auch wenn wir im Buch vereinzelt die maskuline Anrede benutzt haben, so ist der Text dennoch genderneutral zu verstehen.

Liebe Leserinnen, liebe Leser,

alle, die schon eine Weile mit dem Plotter arbeiten, haben sie – die Mappen, Kisten oder gar Schränke voller Folien, Papieren, Stoffen und mehr.

Je nach Persönlichkeit der Besitzer haben die Materialien unterschiedliche Größen. Die einen heben noch winzige Restchen auf, die einfach zu schade zum Wegwerfen waren und die anderen haben Rollen mit vielen Metern Material vorrätig.

Die meisten DIYer liegen irgendwo dazwischen, genau wie wir. Um mit gutem Beispiel voran zu gehen, haben wir für dieses Buch keine neuen Materialien gekauft, außer ein paar Töpfchen Farbe.

Wir wollen mit diesem Buch aber nicht die Moralapostel spielen. Wir wollen vielmehr helfen, all die Schätze, die ihr habt, zu erkennen und sinnvoll zu verwerten.

Dies endet nicht bei den klassischen Plottermaterialien. Auch im Haushalt gibt es jede Menge Verpackungsmaterial und ausgediente Textilien, die sich mit etwas Kreativität zu ganz neuen Werken verarbeiten lassen.

Das schont sowohl den Geldbeutel als auch die Umwelt. Außerdem schafft das Arbeiten mit vorhandenen und recycelten Materialien nicht nur Platz, sondern macht auch den Kopf frei und fördert die Kreativität.

Die Projekte in diesem Buch können mit Schneideplottern aller Marken nachgearbeitet werden.

Viel Spaß beim Arbeiten mit diesem Buch wünschen

Angelika & Dagmar

Inhaltsverzeichnis

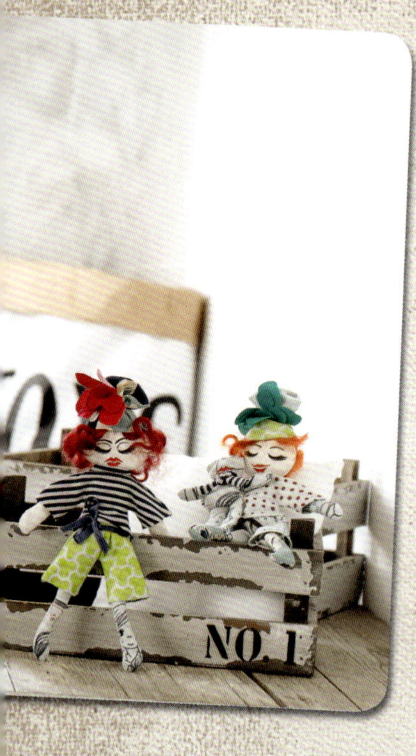

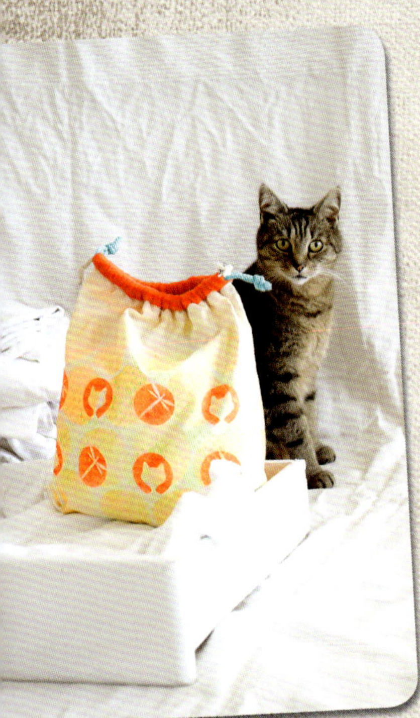

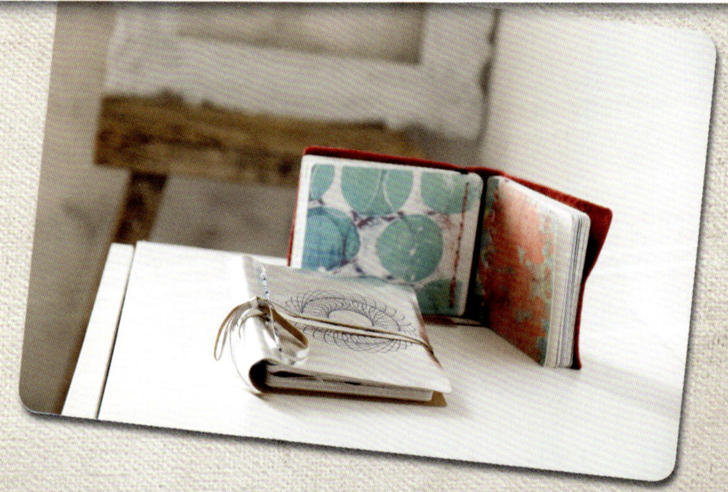

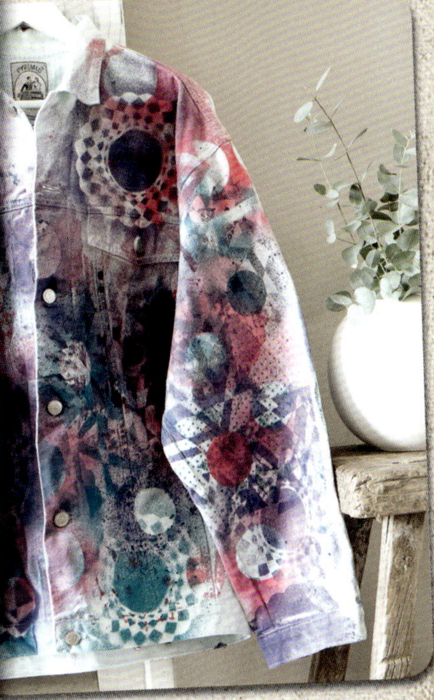

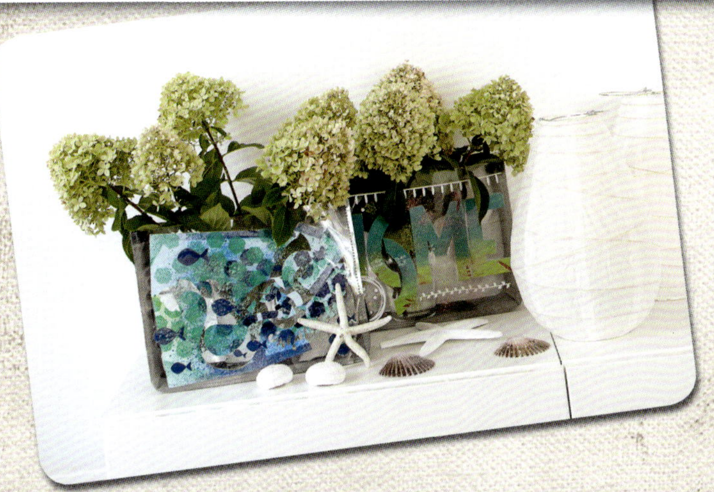

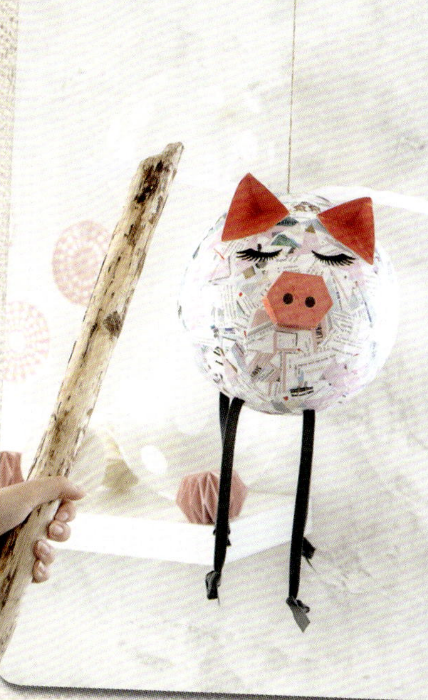

Die Autorinnen

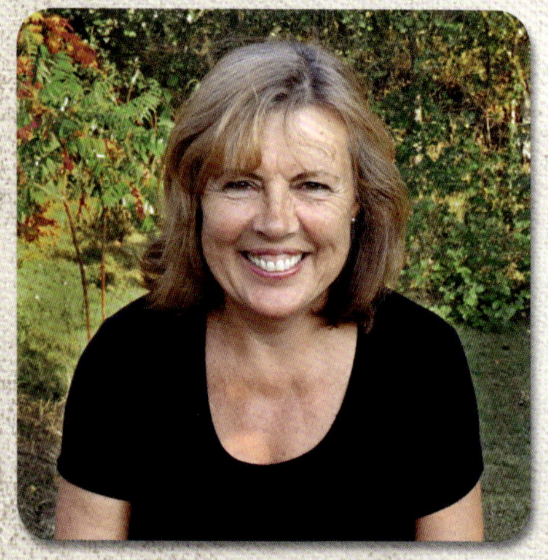

Dagmar Steinmetzer

ist vielseitig, experimentierfreudig, neugierig und technikaffin, aber auch händisch begabt und immer sehr gespannt, was sich als Nächstes ereignet.

Sie ist als Kräuterpädagogin viel in der Natur, leitet Rücken- und Entspannungskurse und ganzheitliche Gedächtnistrainings drinnen und draußen.

Sehr viel Freude bringt ihr auch die große Familie mit Mann, vier Kindern, Schwiegerkindern und Enkeln. "Es ist immer etwas los und im Fluss, das ist toll! Auf zu neuen Ufern...."

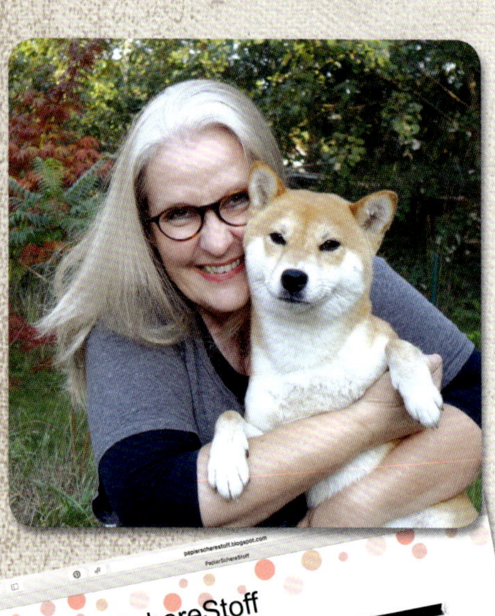

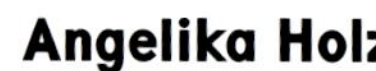

Angelika Holz

lebt südlich von Berlin mitten im Grünen. Sie liebt die Natur, aber auch die Möglichkeiten der modernen Technik und die Weiten des Internets.

Als Designerin entwirft, druckt, zeichnet und plottet sie fröhliche Produkte für den täglichen Gebrauch. Sie mag "echte" Materialien zum Anfassen genauso gern wie bunte Designs am Computer.

Auf ihrem Blog "PapierSchereStoff" schreibt sie über ihre kreativen Leidenschaften und gibt viele Tipps, Ideen und Anleitungen zum Basteln, Nähen und Plotten.

Angelika Holz gibt auch Workshops in Ihrem gemütlichen Holzhaus auf dem Land.

Und sie wird weiter Bücher schreiben...

Follow me!

Upcycling mit dem Plotter

Upcycling mit dem Plotter ist einfach.
Du musst nur ein wenig umdenken.

Normalerweise planst du ein Projekt und beschaffst dir dann das benötigte Material.

Bei den Projekten in diesem Buch machen wir es genau anders herum. Du hast bereits viele Materialien, die du verarbeiten möchtest und kannst hier die dazu passenden Ideen finden.

Auf den Seiten 16 und 17 findest du das Projekt- und Materialverzeichnis, das dir zuerst die Materialien auflistet und dann die Projekte auflistet, bei denen du diese Materialien verwenden kannst.

Wenn du eine große Menge und Vielfalt an Materialien hast, solltest du dir vorab ein wenig Zeit nehmen, dir einen Überblick zu verschaffen, was du überhaupt besitzt und deine Schätze sinnvoll ordnen.

Viele finden Aufräumen lästig, aber du bekommst auch hierbei ein wenig Hilfe und ein System an die Hand, das dir auch beim Sortieren von anderen Dingen im Haushalt helfen kann.

Sicher wirst du auch einige tolle Entdeckungen machen und dich beim Aufräumen schon darauf freuen, endlich etwas aus all den schönen Materialien zu machen.

Vorab ein bisschen Theorie...

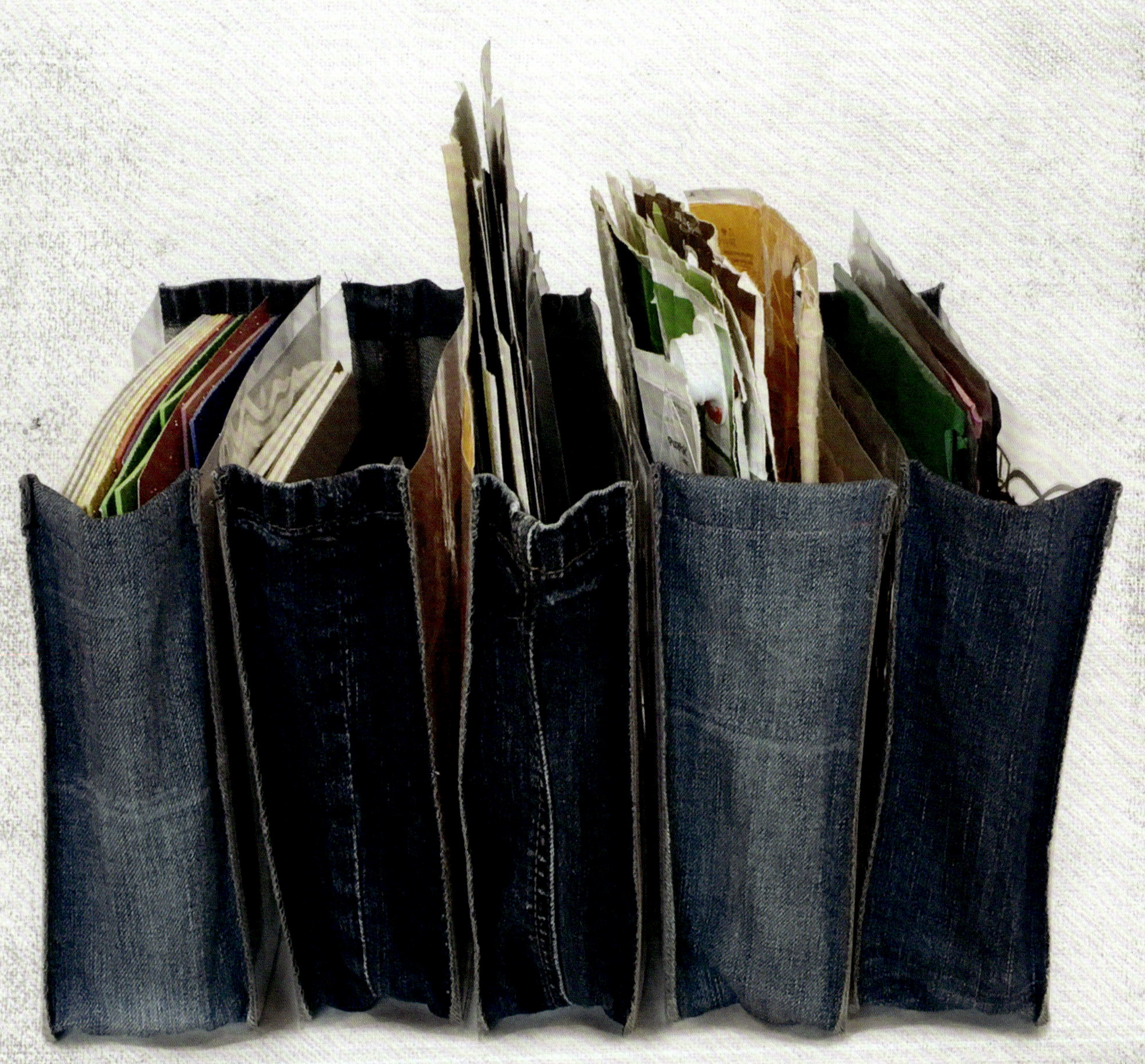

Recycling

Recycling bedeutet, etwas wieder in den Nutzungskreislauf zurück zu bringen.
Der Ausdruck Recycling ist umgangsprachlich der Oberbegriff für die Sammlung, Bearbeitung und Wiederverwertung von Produkten und Stoffen, deren ursprüngliche Nutzung zu Ende ist.
Tatsächlich ist Recycling jedoch der Prozeß, einen entsorgten Wertstoff durch Umarbeiten in einen wiederverwendbaren anderen Stoff umzuwandeln.

Upcycling

Upcycling nennt man den Vorgang, einen kaputten oder unschönen Gegenstand so zu bearbeiten und aufzuwerten, dass er wieder benutzt werden kann und vielleicht schöner ist als zuvor.
Der Wert eines solchen Gegenslands steigt mit der Bearbeitung. Daher kommt das „up".
Das Upcyceln kannst du sehr gut selbst praktizieren, z. B. mit getragenen Textilien.

Downcycling

Beim Downcycling verlieren die Produkte und Wertstoffe durch Recycling an Wert.
Ein gutes Beispiel hierfür ist z. B. Altpapier, dessen Fasern mit jeder weiteren Verarbeitung kürzer und brüchiger werden.
Zum Erhalt der Brauchbarkeit müssen nach dem fünften bis siebten Zyklus wieder neue Holzfasern beigemischt werden.

Strukturiert

Wenn du ein disziplinierter Mensch bist und alle Reste und Materialien fein säuberlich sortiert an einem Ort aufbewahrst, kannst du direkt weiterblättern zur Projektübersicht auf S. 16 – 17.

oder chaotisch?

Falls du jedoch wie wir eine eher ungeordnete Materialsammlung hast und sich deine Reste an vielen verschiedenen Stellen befinden, bekommst du auf den folgenden Seiten Hilfe, deine Schätze zusammenzutragen und dir einen Überblick zu verschaffen, was du überhaupt alles hast.

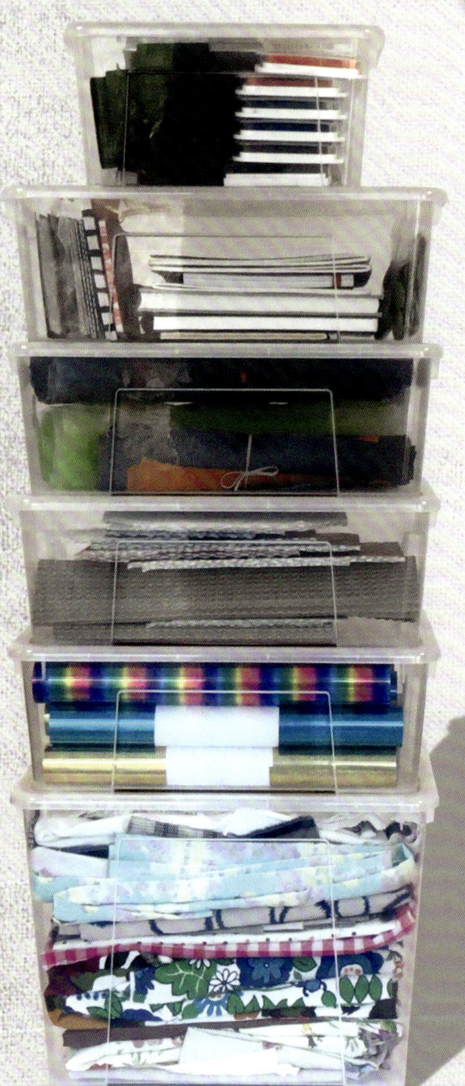

Meine Materialien:

- *Bügelfolien*
- *Vinylfolien*
- *Scrapbook-Papier*
- *Moosgummi*
- *Kunstleder*
- *Filz*
- *Stoffe*
- *Stofffarben*

Bestandsaufnahme

Bevor du loslegst, solltest du eine Bestandsaufnahme machen, um zu sehen, was du überhaupt für Materialien hast und wieviel davon.

Am besten ist es, vorab eine Liste zu schreiben mit allen Materialien, die dir einfallen. Vergiß auch nicht entlegene Ecken deiner Wohnung oder Werkstatt.

So kannst du dir einen ersten Überblick verschaffen und geeignete Behälter zum Vorsortieren suchen. Dazu eignen sich flache Pappschachteln oder Ordnungsboxen, die du bereits hast.

Du brauchst eine Box für jedes Material und einige Boxen zusätzlich für unerwartete Funde.

Manche Materialien möchtest du vielleicht in ganze Bogen oder Rollen und Kleinreste unterscheiden.

Denke auch an Farben und Bastelmaterialien, die du vielleicht hast und auch endlich einmal verbrauchen möchtest.

Sechs Schritte zur Ordnung

1. Materialien aufschreiben.
2. Je 1 – 2 Behälter pro Material finden (Kartons, Boxen).
3. Behälter beschriften.
4. Materialien in die Behälter vorsortieren.
5. Die Materialien innerhalb der Behälter nach Farbe, Art oder Größe feinsortieren.
6. Materialien an ihren vorerst endgültigen Platz legen oder am besten gleich etwas daraus machen.

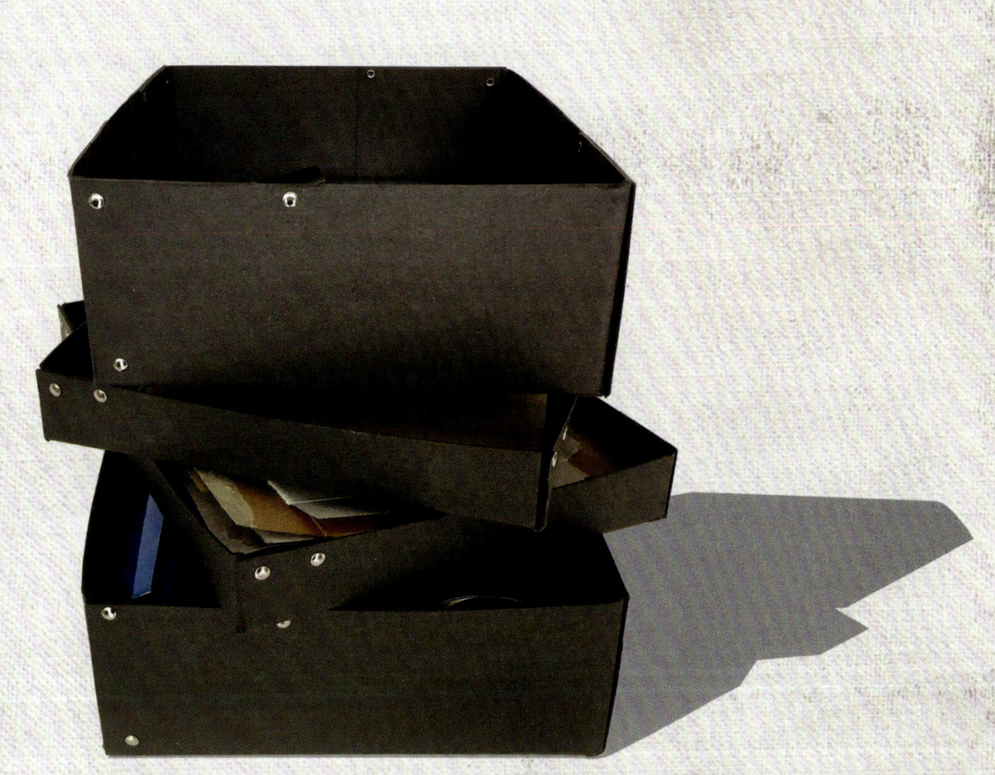

Noch mehr Material?

Jetzt hast du deine Plotter, Bastel- und Nähmaterialien erfasst. Aber es gibt noch mehr Material in jedem Haushalt, das deine Aufmerksamkeit verdient.

Was ist eigentlich Material, das es wert ist, verarbeitet zu werden?
Im Grunde ist alles, was du einmal gekauft hast und das nicht verderblich ist, von Wert und kann sich bei genauerem Hinsehen als wahrer Schatz entpuppen.

Besonders Verpackungsmaterialien kannst du prima mit dem Plotter verwerten, denn Abfall ist nicht gleich Müll. Wie das Wort schon sagt, fällt dabei etwas ab. Und das kann durchaus noch nützlich sein.

Jedes Stück, das du aufarbeitest, anstatt etwas Neues zu kaufen, leistet einen kleinen Beitrag zum Umweltschutz. Und wenn alle, die einen Plotter haben, etwas nachhaltiger arbeiten, macht das ganz schön was aus.

Tipp!

Dieses einfache Ordnungssystem lässt sich übrigens auch für Hausrat, Spielzeug und im Büro anwenden.

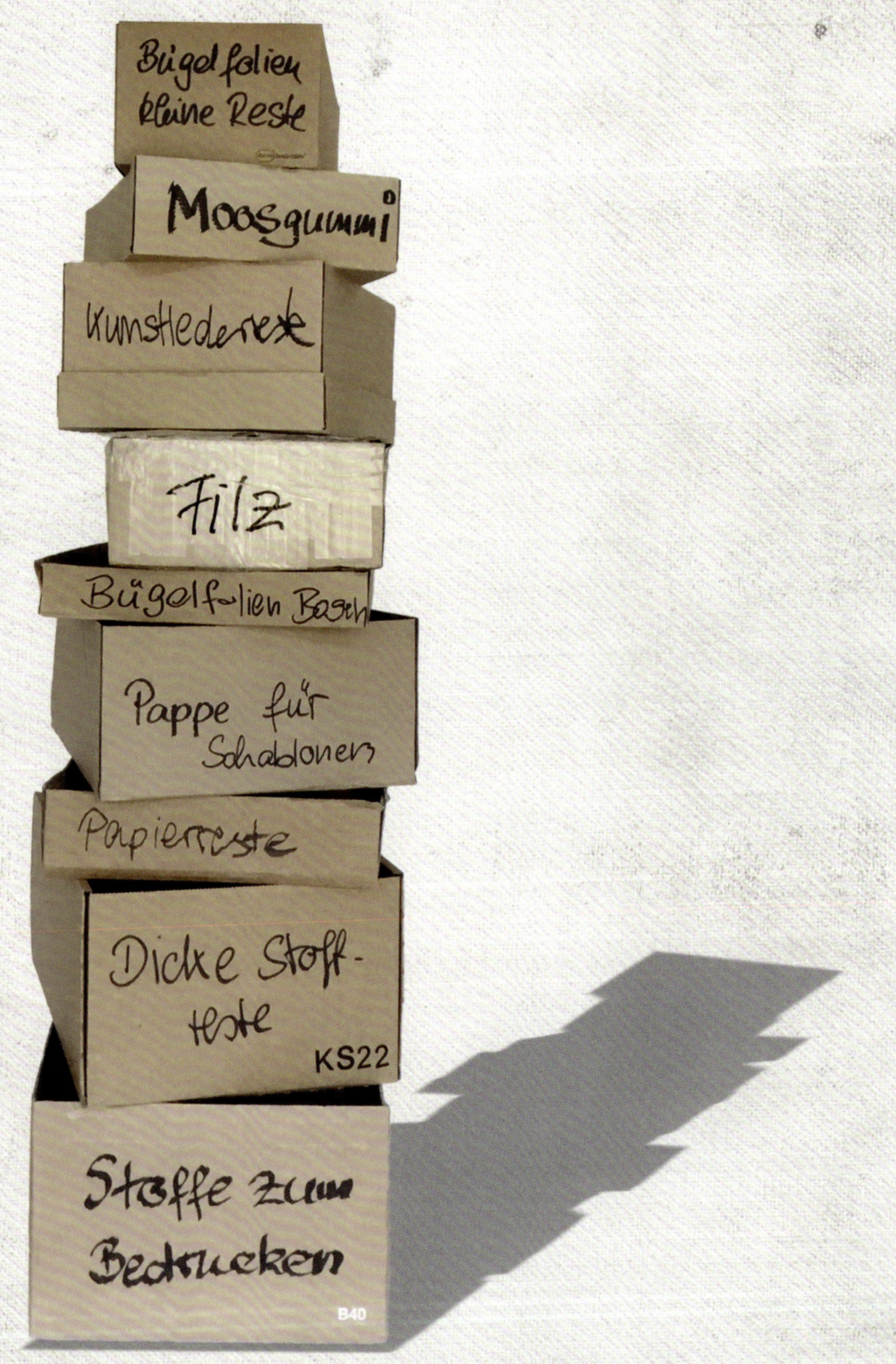
Bügelfolien
kleine Reste
Moosgummi
Kunstlederreste
Filz
Bügelfolien Bogen
Pappe für
Schablonen
Papierreste
Dicke Stoff-
reste
KS22
Stoffe zum
Bedrucken
B40

Wenn du die Tipps auf den Seiten zuvor befolgt hast, sind deine Schätze jetzt nach Materialtypen in Kartons oder Boxen vorsortiert und so beschriftet, dass du alles, was du suchst, leicht wiederfinden kannst.

Nun nimmst du dir jeden Behälter noch einmal einzeln vor. Kartons, die zu voll sind, teilst du weiter auf und sortierst den Inhalt nach Farben oder Größen.

Je nach Beschaffenheit des Materials, kannst du es innerhalb der Box in Hüllen weiter unterteilen. Manchmal ist es auch sinnvoll eine zweite oder dritte Box für einen Materialtyp anzulegen. Denke daran, auch neu angelegte Behälter zu beschriften.

Tipp!

Mit einem Laminiergerät kannst du aus Schneideresten geeignete Hüllen und Ordnungshelfer selbst herstellen (siehe S. 152).

Jetzt musst du dich nur noch auf das Abenteuer Upcycling einlassen.

Vielleicht fühlst du dich nach dem Sortieren schon ein wenig erleichtert. Jetzt hat die Kreativität viel Raum dazu gewonnen, um sich zu entfalten.

Projekt- und Materialverzeichnis

Bastelmaterialien

Bügelfolien

Farben

Papier

Stoffe, Leder und Kunstleder

Verpackungsmaterial

Vinylfolien

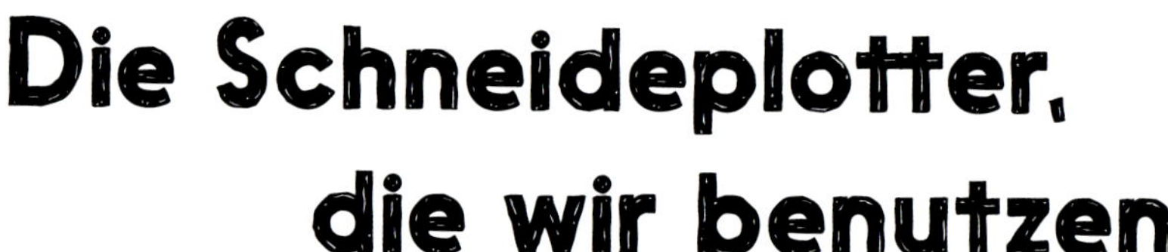

Die Schneideplotter, die wir benutzen

Die Hersteller von Schneideplottern haben sich im letzten Jahr einiges einfallen lassen, um ihre Geräte noch leistungsfähiger und benutzerfreundlicher zu machen.
Jeder Plotter hat seine Stärken.

Die meisten Projekte im Buch können mit allen Plottern nachgearbeitet werden. Wenn du mit deinem eigenen Gerät gut umgehen kannst, wirst du seine Grenzen kennen und wissen, wie du das Beste aus ihm herausholen kannst.

Alle drei Markengeräte, mit denen wir arbeiten, bieten eine eigene Technik, auch kleine Reste auf der Schneidematte darzustellen, damit du sie anschließend passgenau ausschneiden kannst.

Diese Verfahren sind an jedem unserer drei Lieblingsplotter sehr unterschiedlich. Wir stellen die Geräte und ihre Resteverwertungstechnik auf den nachfolgenden Seiten kurz vor.

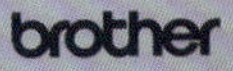

Der Cricut Maker®

Der Cricut Maker® ist das aktuell neueste Gerät auf dem deutschen Markt. Der Plotter ist edel und stabil gestaltet mit Messerhaltern aus Metall und einer sich selbst öffnenden vorderen Abdeckung.

Mit 4 kg Anpressdruck ist der Cricut Maker® ein Kraftpaket, das mit Leichtigkeit auch dicke und harte Materialien wie z. B. Graupappe und Balsaholz schneiden kann.
Er ist derzeit das einzige Gerät mit einem Rollschneider, was ihn beim Stoffschneiden unschlagbar macht.

Der Cricut Maker® wird per Kabel oder Bluetooth über die Cricut® App mit dem PC verbunden. Er kann jedoch auch mit dem Smartphone oder Tablet gesteuert werden.

Mit der Software Design Space® von Cricut® können auch eigene Dateien am Computer erstellt und an den Plotter übertragen werden.
Plotterdateien, die mit anderen Programmen erstellt wurden, können mit der Cricut® App oder im Design Space® geöffnet und dann geschnitten oder gezeichnet werden.

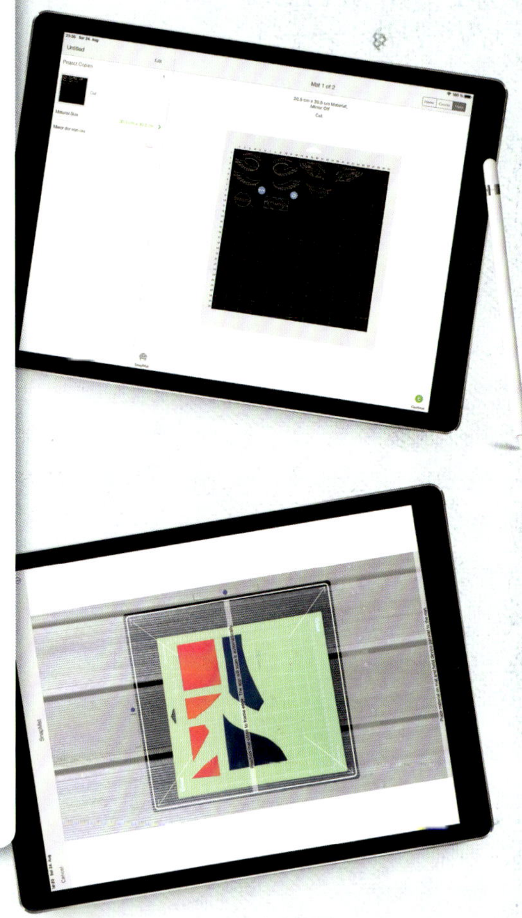

Für den Cricut®-Plotter gibt es die Funktion „SnapMat", um die auf der Schneidematte befindlichen Reststücke abzufotografieren und passgenau zu schneiden.

Das geht so:

1. Du klebst deine Reste auf die Schneidematte.
2. Öffne die Cricut® App auf deinem Tablet oder Smartphone.
3. Erstelle oder importiere deine Wunschmotive.
4. Gehe auf „Herstellen" oder „Make it".
5. Dann tippst du links unten am Bildschirm auf die Funktion „SnapMat".
6. Halte den Bildschirm über deine vorbereitete Matte.
7. Das Programm scannt die Matte und bildet sie im Programm ab.
8. Tippe einmal auf jedes Motiv und verschiebe es.
9. Dann schneide die Motive.

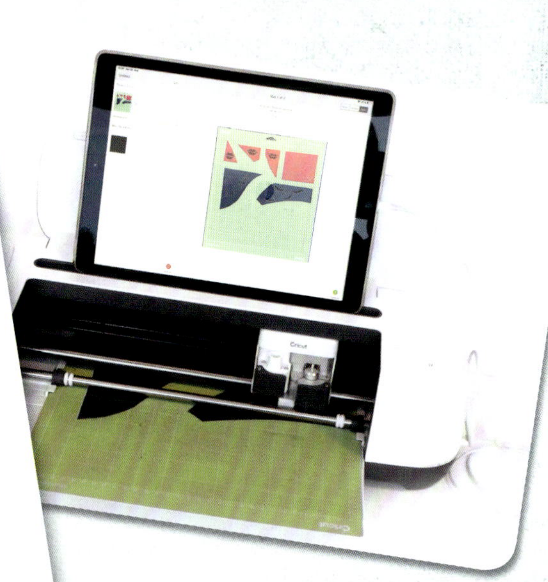

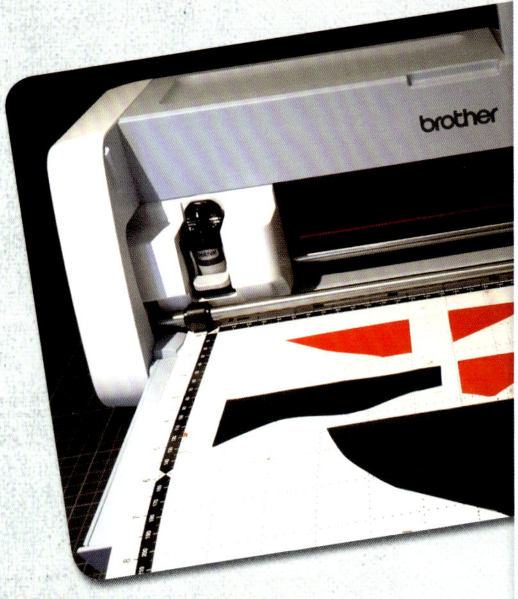

Der Brother ScanNCut DX 1200

Die ScanNCut-Plotter von Brother können ohne PC oder Handy benutzt werden, sind also echte Stand-alone-Geräte.

Sie haben einen integrierten Speicher mit vorinstallierten Designs, einen eingebauten Scanner und ein Touchdisplay, an dem direkt Dateien erstellt, bearbeitet und dann geschnitten oder gezeichnet werden können.

Beim ScanNCut DX 1200 wird die Materialdicke mit einem Sensor abgetastet und das Messer stellt sich von alleine entsprechend ein. Es muss nur ausgewählt werden, ob das Material ganz oder halb durchgeschnitten werden soll.

Der ScanNCut schneidet mit mehr als 1,2 kg Anpressdruck auch harte und schwere Materialien bis zu 3 mm Stärke.

Wer selbst Designs erstellen möchte, kann mit Canvas Workspace von Brother oder mit einer unabhängigen Plottersoftware (z. B. Silhouette Studio BE oder Sure Cuts A Lot 5) die Dateien erstellen und diese an den Plotter übertragen.

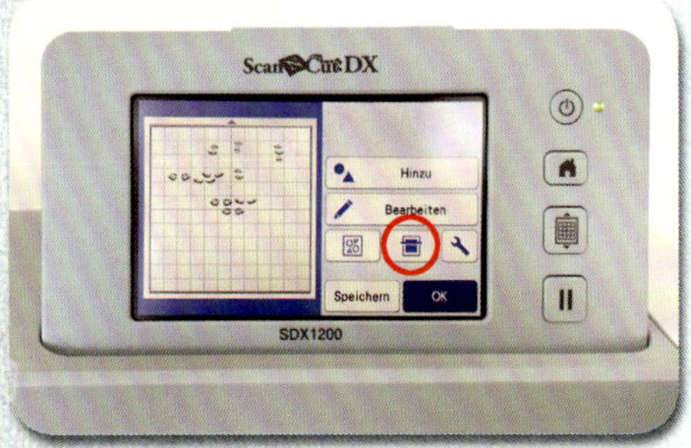

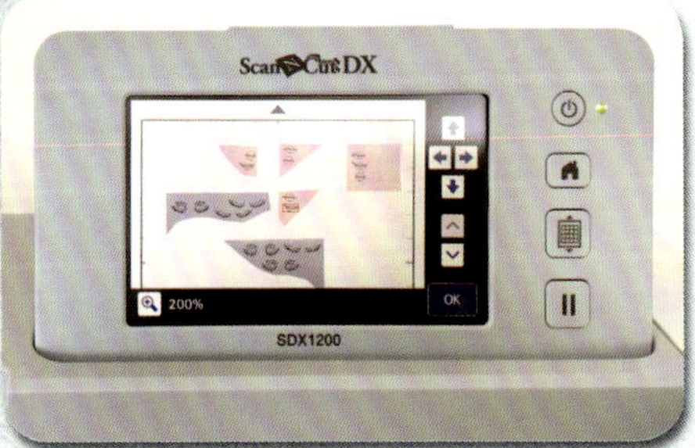

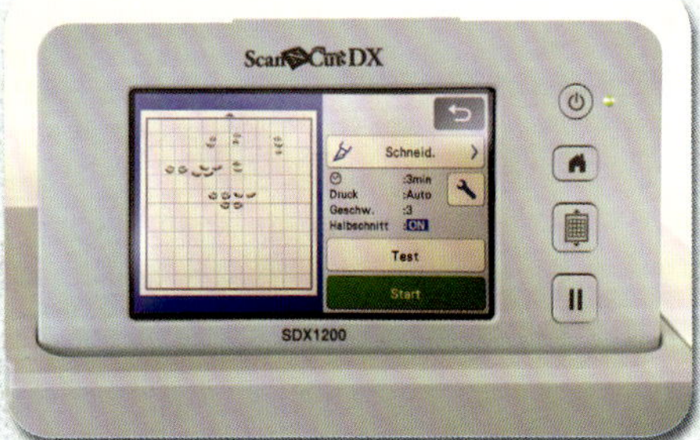

Um Reste mit den ScanNCut-Plottern zu schneiden, benutzt du die Funktion „Hintergrundscan".

Das geht so:

1. Du klebst deine Reste auf die Schneidematte.
2. Lade die Matte ins Gerät ein.
3. Starte den Hintergrundscan.
4. Erstelle oder importiere deine Wunschmotive.
5. Schiebe die Motive am Touchdisplay auf die sichtbaren Reste.
6. Schneide deine Motive.

Der Silhouette Cameo® 3

Der Silhouette Cameo® von Silhouette America® ist das Gerät, das in Deutschland am längsten am Markt ist. Entsprechend groß ist die Community und du kannst leicht Hilfe, Tutorials und Antworten auf alle Fragen finden.

Mit dem Cameo® 3 wurde das Automatikmesser eingeführt, das sich selbst einstellt, wenn du dein Material in der Software richtig ausgewählt hast.

Die dazu gehörige Software Silhouette Studio® ist eine intuitive, äußerst leistungsfähige Plottersoftware.
Alle Silhouette-Plotter werden mit der kostenlosen Basisversion vom PC aus gesteuert.

Mit einem kostenpflichtigen Upgrade der Silhouette Studio® Businessversion, können auch Dateien im .svg-Format abgespeichert und dann auch mit Plottern anderer Marken (z. B. Cricut® oder Brother) geschnitten oder gezeichnet werden.

Im Spätherbst 2019 wird der neue Cameo® 4 erscheinen, leider erst nach Veröffentlichung dieses Buchs.

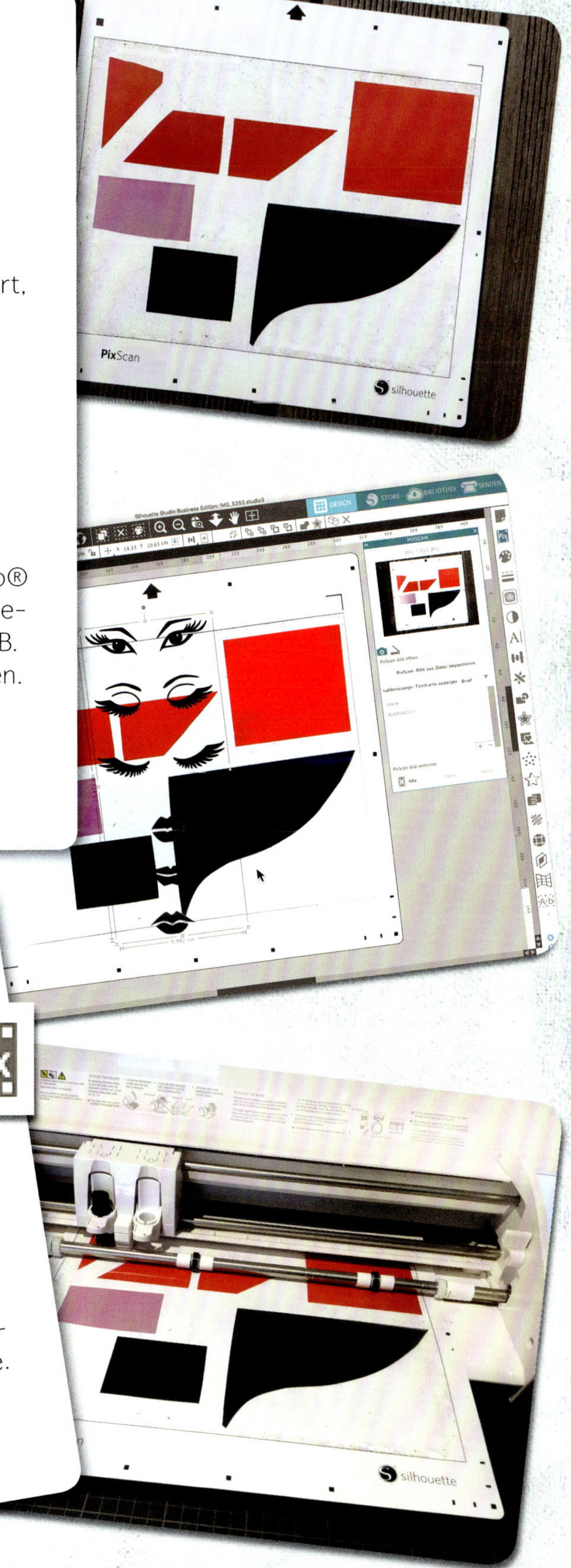

Für die Silhouette®-Geräte gibt es als Zubehör die PixScan®-Schneidematte und in der Software die PixScan®-Funktion.

Das Verarbeiten von Resten geht so:

1. Klebe deine Materialreste auf die PixScan®-Schneidematte.
2. Dann mache ein Foto von der Schneidematte mit den aufgeklebten Resten.
3. Öffne das Bild in Silhouette Studio® mit der PixScan®-Funktion.
4. Erstelle oder öffne deine Wunschmotive.
5. Schiebe die Motive über die am Bildschirm sichtbaren Reste der fotografierten PixScan®-Matte.
6. Mache deine Einstellungen und schneide deine Motive.

Die Dateien zum Buch

Um dir das Nacharbeiten zu erleichtern, stellen wir die Dateien, die wir für die Buchprojekte erstellt haben, zum Herunterladen zur Verfügung.

Um Zugang zu den Dateien zu erhalten, lege bitte auf der Webseite **www.frischgeschnitten.com** ein Kundenkonto an und kaufe die Dateien zum Buch „Frisch Geschnitten - Upcycling mit dem Plotter" für € 0,00. Diese werden dann kurzfristig freigeschaltet und du kannst sie in deinem Kundenkonto herunterladen.

Die Dateien werden im .svg-Format bereitgestellt.
Brother- und Cricut®-Geräte und die dazugehörige Software können diese direkt öffnen. Für Silhouette®-Geräte brauchst du mindestens das Upgrade zur Silhouette Studio® Designer Edition, um .svg-Dateien zu benutzen. Die .studio3-Dateien für die Basisversion dürfen leider nicht kommerziell weitergegeben werden.

Auch die Dateien zum Buch sind für deinen privaten Gebrauch und dürfen NICHT kommerziell benutzt und auch nicht an andere weitergegeben werden, auch nicht an Freunde. Bitte respektiere das Copyright.

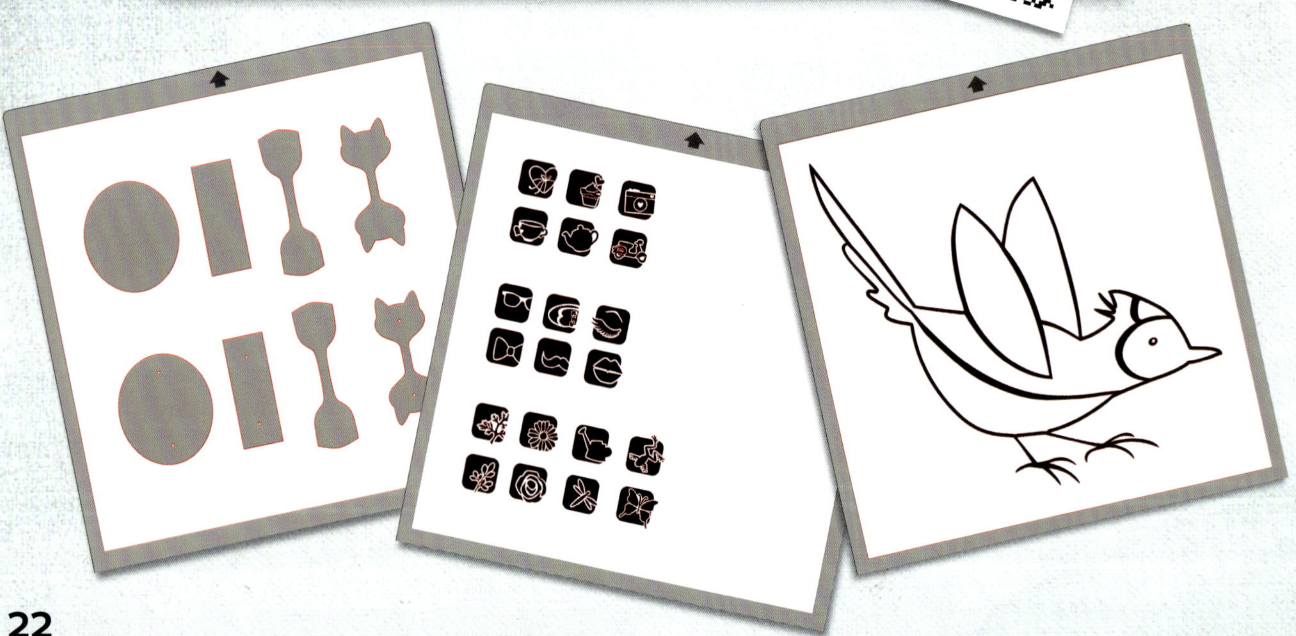

Benutzung der Dateien

Die Dateien sind so erstellt, dass du sie verändern und deinen Wünschen anpassen kannst.
Bei einigen unserer Projekte kommt es auf die genaue Größe an.
Die verschiedenen Plotter importieren .svg-Dateien in unterschiedlichen Größenverhältnissen. Deshalb haben wir diesmal je einen Ordner für die verschiedenen Gerätetypen zum Herunterladen erstellt.
Achte darauf, dass du die für dein Gerät passenden Dateien benutzt.

Gruppieren oder nicht?
Je nach Motiv mussten wir uns entscheiden, ob es sinnvoll ist, die Datei komplett zu gruppieren oder Teile davon bearbeitbar zu lassen.
Bei manchen Motiven macht es Sinn, diese untrennbar zu verbinden.
Bei anderen Motiven fanden wir es hilfreich, wenn du die Freiheit hast, diese noch selbst zu bearbeiten und anzupassen.

Deshalb solltest du vor dem Vergrößern, Verkleinern oder Verschieben einer importierten Datei **grundsätzlich immer** zuerst überprüfen, ob sie gruppiert oder in Einzelmotiven ist.
Kannst du ein einzelnes Teil im Bild auswählen, musst du zuerst alle Teile auswählen und gruppieren.

Tipp!

Nach dem Importieren einer Datei immer zuerst überprüfen, ob die Bildteile gruppiert sind, bevor du sie verschiebst.

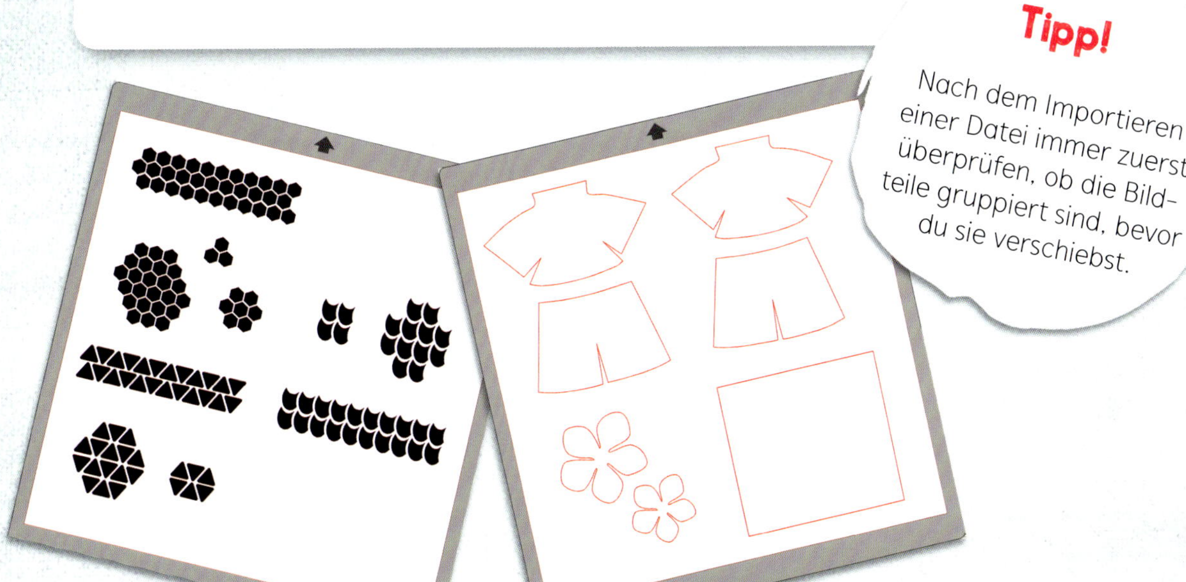

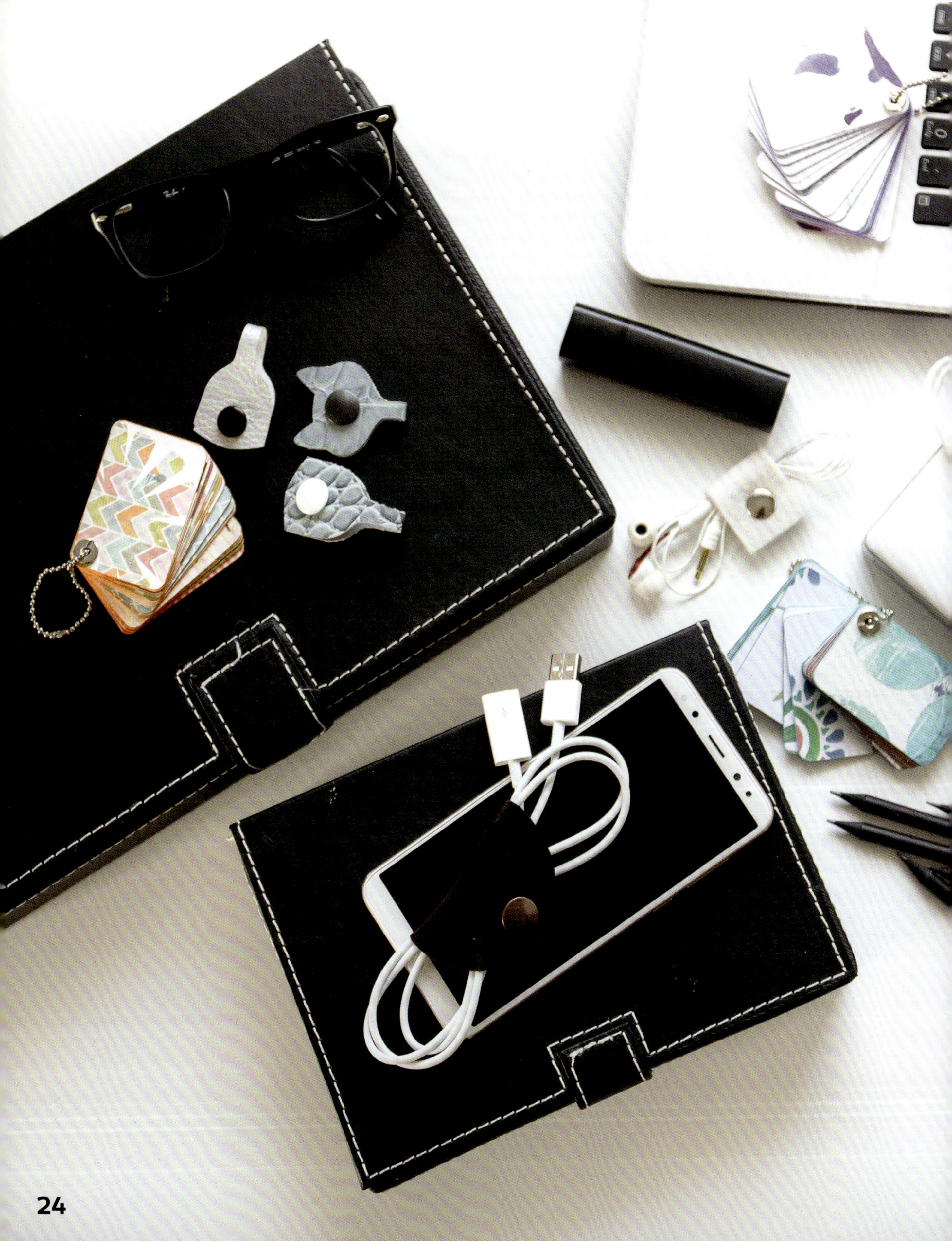

Miniaturprojekte für kleine Reste

Im ersten Projektteil findest du Ideen für kleine Reste und Schnipsel, die zu schade waren, um weggeworfen zu werden.

Oft geraten sie in Vergessenheit und warten jahrelang hoffnungsvoll auf ihren Einsatz. Dieser Zeitpunkt ist jetzt gekommen.

Du kannst daraus nämlich praktische kleine Helfer, schöne Geschenke und einzigartige Textilbilder machen, die alles andere als nach Resteverwertung aussehen.

Kabelchaos ade

Die Reste für diese dekorativen Kabelbinder müssen aus Materialien sein, die reißfest sind, nicht ausfransen und die du mit deinem Plotter gut schneiden kannst, z. B.:
- Filz
- Kunstleder
- Leder
- veganes Leder (SnapPap)
- doppelseitig aufeinander gepresste Flockfolie

Du brauchst außerdem:
- je einen Druckknopf pro Kabelbinder

- die Datei 1-1-Kabelbinder

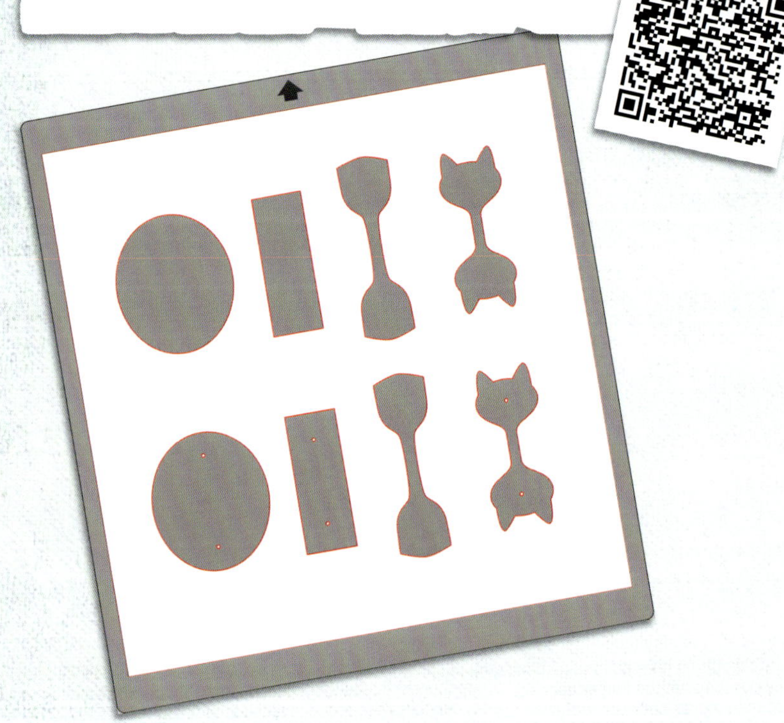

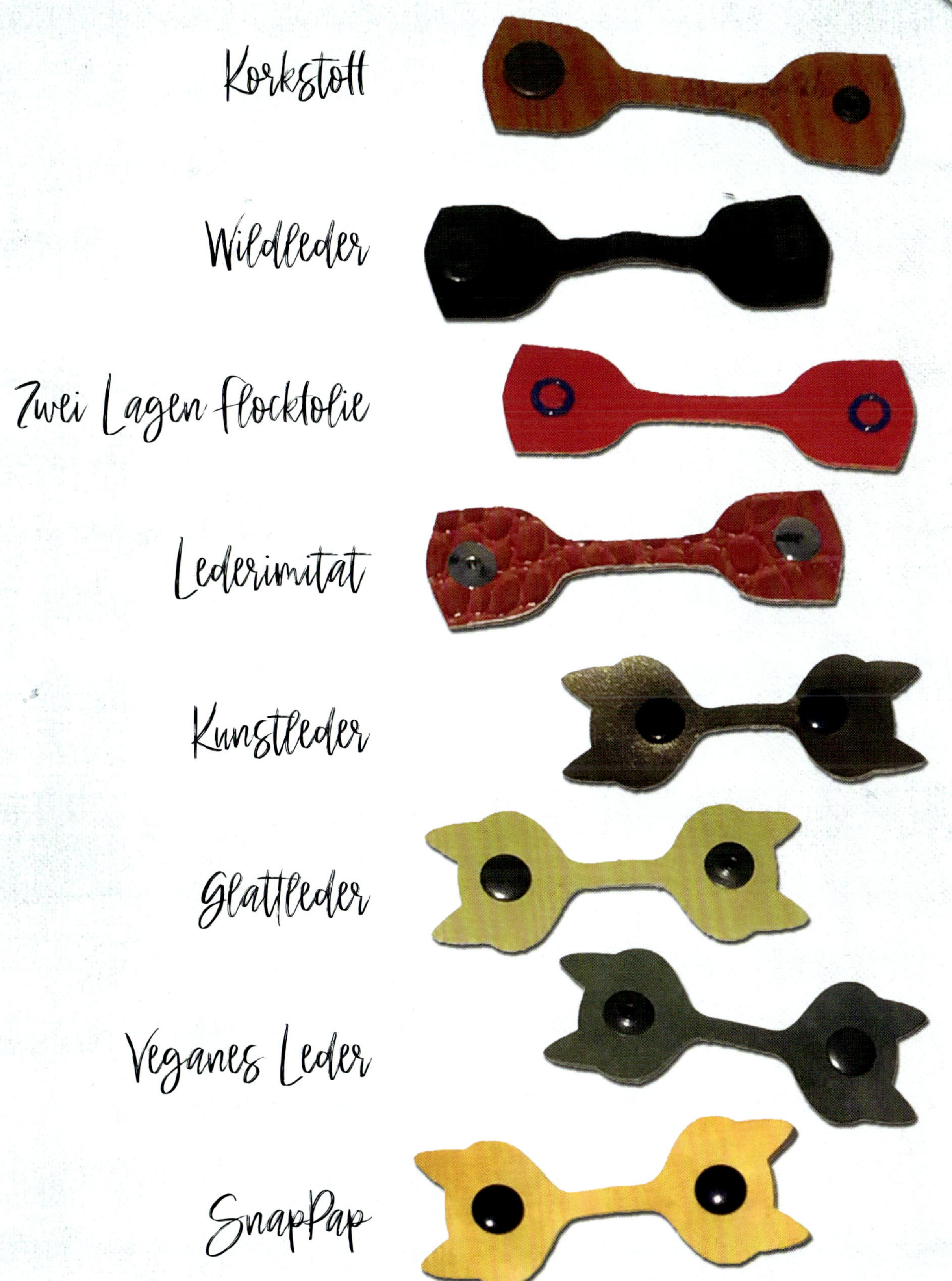
Korkstoff
Wildleder
Zwei Lagen Flockfolie
Lederimitat
Kunstleder
Glattleder
Veganes Leder
SnapPap

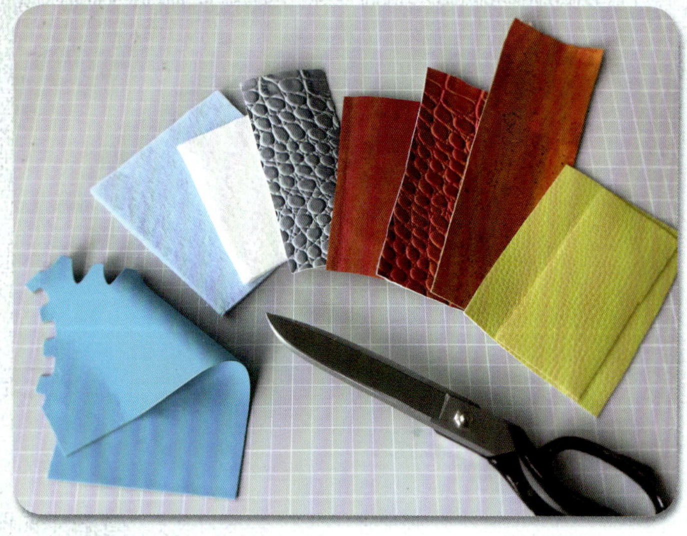

Lege deine Reststücke aus passenden Materialien zurecht und sortiere sie vor.
Du solltest nur gleiche oder sehr ähnliche Materialien zusammen auf einer Schneidematte schneiden.
Für schweres Material muss deine Schneidematte sehr gut kleben.

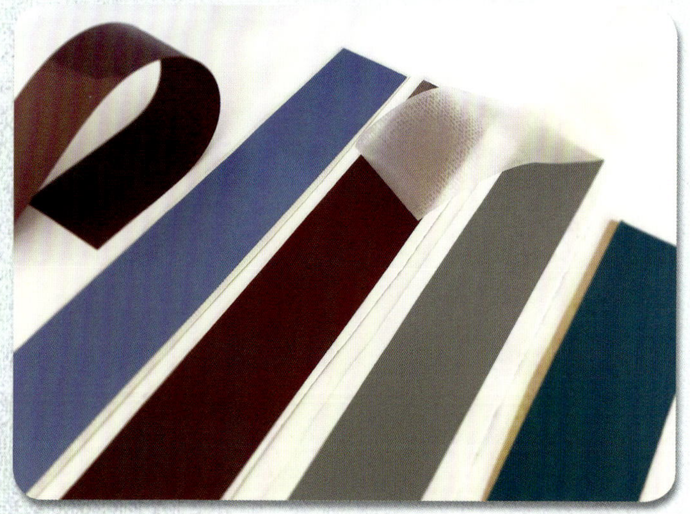

Verstärke Materialien, die zu dünn sind oder eine unschöne Rückseite haben, mit einem Stück Bügelfolie auf der Rückseite.

Dann klebe deine Reststücke auf die Schneidematte und öffne die Schneidedatei in der Software oder am Plotter.

Nutze die passende Technik, um Reststücke zu verarbeiten.

Das ist bei einem Cricut®-Plotter die Snapmat®-Funktion (siehe S. 19).

Beim Brother ScanNCut benutzt du den Hintergrundscan (siehe S. 20).

Mit einem Silhouette®-Gerät benutzt du die PixScan®-Matte und die PixScan®-Funktion (siehe S. 21).

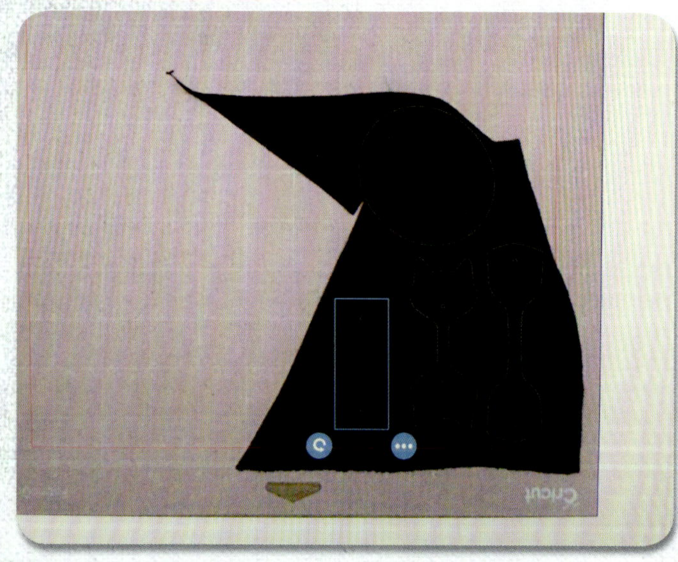

Wähle die Muster aus, die du verwenden möchtest und lösche die anderen, bzw. dupliziere diejenigen, die du mehrfach plotten möchtest.

Schiebe die Motive an die richtige Stelle, sodass sie genau über den Materialstücken liegen.

Schneide jetzt die Motive.
Bevor du die Schneidematte ausfährst überprüfe, ob das Material gut durchgeschnitten ist.
Falls nicht, passe die Einstellungen an und starte den Plotter erneut.
Dann löse die Kabelbinder von der Schneidematte.

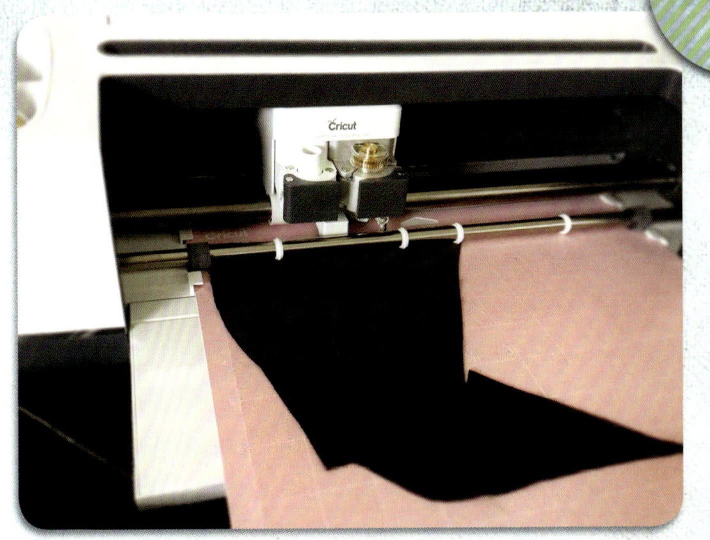

Befestige nun mit Hammer oder Zange je eine Hälfte des Druckknopfs auf jedem Ende und achte darauf, dass du die richtigen Teile auf der richtigen Seite einschlägst. So lassen sich auch einzelne Druckknöpfe prima verwerten.

Und fertig sind die Kabelbinder!

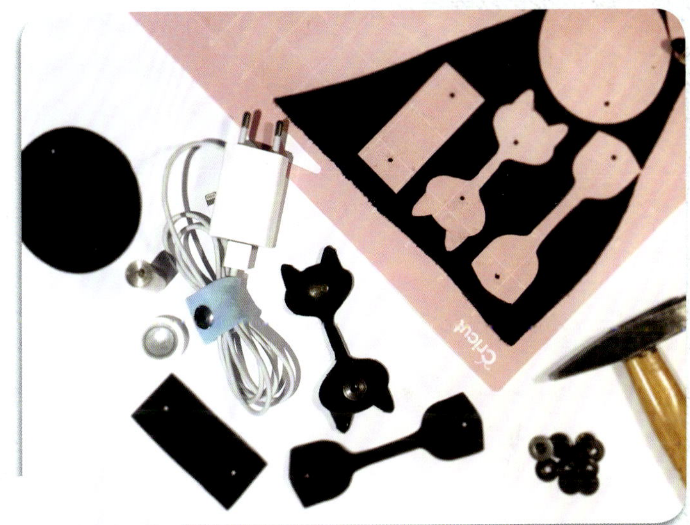

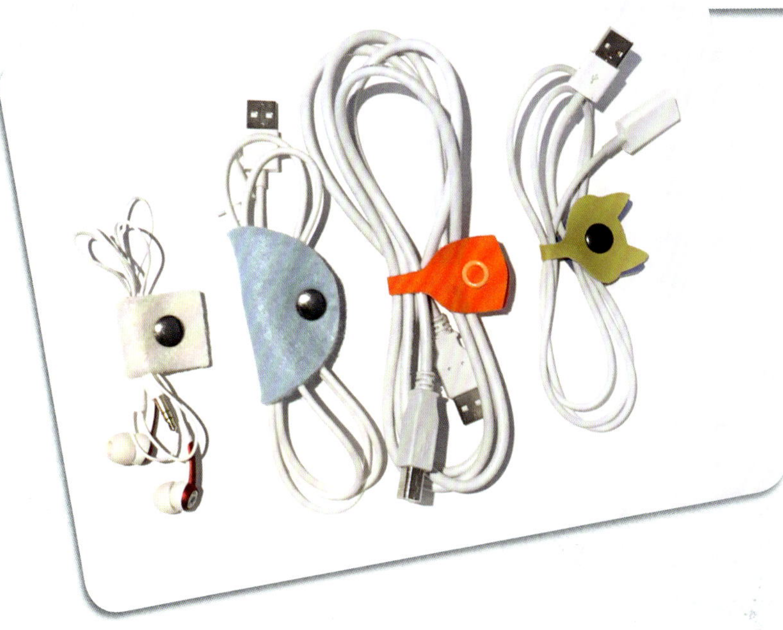

Passwort vergessen?

Notiere deine Zugangsdaten doch einfach ganz analog in diesen kleinen Büchlein, bei denen du die einzelnen Seiten jederzeit wieder entfernen oder austauschen kannst.

Du brauchst dafür nur viele einseitig gemusterte Papierreste. Klein geschnitten sehen alle Papiere hübsch aus, sogar Fehldrucke und „Schmuddelpapier".

Du brauchst außerdem:

- je eine Buchschraube mit Loch und Kugelkette
- Stempelfarbe und Wischschwämmchen

- die Datei 1-2-Minibuecher

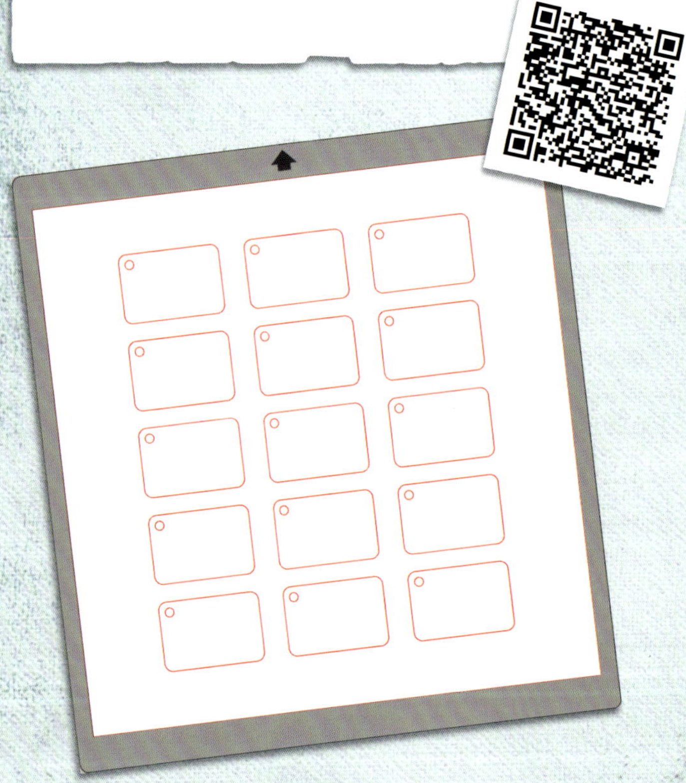

Kunstdrucke

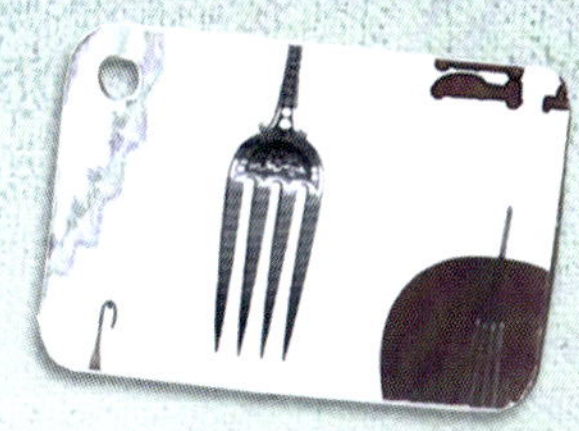

Zuviel Gedrucktes

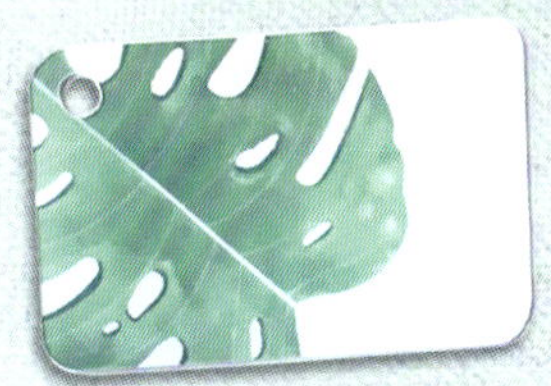

Monoprints

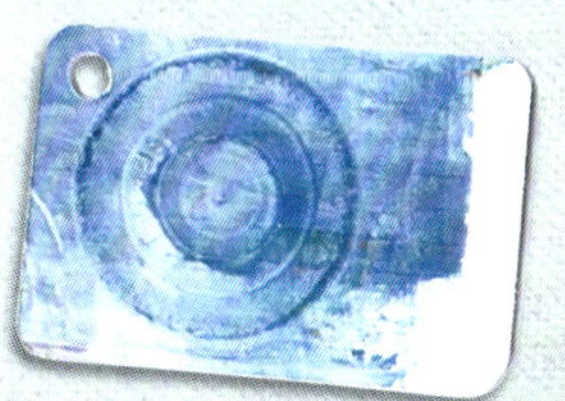

Scrapbookingpapier

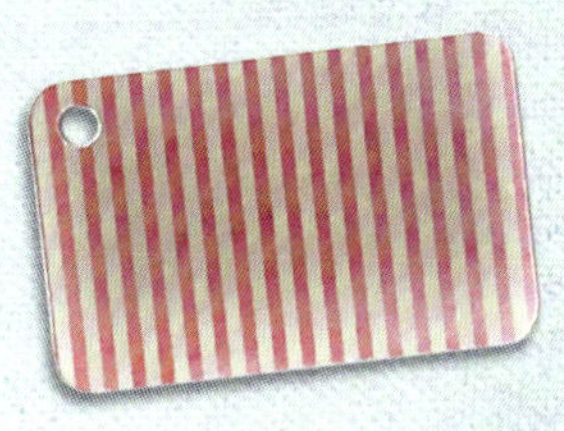

Farbexperimente

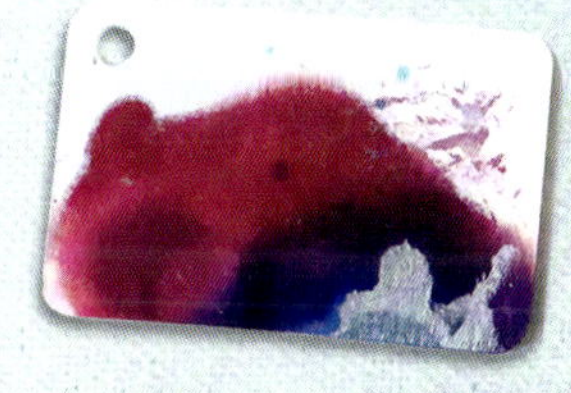

Schmuddelpapier

Langweiliges Papier

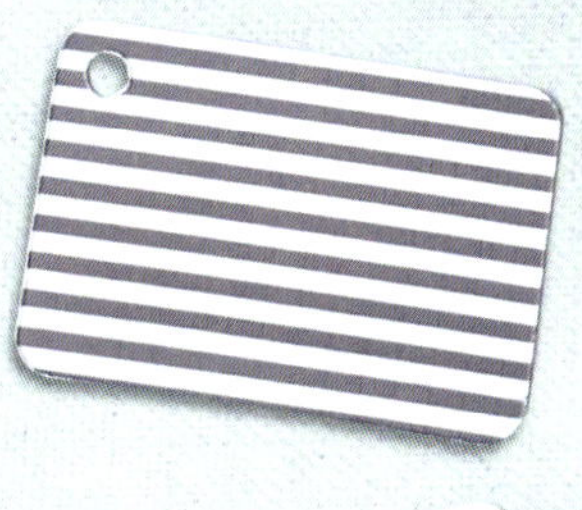

Fehldrucke

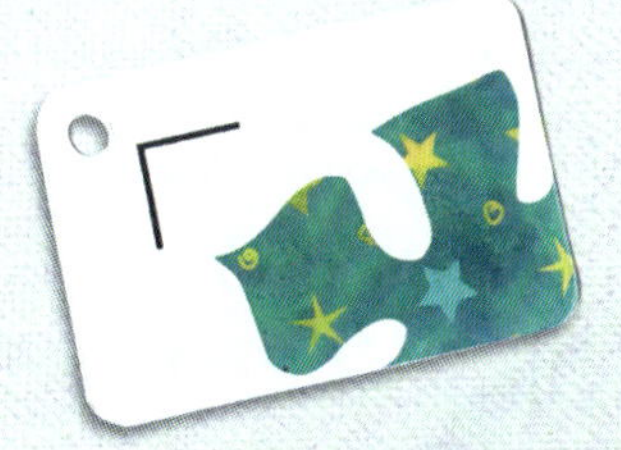

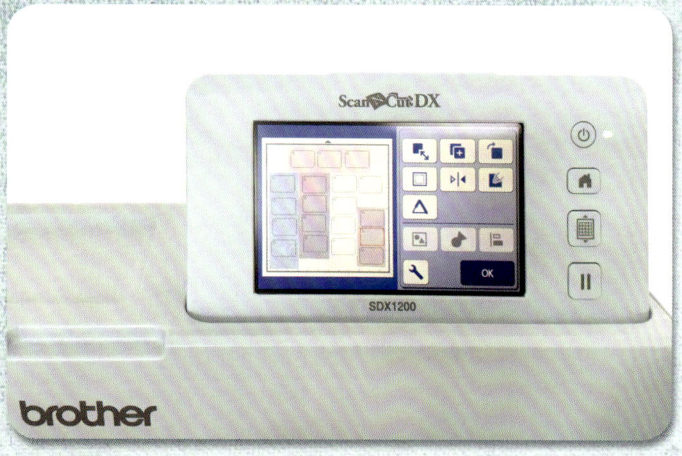

Rufe die Schneidedatei auf.
Falls du die Buchseiten vergrößern oder verkleinern möchtest, denke daran, dass sich dann auch die Lochgröße ändert!

Lege deine Papierreste auf die Schneidematte.

Nutze auch bei diesem Projekt wieder die passende Technik zum Resteschneiden (siehe S. 19 - 21).

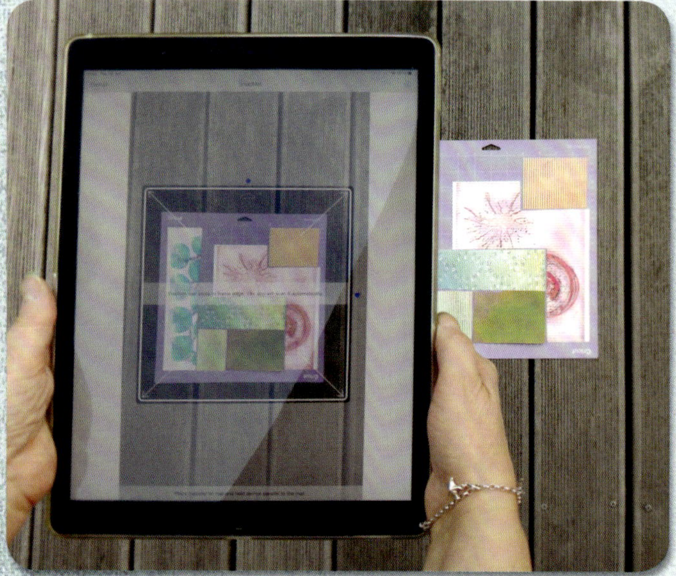

Lege immer nur gleiche oder gleich dicke Papiere auf einmal auf die Schneidematte, damit bei den gleichen Einstellungen alle Teile gleich gut durchgeschnitten werden.

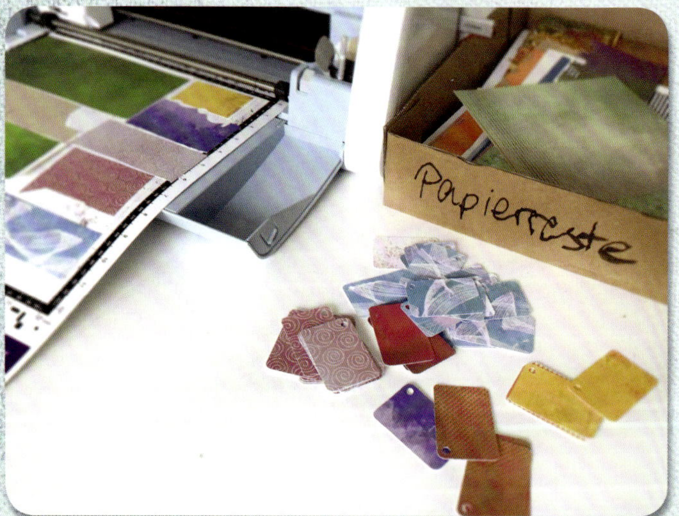

Dann schneide die Papiere.

Lege die Seiten zwischendurch auf einen Stapel, um zu prüfen, wie viele du noch für ein Büchlein brauchst.

Die Buchschraube sollte locker bis oben hin gefüllt sein.

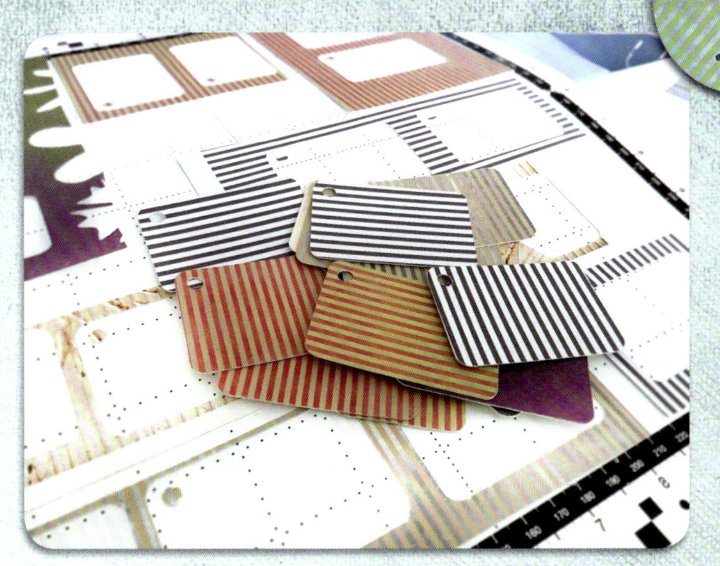

Nach dem Schneiden fädle die einzelnen Seiten auf die Buchschraube und füge die Kugelkette hinzu.

Alternativ kannst du die Seiten auch einfach mit einer schönen Schnur zusammenhalten.

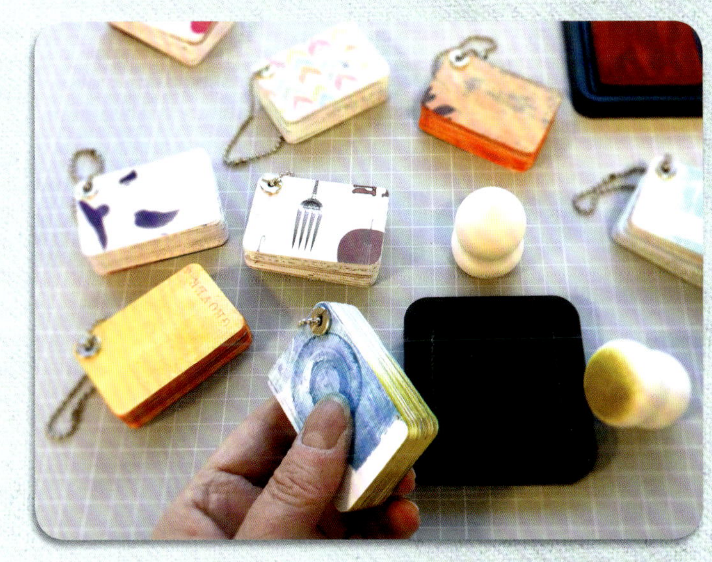

Noch schöner werden die Büchlein, wenn du die gesamte Kante rundum einfärbst, indem du sie mit Stempelfarbe betupfst.

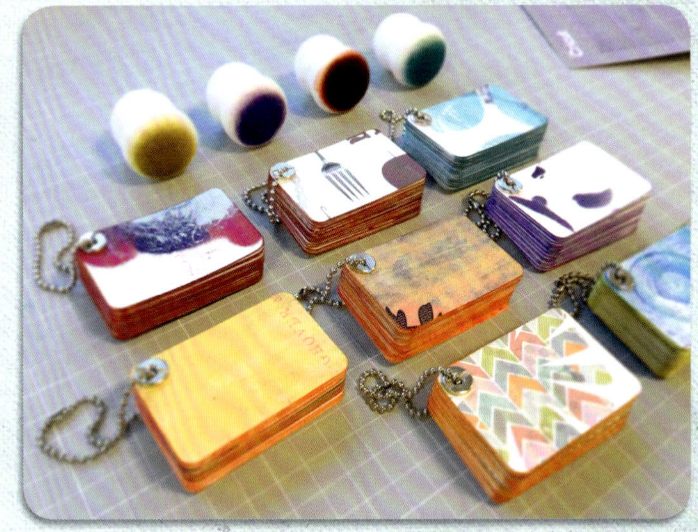

Die Büchlein sind ein tolles Geschenk, das jeder gebrauchen kann. An der Kette lassen sie sich überall aufhängen.

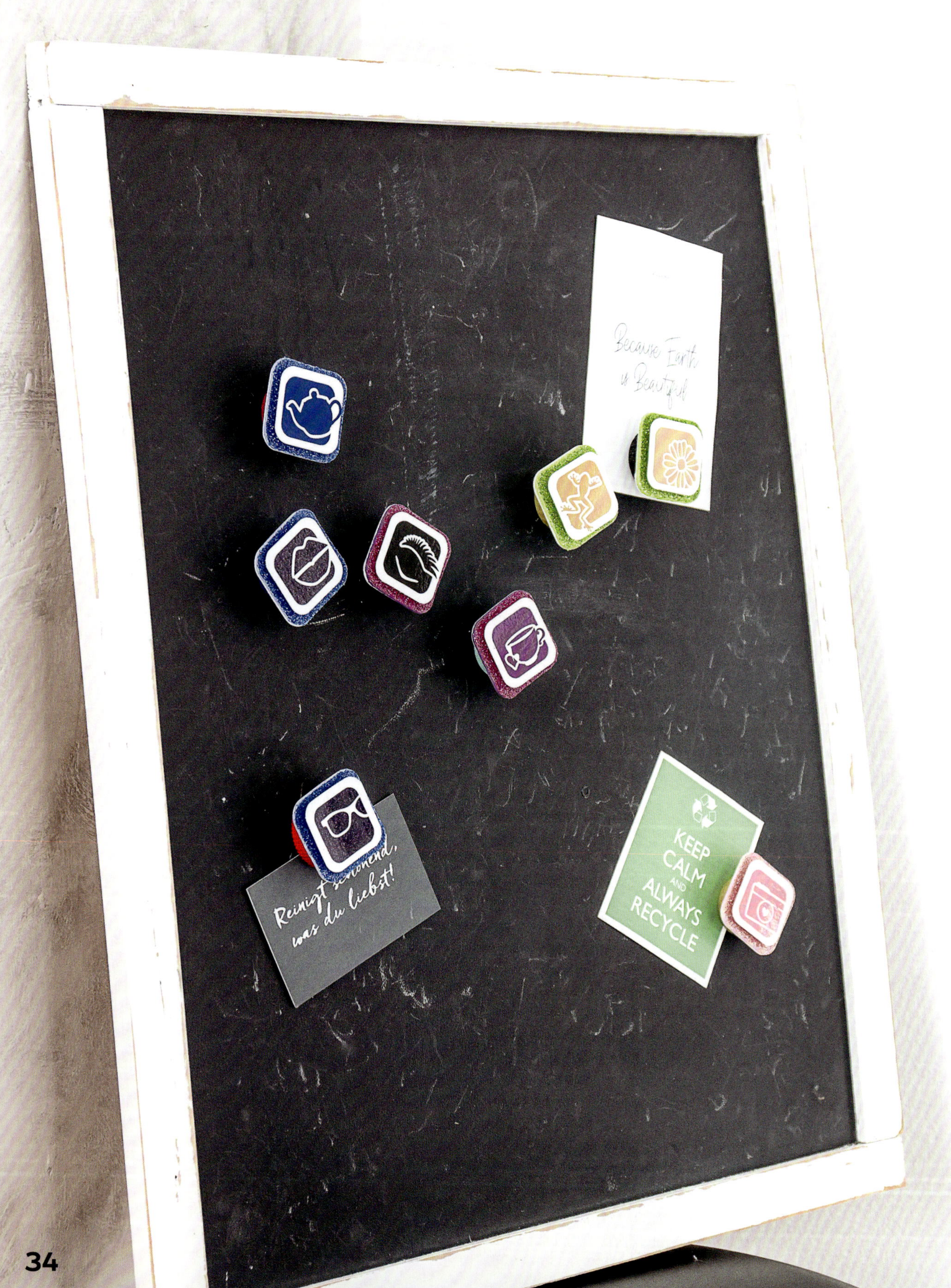
Because Earth
is Beautiful
Reinigt schonend,
was du liebst!
KEEP
CALM
AND
ALWAYS
RECYCLE

Inchies als Botschafter

Ein Inch entspricht 2,54 Zentimetern und Inchies heißen so, weil sie ein Inch im Quadrat, also 2,54 x 2,54 cm groß sind. Das ist ziemlich klein und so kannst du diese Motive im Miniformat auch noch aus kleinsten Folienresten schneiden.

Mit Inchies lässt sich alles verzieren, was noch schnell einen persönlichen Touch braucht, z. B. Geschenkanhänger, Päckchen, Handyhüllen oder kleine Magnete zum Halten von Botschaften an Kühlschrank oder Magnetwand.

Du brauchst dafür:
- Vinylfolienreste
- stabilen weißen Karton
- Effektmaterial, z. B. Glittermoosgummi
- einige Deckel von Getränkepackungen
- genauso viele Magnete wie Deckel
- Recyclingpapier für die Füllung
- Bastelkleber

und außerdem:
- die Datei 1-3-Inchies
- die Datei 1-3-Magnete

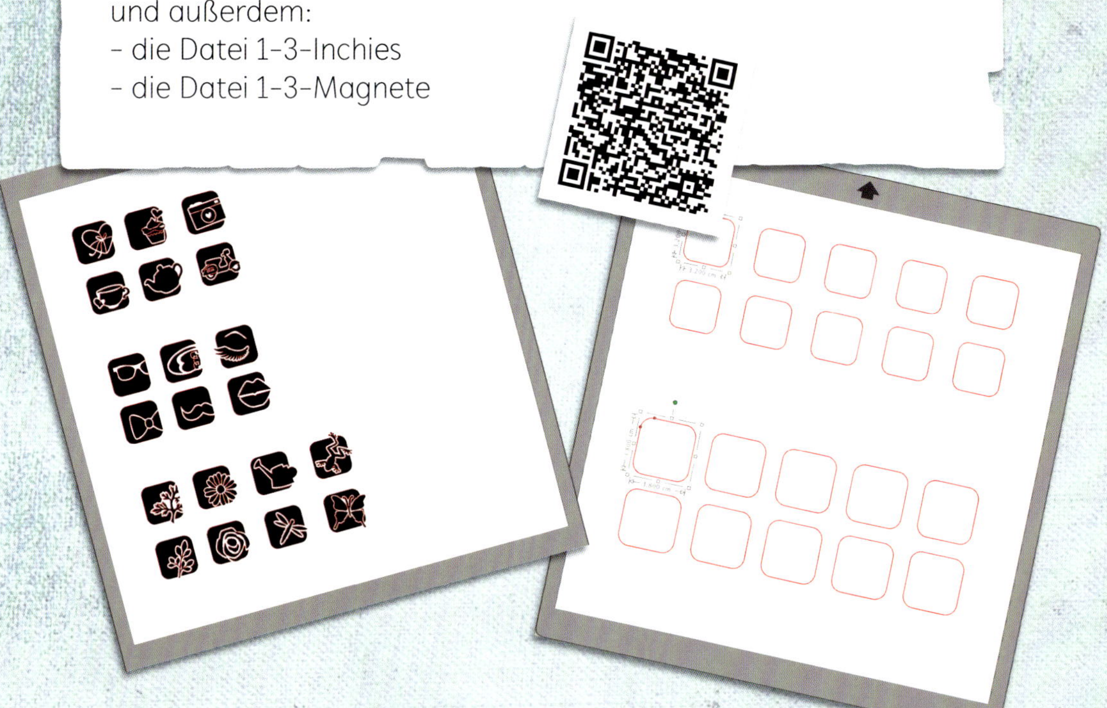

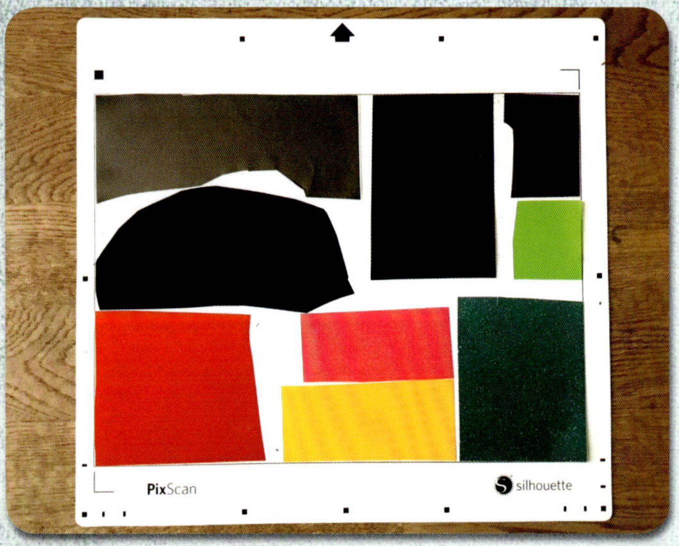

Lege deine Vinylfolienreste zurecht und klebe sie auf die Schneidematte oder auf die PixScan®-Matte.

Denn am besten benutzt du auch hierfür die zu deinem Plotter gehörende Technik zum Resteschneiden. So kannst du auch noch kleinste und ungleichmäßig geformte Folienstücke verwerten.

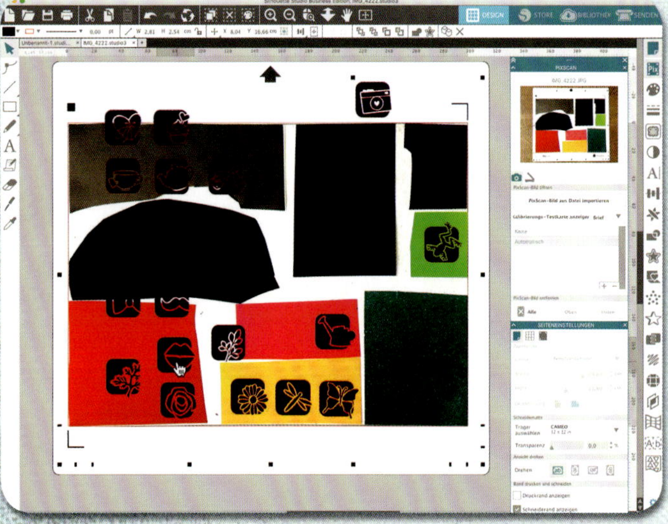

Rufe die Schneidedatei für die Inchies auf und schiebe sie einzeln über die angezeigten Folienstücke.

Lösche die Motive, die dir nicht gefallen und repliziere Motive, die du mehrfach schneiden möchtest.

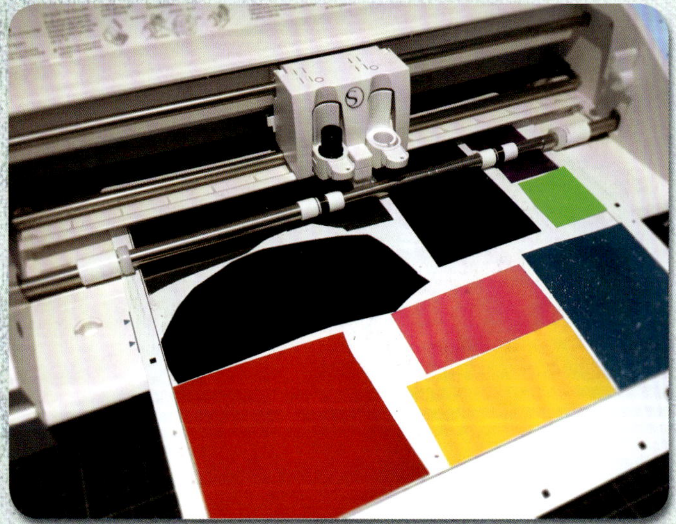

Dann schneide deine Inchies.

Entgittere die kleinen Motive vorsichtig, damit die feinen Linien nicht verloren gehen.

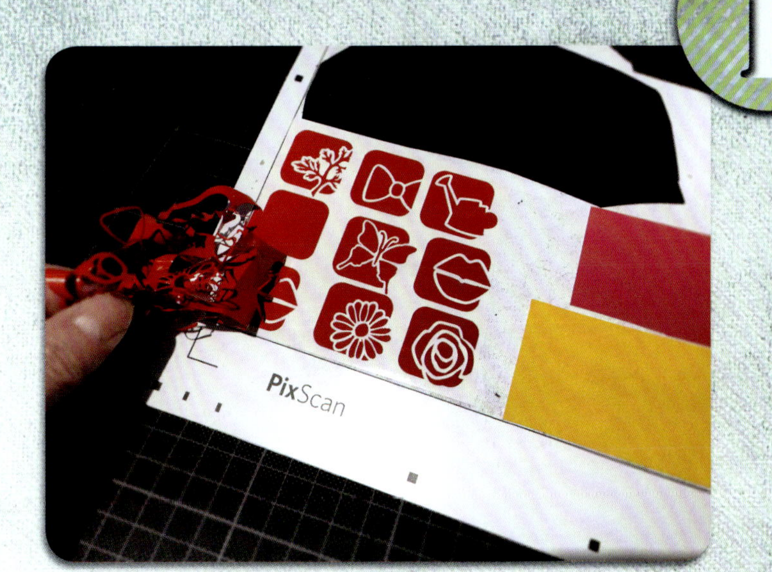

Schneide die Unterteile für die Magnete aus stabilem weißem Karton. Du brauchst gleich viele große und kleine abgerundete Quadrate.

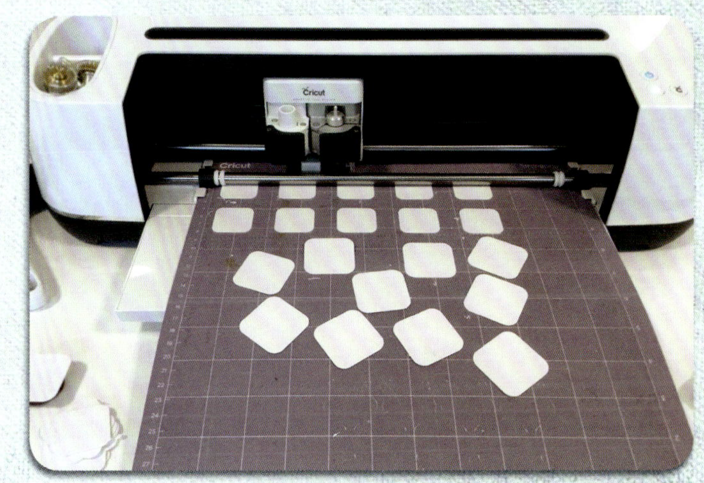

Um die Magnete plastischer und bunter zu machen, schneide nun nur die großen abgerundeten Quadrate aus einem dickeren Effektmaterial, z. B. Glittermoosgummi.

Je nach Plotter und Messer schneidest du Moosgummi in mehreren Durchgängen, bis es sauber ganz durchgeschnitten ist.

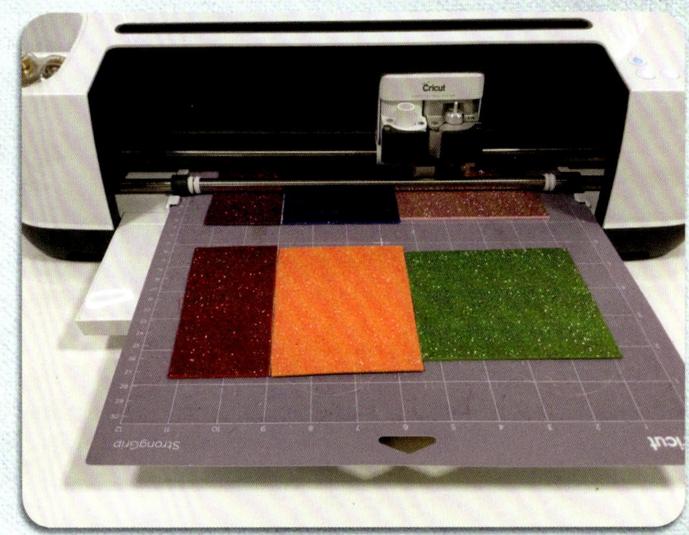

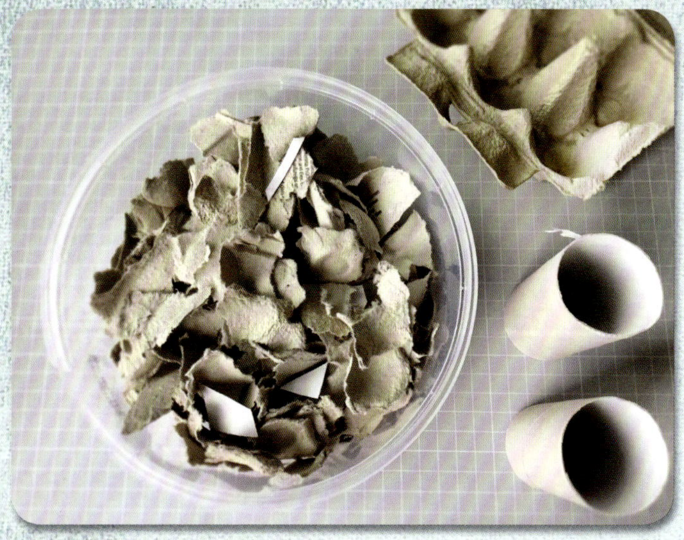

Als nächstes bastelst du die Unterteile der Magnete aus Deckeln von Getränkeflaschen und Recyclingpapier.

Für das Pappmaché zerrupfst du von Hand Eierkartons, Innenrollen von Toilettenpapier oder faseriges Packpapier und gibst es in eine große Schüssel.

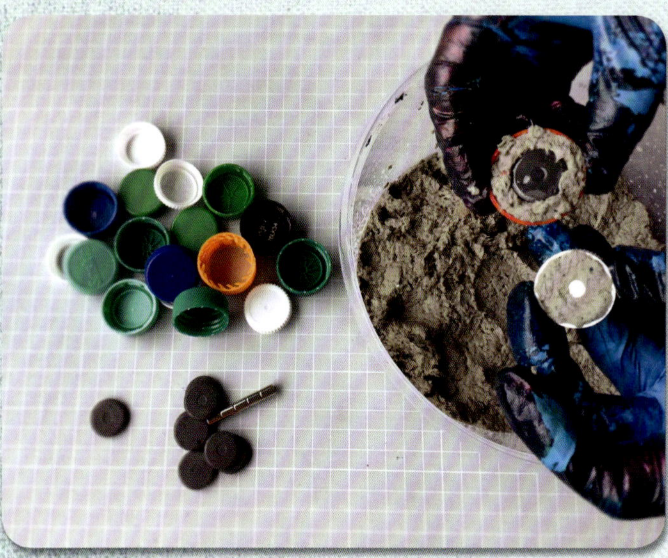

Du fügst Wasser hinzu und lässt das Papier gut durchweichen.

Als nächstes verrührst du den Inhalt im Mixer oder mit einem Stabmixer zu einer breiigen Masse.

Dieser Masse fügst du eine kräftige Portion Bastelkleber zu und knetest sie gut durch, am besten mit Schutzhandschuhen, da die Masse nun ziemlich klebrig wird.

Fülle die Deckel mit der Pappmaché-Masse und stecke je einen der Magnete hinein. Dann lasse die Deckel gut trocknen.

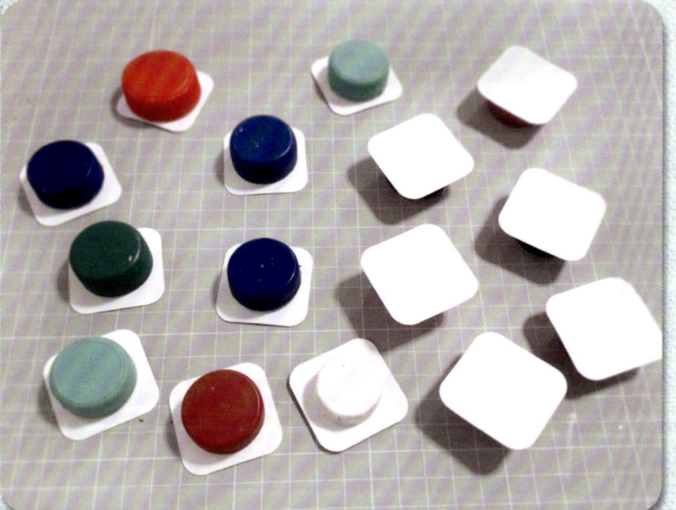

Achtung!
Ein gutes Durchtrocknen kann mehrere Tage dauern.

Dann klebst du mit Bastelkleber je ein großes weißes, abgerundetes Quadrat aus Karton auf die Pappmaché-Unterseite.

Als nächstes reibst du mit Übertragungsfolie je ein Inchie aus Vinylfolie auf je ein abgerundetes kleines, weißes Quadrat aus Karton.

Die großen Quadrate aus Effektmaterial klebst du auf die großen Kartonquadrate, die bereits auf den Deckeln haften.

Zuletzt verbindest du die Inchies und die Unterteile mit je einem 3D-Klebepunkt. Alternativ dazu kannst du selbst Punkte aus dickerem Material schneiden und diese mehrfach aufeinander kleben, damit die Magnete höher werden.

Jetzt können die Magnete ihre Aufgabe am Kühlschrank oder an der Magnetwand erfüllen.

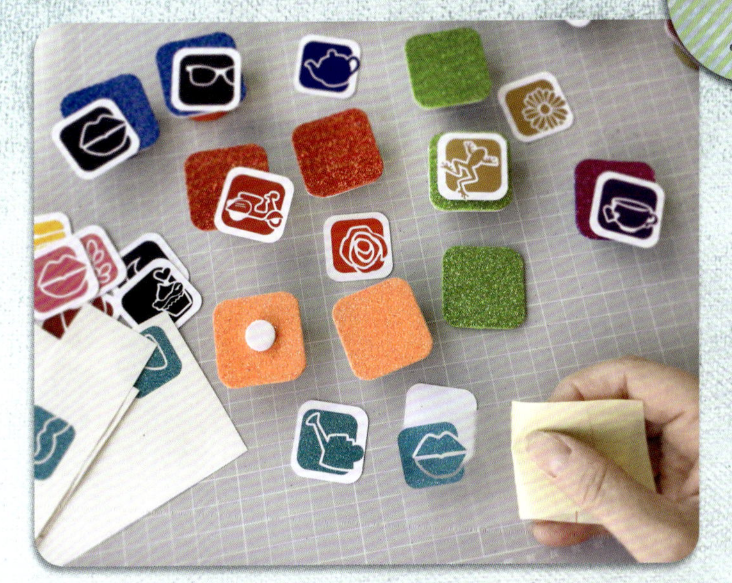

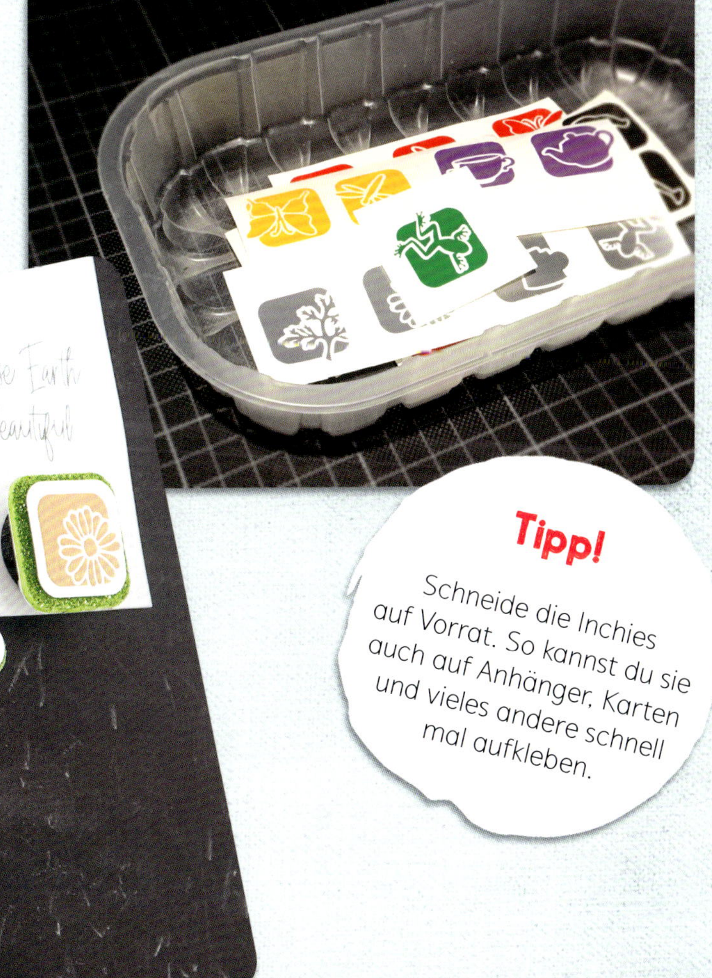

Tipp!

Schneide die Inchies auf Vorrat. So kannst du sie auch auf Anhänger, Karten und vieles andere schnell mal aufkleben.

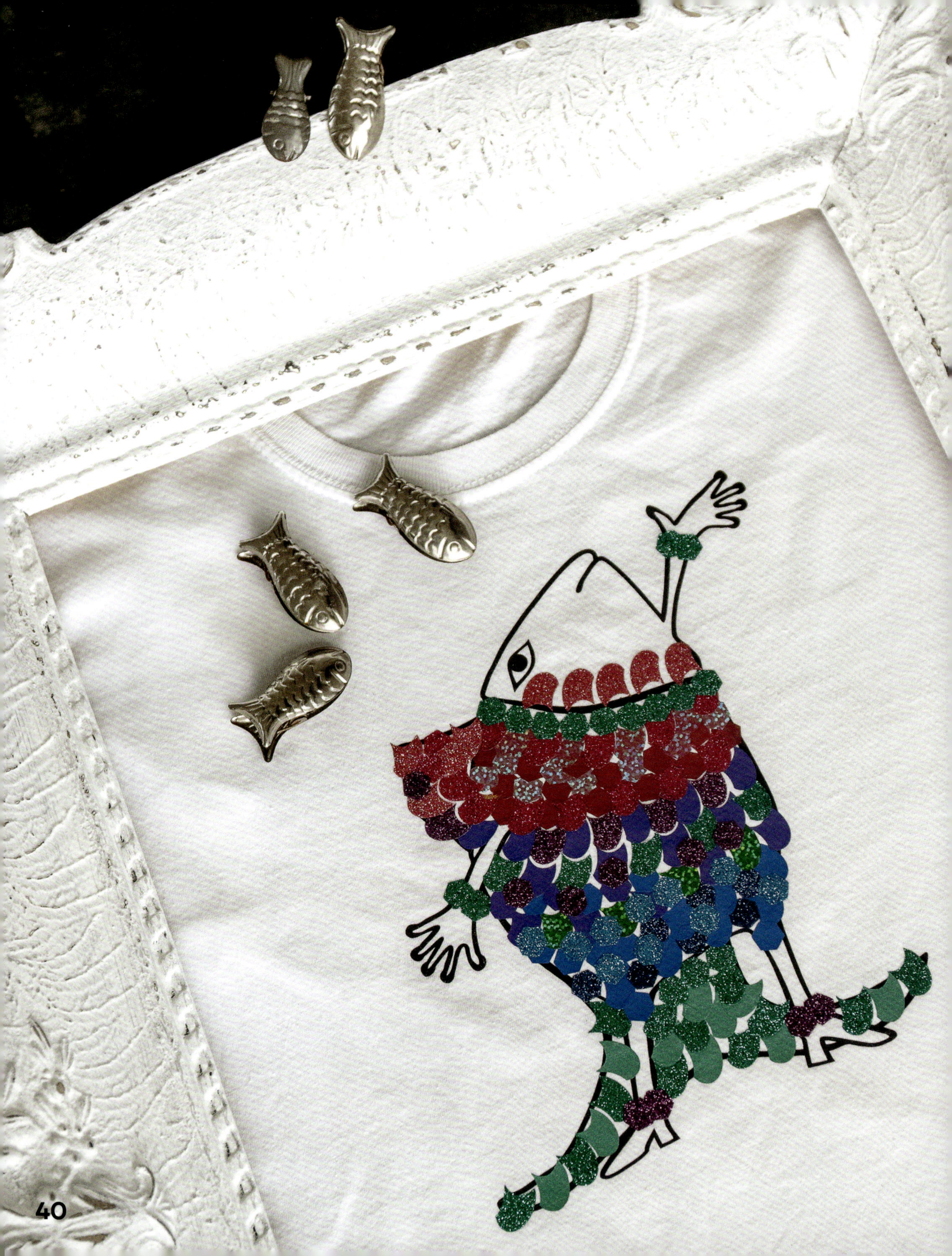

Bügelfolien-Mosaik

Bügelfolie muss nicht immer bogenweise verarbeitet werden. Mit dem Plotter kannst du auch kleinste Reste schneiden und einzigartige, bunte Folienbilder auf Textilien pressen.

Du brauchst dafür:
- je ein großes Stück Bügelfolie für die Kontur des Motivs
- viele kleine, bunte Bügelfolienreste für die Mosaikstückchen
- ein Textil, das du damit verzierst, z. B. T-Shirt oder Tragetasche
- ein Handbügeleisen

Wir stellen zwei verschiedene Konturmotive und drei verschiedene Mosaikformen zur Verfügung.

- die Datei 1-4-Fischfrau
- die Datei 1-4-Vogel
- die Datei 1-4-Folienmosaik

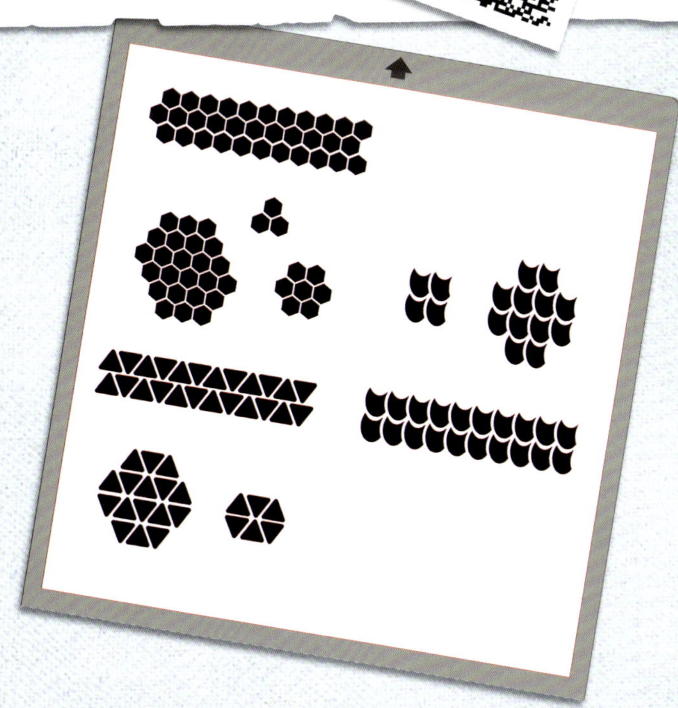

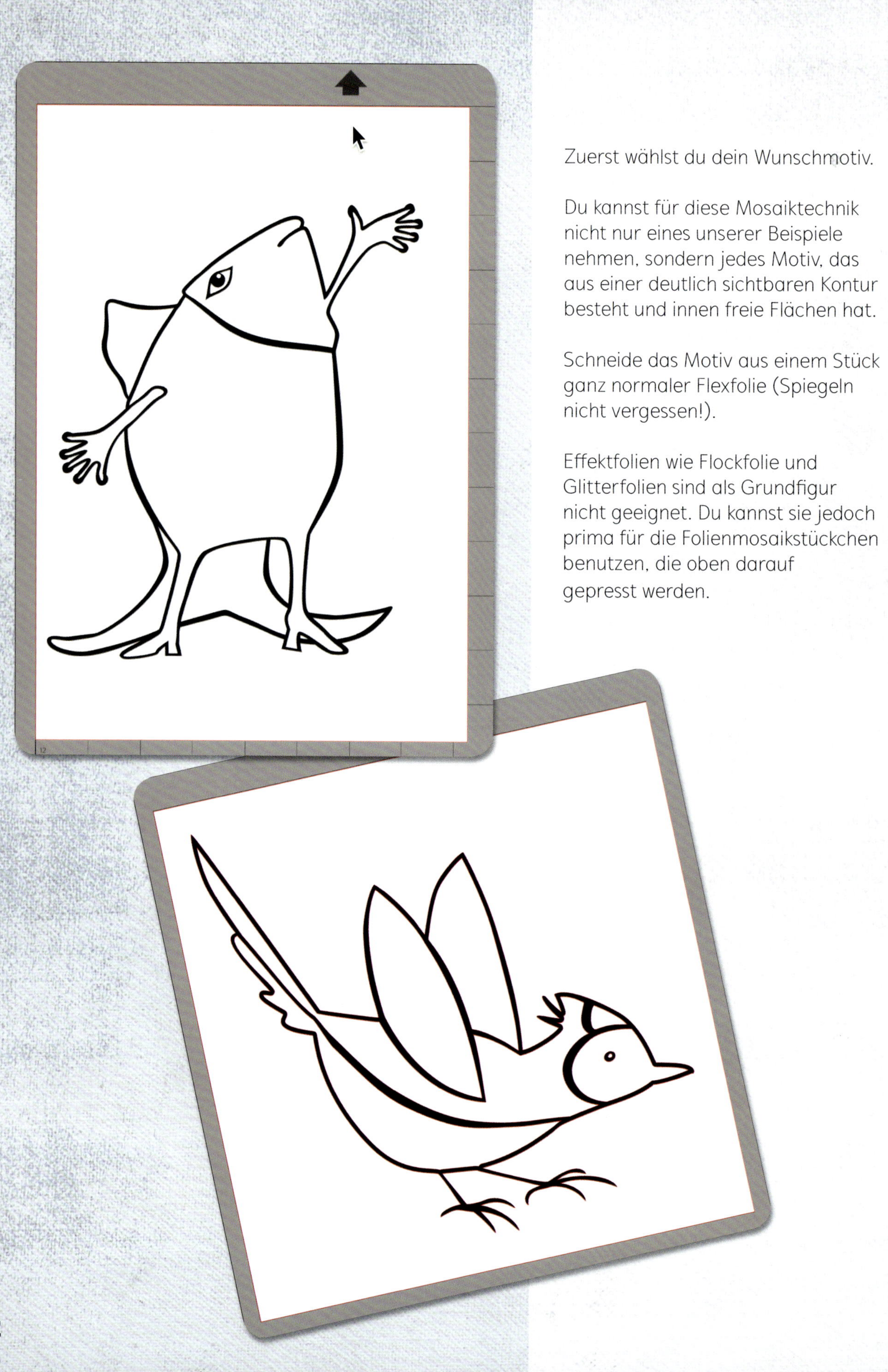

Zuerst wählst du dein Wunschmotiv.

Du kannst für diese Mosaiktechnik nicht nur eines unserer Beispiele nehmen, sondern jedes Motiv, das aus einer deutlich sichtbaren Kontur besteht und innen freie Flächen hat.

Schneide das Motiv aus einem Stück ganz normaler Flexfolie (Spiegeln nicht vergessen!).

Effektfolien wie Flockfolie und Glitterfolien sind als Grundfigur nicht geeignet. Du kannst sie jedoch prima für die Folienmosaikstückchen benutzen, die oben darauf gepresst werden.

Suche dir farblich passende Folienreste aus und klebe sie auf die Schneidematte.

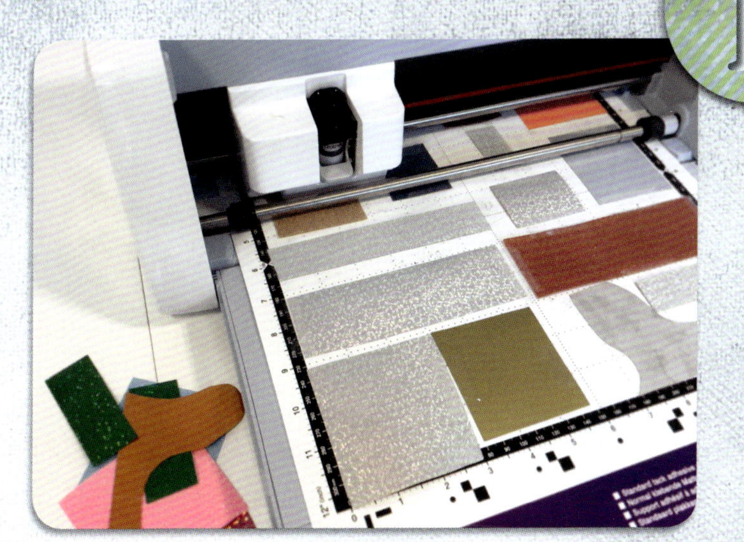

In der Schneidedatei für das Folienmosaik findest du drei verschiedene Formen in jeweils unterschiedlich großen Verbindungen.

Je nach Größe deiner Reste kannst du diese so verschieben und duplizieren, dass deine Materialstücke gut ausgenutzt werden.

Nutze auch hierfür wieder die für deinen Plotter geeignete Technik, um Reststücke auf der Schneidematte sichtbar zu machen (siehe S. 19 - 21).

Achte darauf, dass du nur gleiche oder zumindest gleich dicke Materialien gleichzeitig auf einer Schneidematte schneidest, damit alle Teile gleich gut durch geschnitten werden.

Dann entgittere die Folienreste.

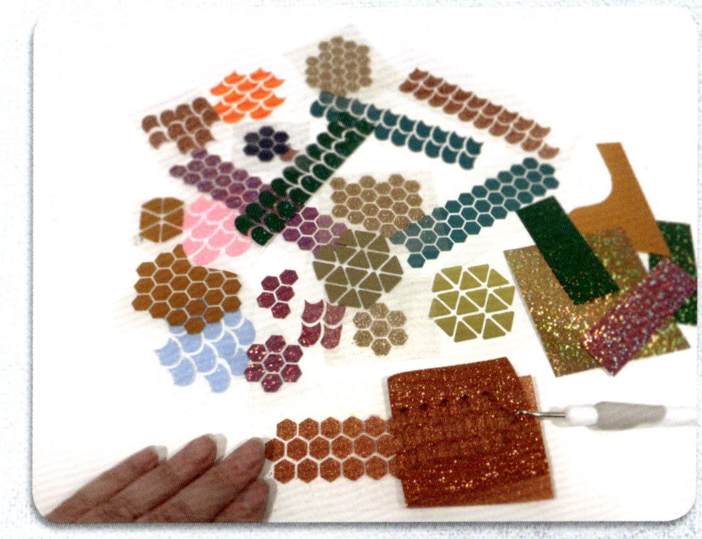

Presse die Kontur des Folienmotivs mit dem Bügeleisen oder der Transferpresse auf dein Textil und ziehe die Transferfolie ab.

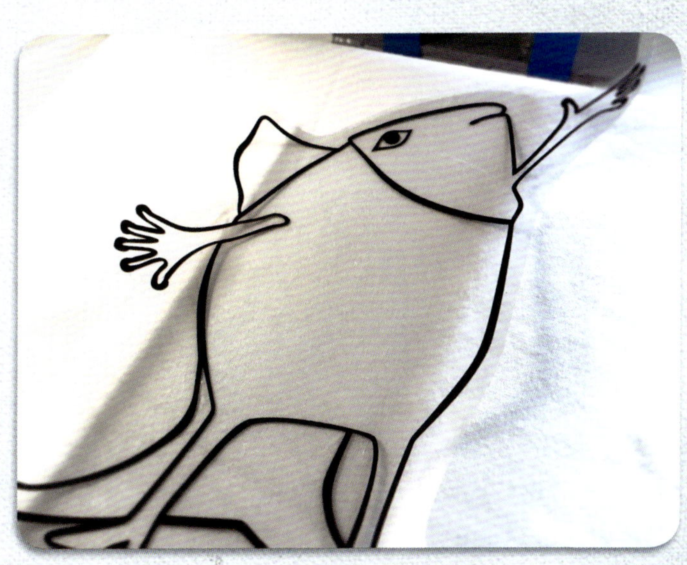

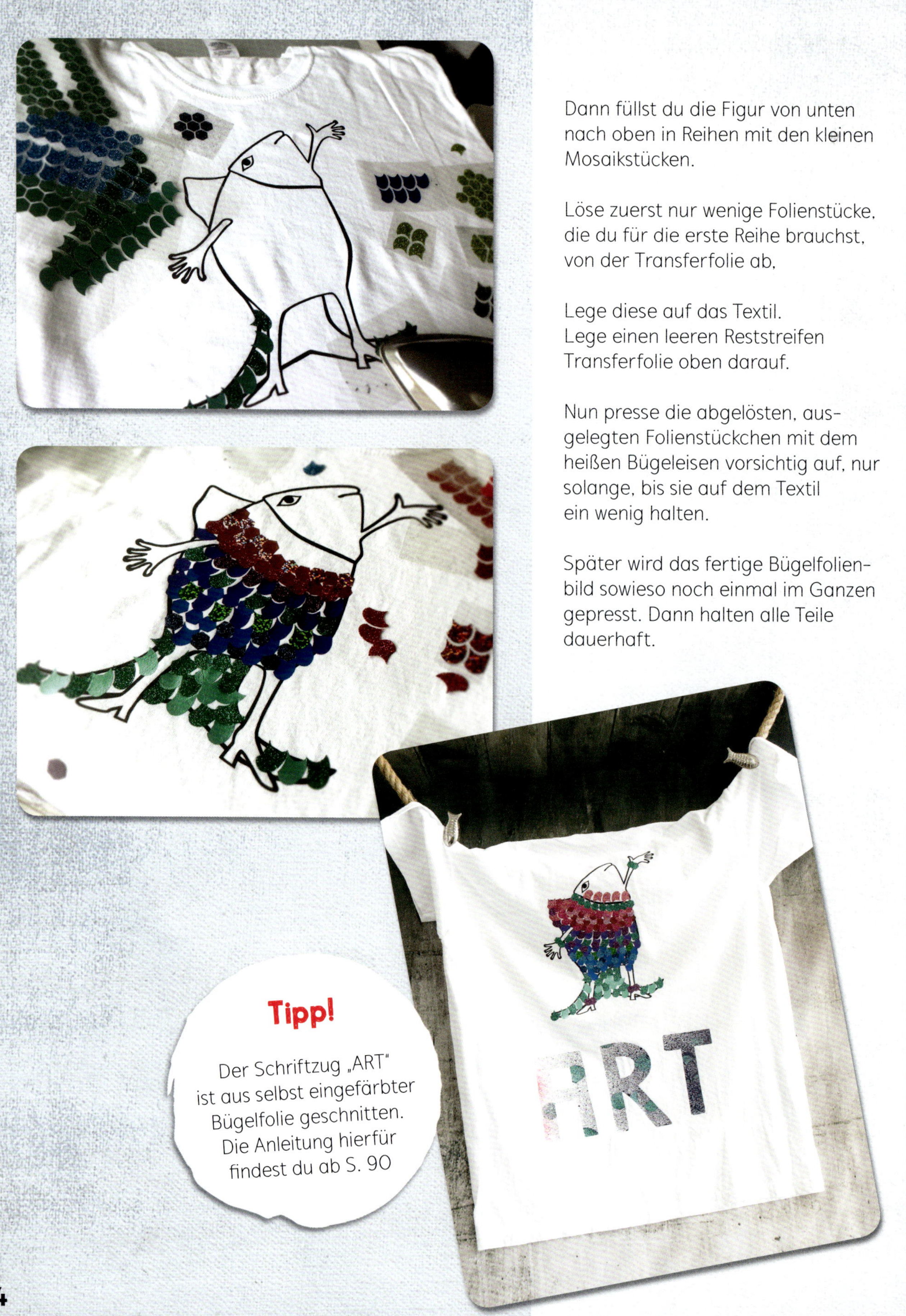

Dann füllst du die Figur von unten nach oben in Reihen mit den kleinen Mosaikstücken.

Löse zuerst nur wenige Folienstücke, die du für die erste Reihe brauchst, von der Transferfolie ab,

Lege diese auf das Textil.
Lege einen leeren Reststreifen Transferfolie oben darauf.

Nun presse die abgelösten, ausgelegten Folienstückchen mit dem heißen Bügeleisen vorsichtig auf, nur solange, bis sie auf dem Textil ein wenig halten.

Später wird das fertige Bügelfolienbild sowieso noch einmal im Ganzen gepresst. Dann halten alle Teile dauerhaft.

Tipp!

Der Schriftzug „ART" ist aus selbst eingefärbter Bügelfolie geschnitten. Die Anleitung hierfür findest du ab S. 90

Die Rückseite des Entgitterhakens kann dir dabei helfen, die kleinen Stücke auf dem Textil an die richtige Stelle zu schieben.

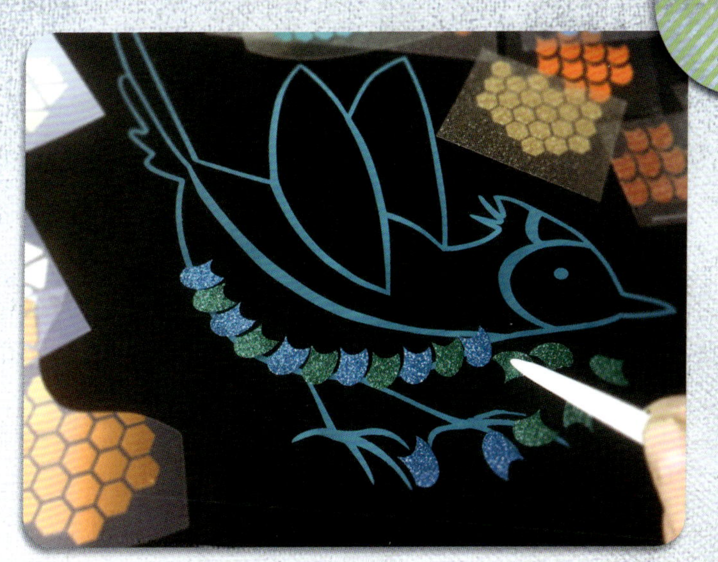

Arbeite dich nun Reihe für Reihe durch das Motiv und presse immer 4 - 6 Folienstücke gleichzeitig fest. Achte darauf, dass du dünne, glatte Folien zuerst presst und dann die hohen oder dicken Effektfolien oben darauf bügelst.

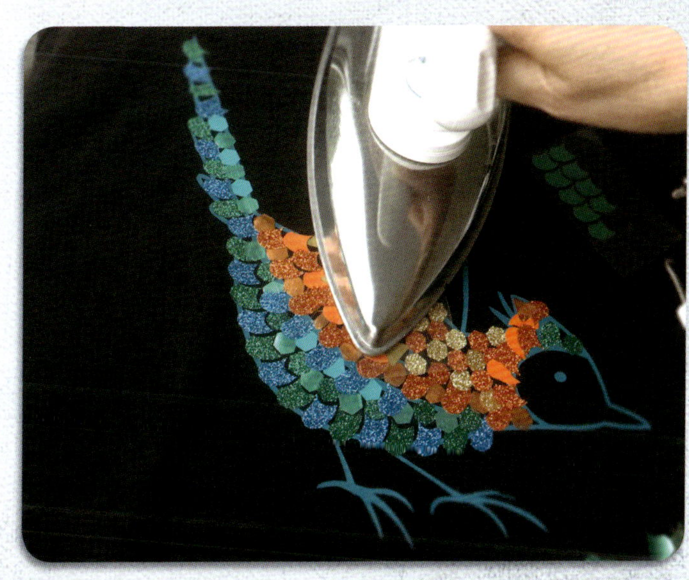

Je nachdem wieviel Stoff du zwischen den Folienstücken durchblitzen lassen möchtest, kannst du die Folien auch leicht überlappend aufpressen.

Zum Schluss presst du das ganze Bügelbild noch einmal mit Backpapier oder Teflonfolie abgedeckt, als ob es aus einer einzigen Folie bestehen würde.

Tipp!

Diese Technik lässt sich auch mit Vinylfolienresten anwenden, um kunstvolle Bilder und Collagen auf Papier herzustellen.

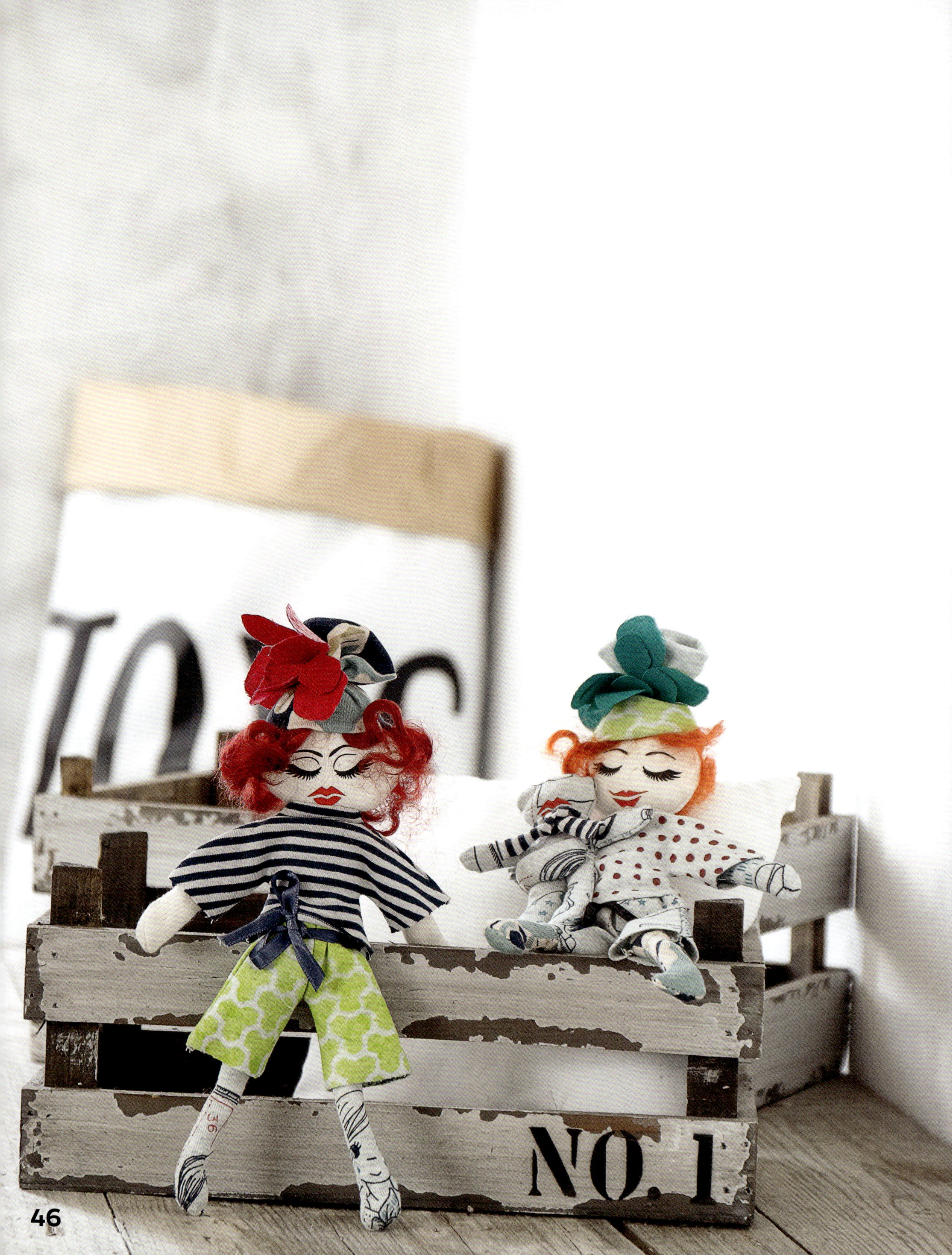
NO.1

Lumpenpuppe Lina-Lou

Diese herzallerliebsten Stoffpüppchen werden nicht aus Lumpen, sondern aus kleinsten Stoffresten gemacht.

Sie sind gleichzeitig Glückbringer und Sorgenpüppchen. Und solltest du einmal eine Voodoo-Puppe brauchen, kann sie auch dafür benutzt werden. Aber bitte nur für gute Zwecke!

Du brauchst für dieses Projekt:
- verschiedene Stoffreste, am besten Jerseystoffe
- je ein kleines Stückchen rote und schwarze Bügelfolie
- je 2 dünne Bindebändchen, z. B. Aufhänger aus Kleidung
- eine absolut gut klebende Schneidematte
- je nach Plotter Verstärkung zum Stoffschneiden (mehr dazu auf S. 48)

Wir haben eine Datei mit dem Schnitt für die Puppen und eine Datei für die Puppenkleider bereitgestellt.

- die Datei 1-5-Lumpenpuppe
- die Datei 1-5-Kleider

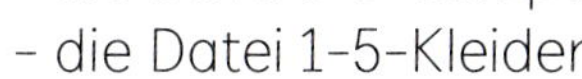

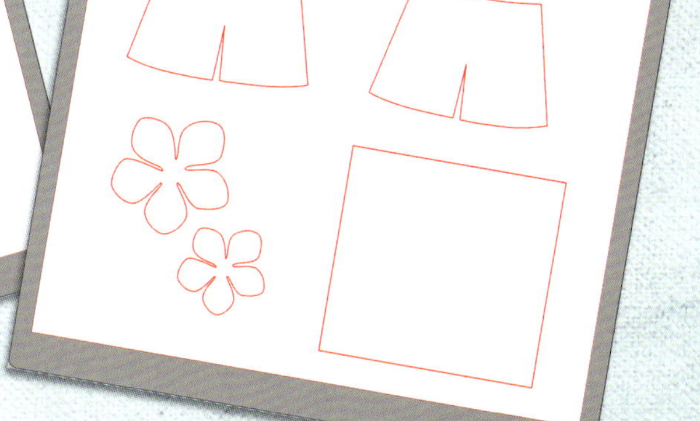

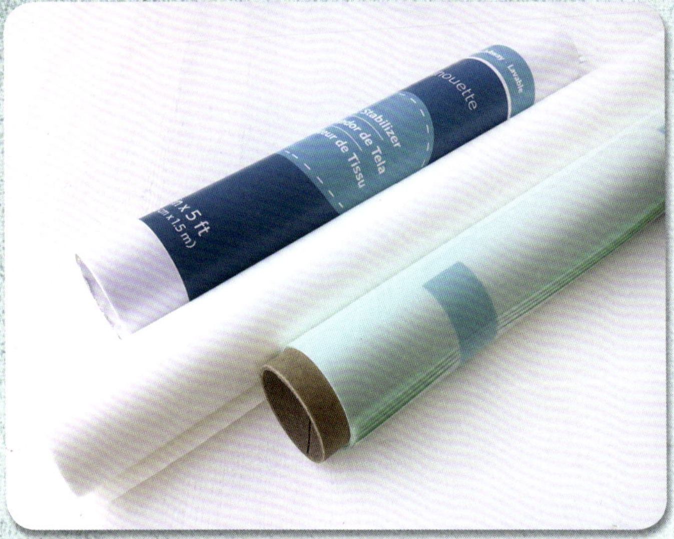

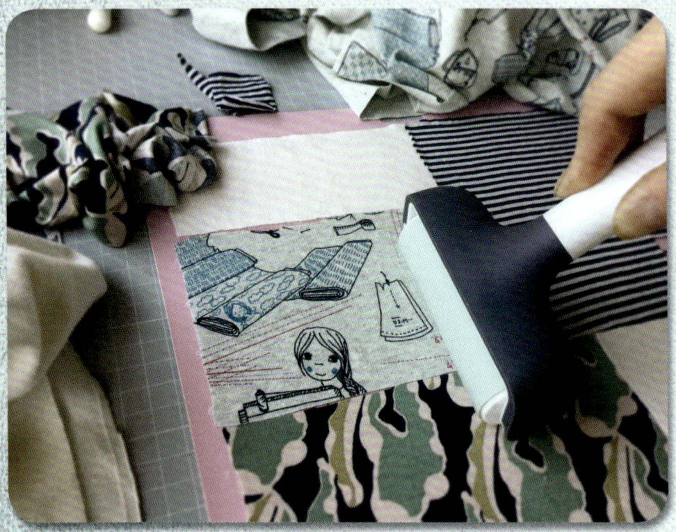

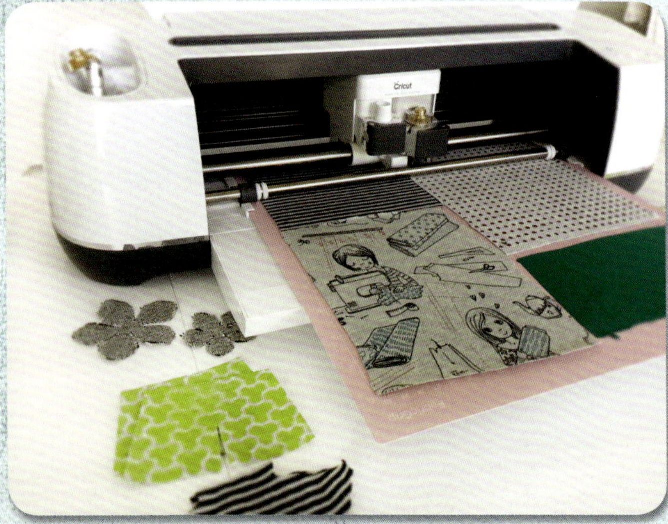

Um Stoffe einfach und sauber mit dem Plotter schneiden zu können, brauchst du je nach Gerät unterschiedliche Hilfsmittel.

Von Silhouette® gibt es einen speziellen „Fabric Stabilizer", eine Klebefolie von der Rolle, die nach dem Schneiden einfach wieder ausgewaschen wird.

Brother bietet zum Stoffeschneiden eine Spezialfolie für Stoffschnitte, die auf die normale Schneidematte aufgebracht wird.
Diese ist auch für andere Marken nutzbar und macht die Schneidematte super stark klebend.

Darüber hinaus gibt es jede Menge Aufbügelmaterialien, Sprays, viele Tricks und Vorlieben, die je nach Gerät und Material hervorragend oder weniger gut funktionieren.

Es hilft auch, den Stoff vor dem Schneiden mit einer Rolle gleichmäßig fest auf der Schneidematte anzudrücken.

Für alle Geräte benötigst du eine sehr gut klebende Schneidematte, damit der Stoff beim Schneiden nicht von der Klinge verzogen und gerissen wird.

Der Cricut Maker® hat in der Grundausstattung bereits einen Rollenschneider und eine spezielle Stoffschneidematte inklusive.
Das reicht, um alle Arten von Stoff, auch Jersey ohne Verstärkung, perfekt zu schneiden.

Wenn du viele kleine Stoffreste hast, möchtest du vielleicht gleich mehrere Püppchen zuschneiden.
Dann kannst du nach dem Schneiden aussuchen, welche Stoffe schön zusammen aussehen.

Bewahre die Reste des Zuschnitts zum Ausstopfen auf.

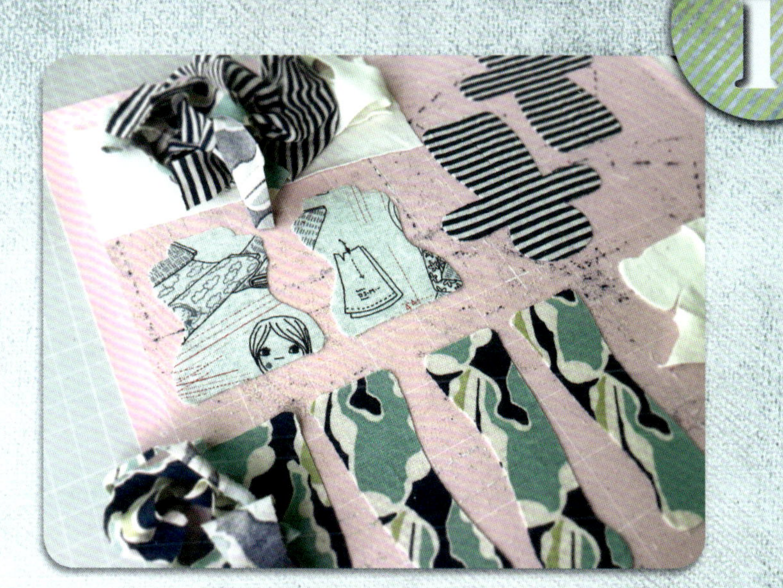

Als nächstes schneidest du Münder und Augen aus Bügelfolienresten. Am schönsten sehen sie in Rot und Schwarz aus.

Bei kleinen unregelmäßigen Folienstücken verwendest du am besten wieder die Resteverwertungstechnik für deinen Plotter.

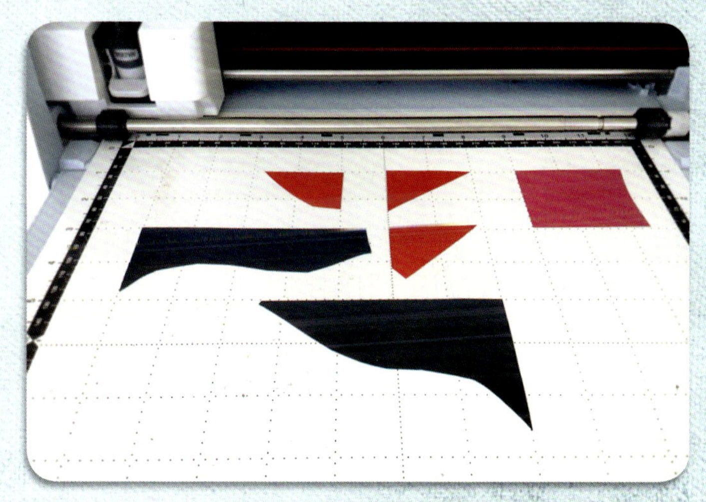

Entgittere die geschnittenen Bügelfolien vorsichtig, damit die feinen Linien nicht verloren gehen.

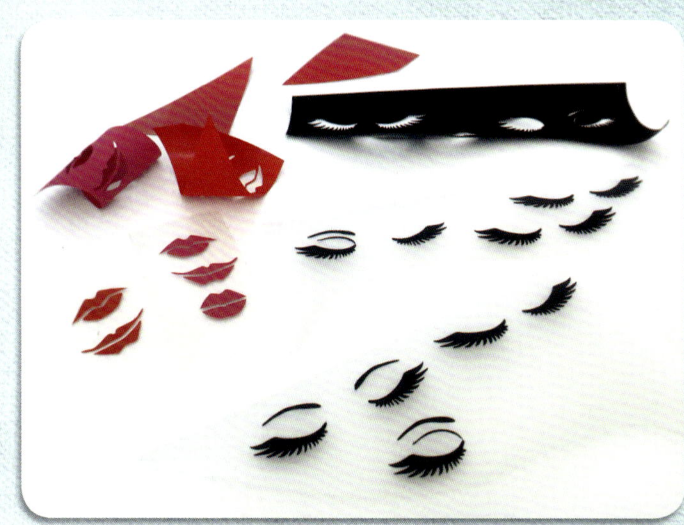

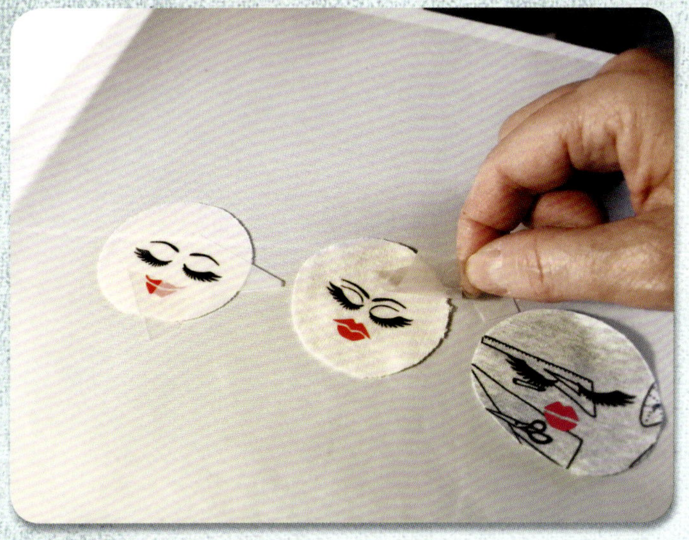

Platziere die Gesichter auf den zugeschnittenen Köpfen aus Stoff, presse sie mit dem Bügeleisen oder mit der Transferpresse auf und ziehe die Transferfolie ab.

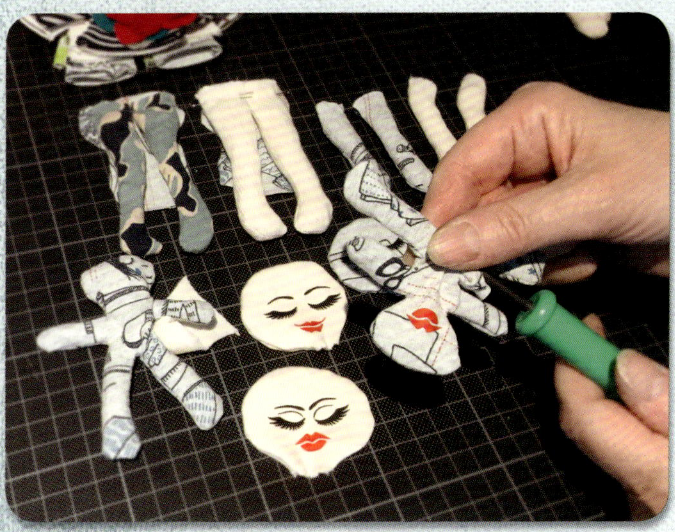

Dann nähe Arme, Beine, das Minipüppchen und die Kleidung mit der Nähmaschine von Links zusammen und drehe die Teile auf Rechts um. Stopfe sie mit den Resten des Zuschnitts aus.

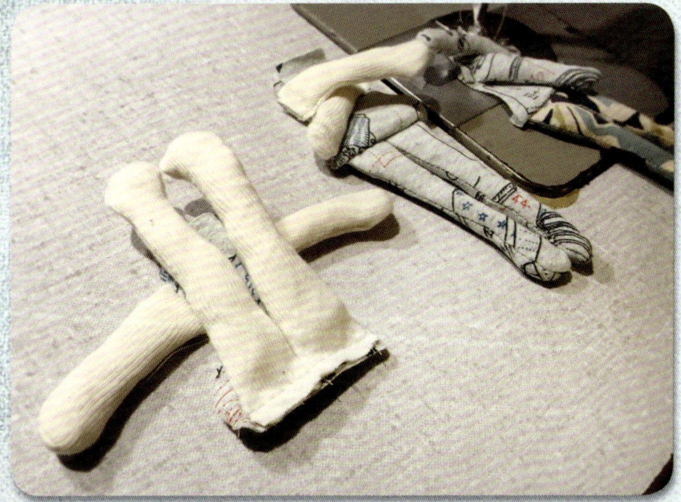

Als nächstes nähst du die ausgestopften Arme und Beine auf die linke Stoffseite des Schnittteils für den Körper an.

Dann legst du die Rückseite oben darauf, drehst alles um und nähst die Rückseite des Körpers dagegen. Lasse eine Schulter und den Hals zum Umdrehen offen.

Zum Umdrehen ziehst du einfach die Beine und Arme aus dem Körper heraus. Das geht leichter als es aussieht. Dann stopfst du auch den Körper mit Stoffresten aus und nähst Schulter und Hals von Hand zu.

Nun musst du den Püppchen die Kleidung anziehen. Die Hose wird einfach mit einem Band straff zusammengebunden, z. B. mit einem heraus geschnittenen Aufhänger.

Dann erst kannst du den Kopf von Hand rundherum annähen.

Zuletzt nähst du etwas Wolle und die Mütze am Kopf fest und dekorierst diese mit den Blumen.

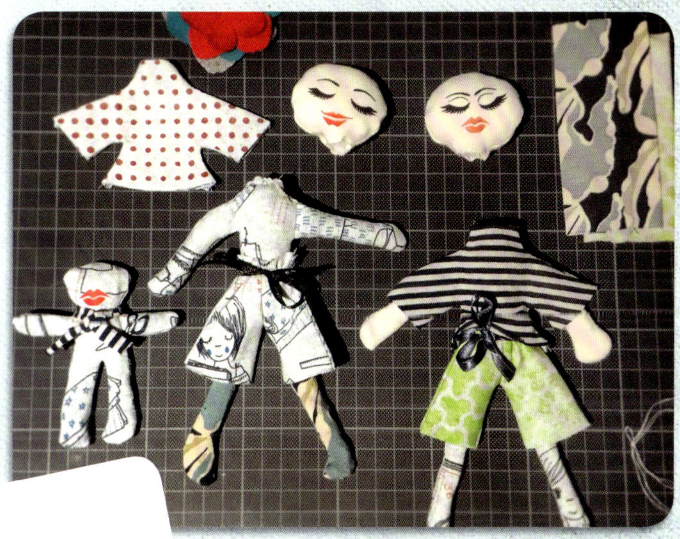

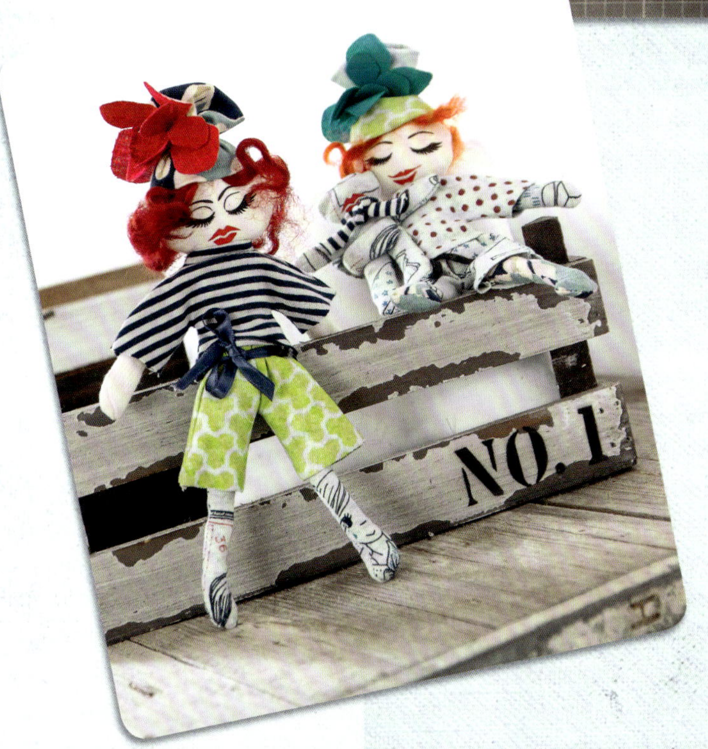

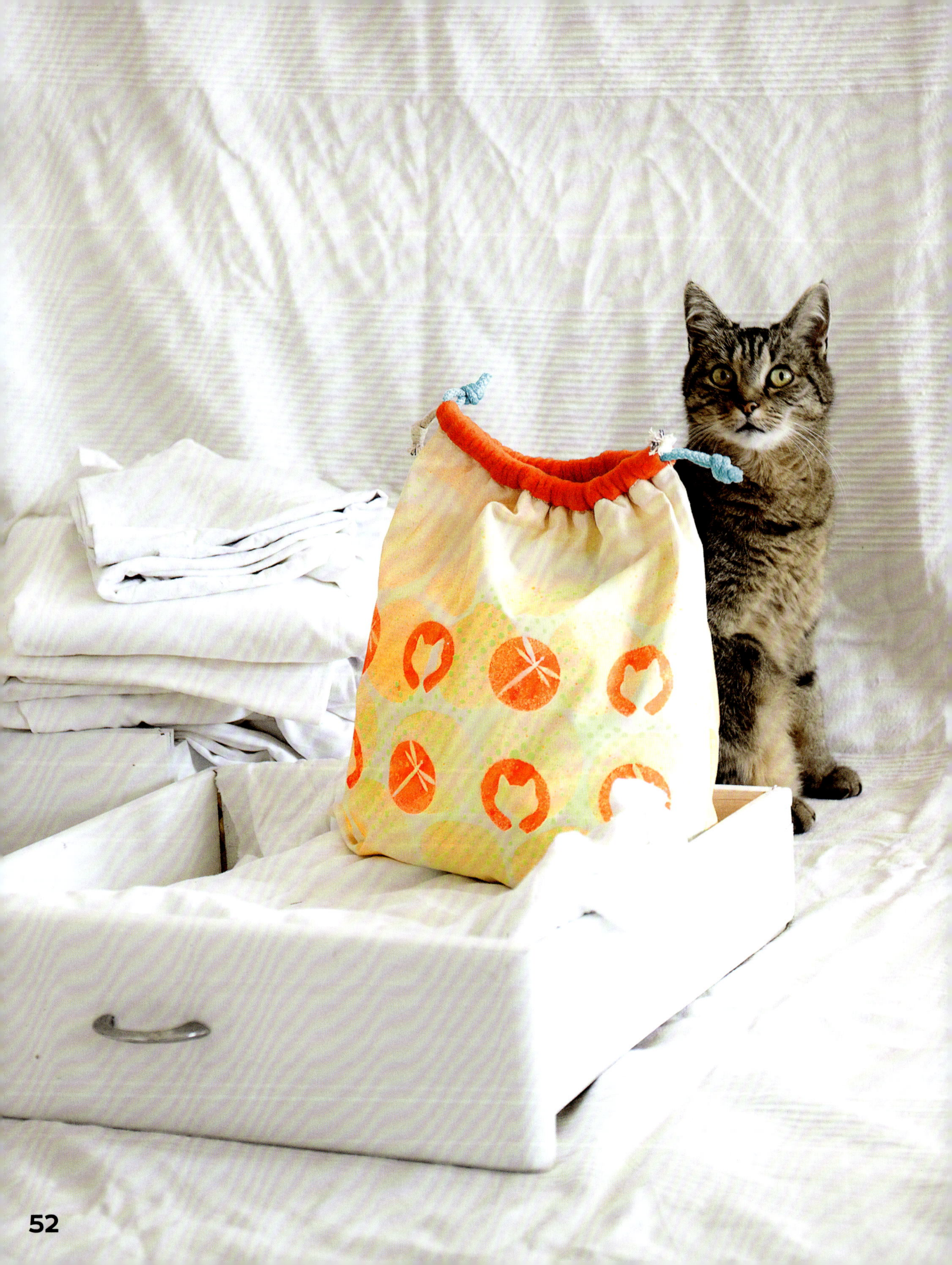

Mach was draus!

Nun kommen wir zu den größeren Schätzen.

Es gibt wohl kaum jemanden, der sie nicht hat, die Stapel von Materialien, von denen man einfach zuviel gekauft hat, die man geschenkt bekommen oder gar geerbt hat.

Das sind auch Materialien, die zwar gut sind, dir jedoch nicht mehr gefallen oder bei denen du dich einfach in der Farbe geirrt hast.

Mit ein bisschen Kreativität und dem festen Vorhaben, diese ungeliebten Papiere, Stoffe und Folien endlich zu verarbeiten, kannst du daraus tolle Sachen machen.

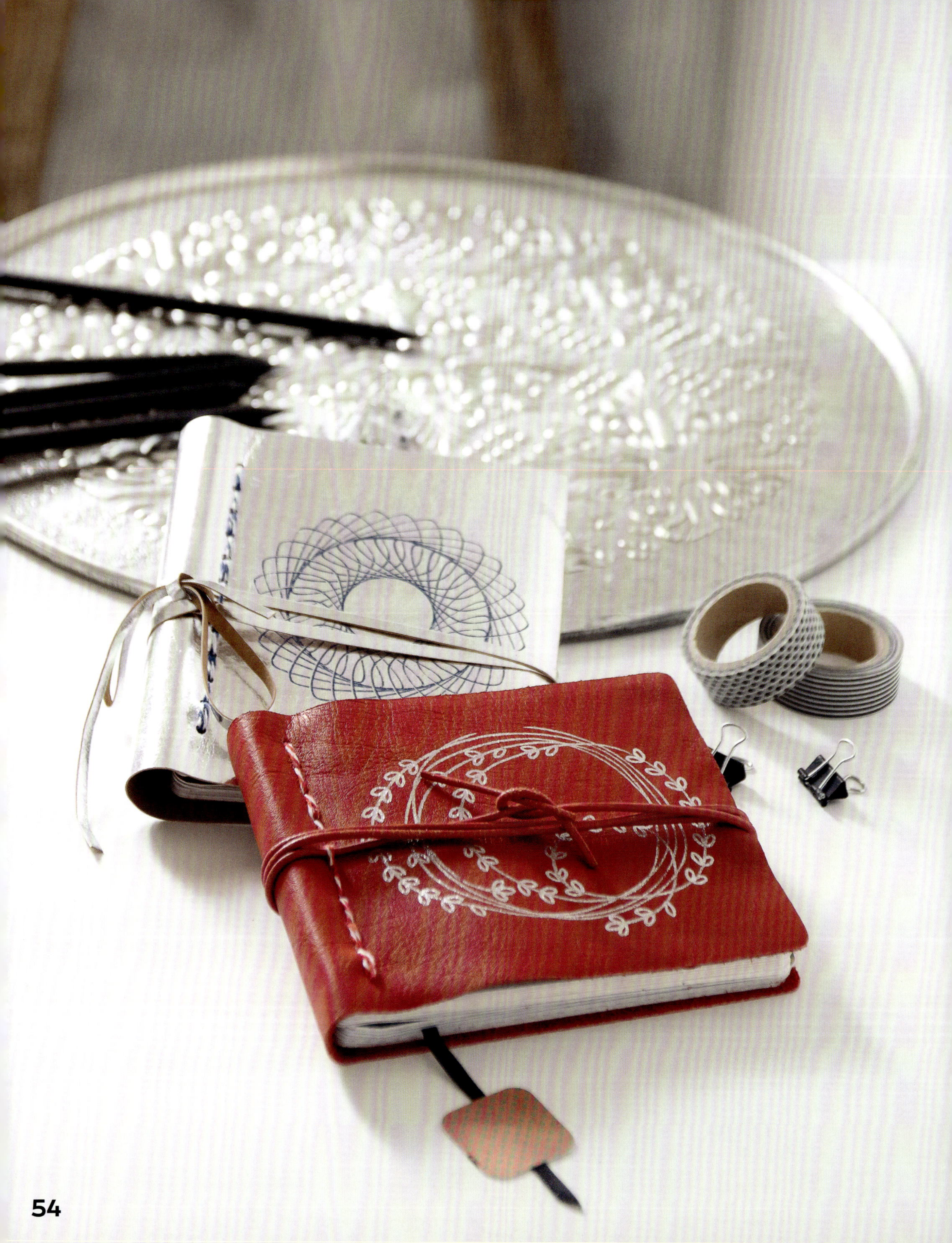

Ein, zwei Art Journals

Dieses Projekt ist für alle, die schönem Papier nicht widerstehen können und viel zuviel davon gesammelt haben. Mit einem oder zwei Art Journals, Kunsttagebüchern, verarbeitest du gleich eine ganze Menge Papier auf einmal.

Die Seitengröße kannst du der Größe deiner Papiere anpassen. Für den Einband nimmst du ein geeignetes Material, das du übrig hast und das dein Plotter gut schneidet, z. B. Leder oder SnapPap.

Du brauchst für dieses Projekt:
- jede Menge einseitig bedrucktes, dickeres Papier
- ein Stück stabiles Material für den Einband
- Stift und Stifthalter für den Plotter für das Umschlagdekor
- ein Stück Schnur zum Zusammennähen
- Bändchen für ein oder zwei Lesezeichen
- ein oder zwei Inchies auf Karton (siehe S. 34)

Falls du den Hitzestift für Plotter „Foil Quill" hast, solltest du den Einband damit verzieren. Ansonsten kannst du das Dekor mit einem Stifthalter und einem geeigneten Stift aufzeichnen lassen.

Zum Schneiden und Zeichnen verwendest du die Dateien:
- 2-1-Buchseiten (hoch oder quer)
- 2-1-Einband
- eine der Dateien 2-1-Dekor1, -Dekor2 oder -Dekor3

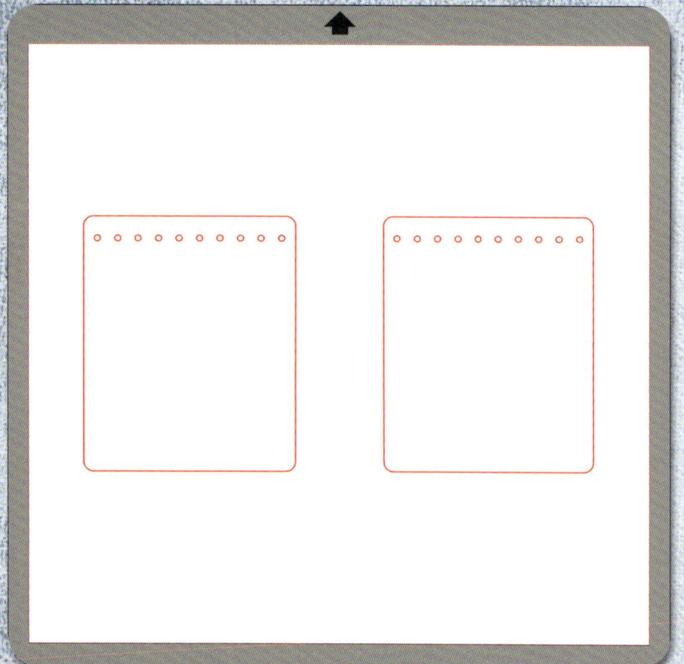

Rufe die Schneidedatei für die Buchseiten auf und entscheide dich, ob du ein hoch- oder ein querformatiges Buch machen möchtest.
Am besten machst du gleich zwei Bücher, wenn du genug Papier hast.

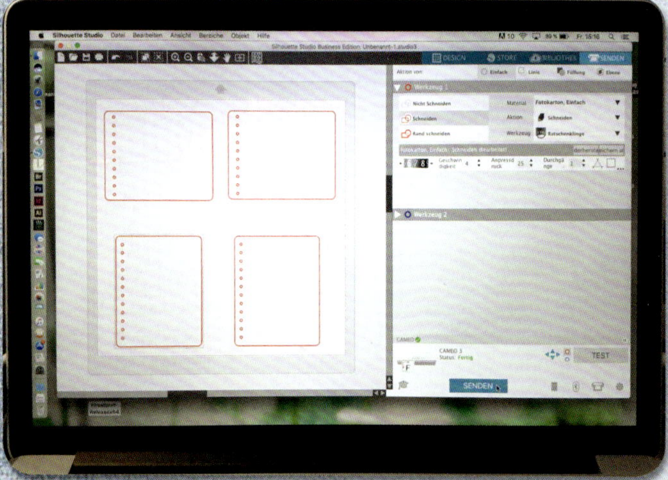

Du kannst immer vier Seiten auf einmal auf einer normal großen Schneidematte schneiden.

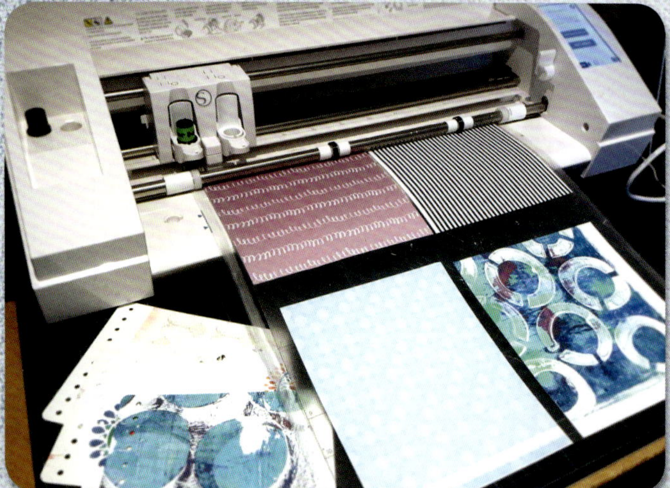

Dann lege dein Papier zurecht und schneide es von Hand in passend große Stücke. Lege diese auf die Schneidematte, reibe sie gut fest und schneide alle Buchseiten.

Rufe die Datei für den Umschlag auf und lösche die Version, die du nicht schneiden möchtest.

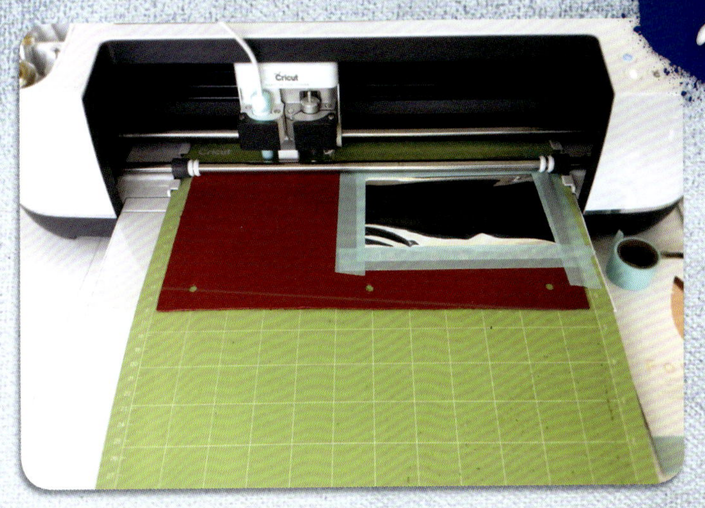

Füge die Schneidedatei mit der Verzierung hinzu und stelle die Schneidelinien so ein, dass der Umschlag und die Löcher geschnitten und das Dekor gezeichnet wird.

Lege das Umschlagmaterial auf die Schneidematte und reibe es fest. Wenn du den Hitzestift „Foil Quill" benutzt, befestige die Folie mit Washitape an der Stelle, an der das Dekor gezeichnet werden soll.

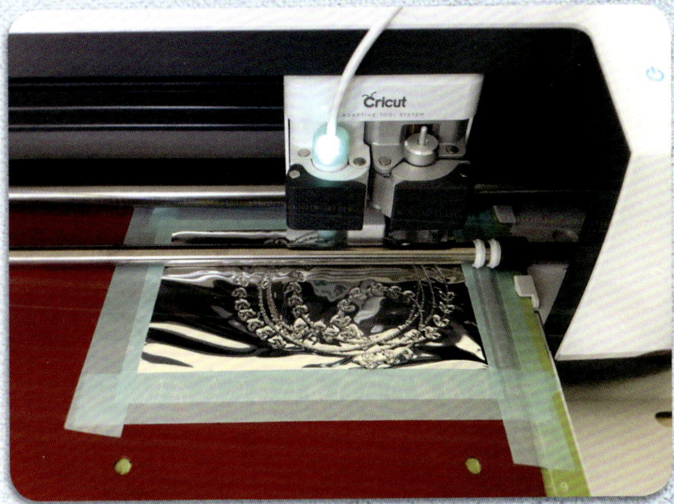

Dann lege einen Zeichenstift bzw. den „Foil Quill"-Hitzestift in den Plotter ein und zeichne das Dekormotiv auf den Umschlag.

Tipp!

Es ist immer besser, zuerst zu zeichnen und dann zu schneiden, damit das Schneidgut beim Zeichnen nicht verrutscht.

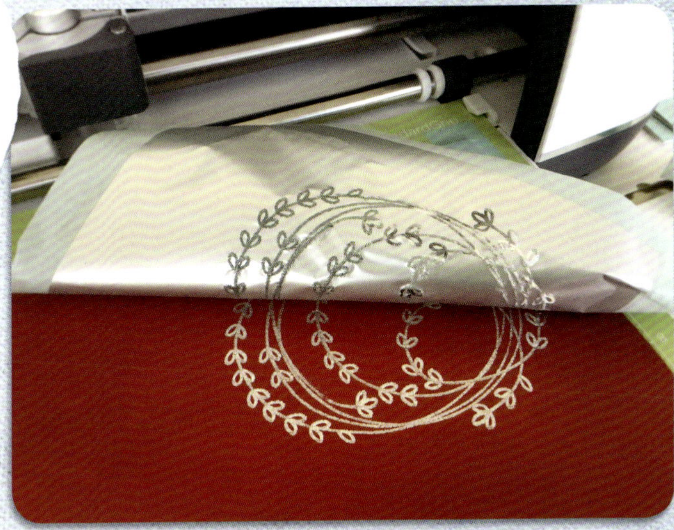

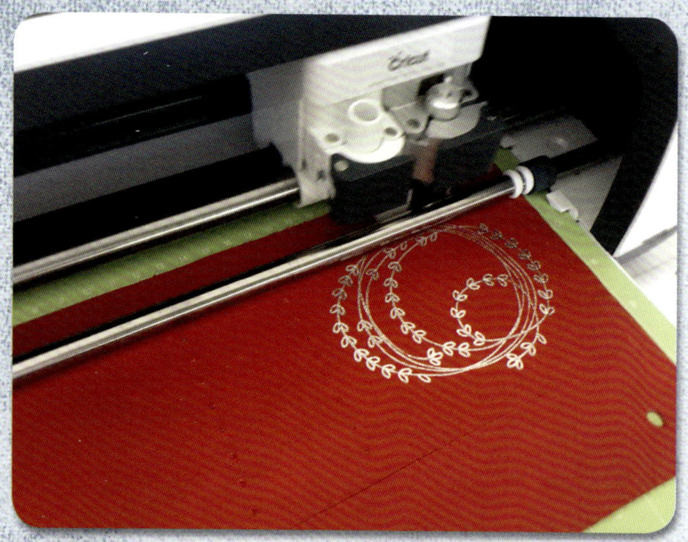

Nach dem Zeichnen entferne gegebenenfalls die Folie und das Washitape vom Umschlagmaterial.

Falls nötig, tausche den Stifthalter am Plotter gegen eine Klinge aus.

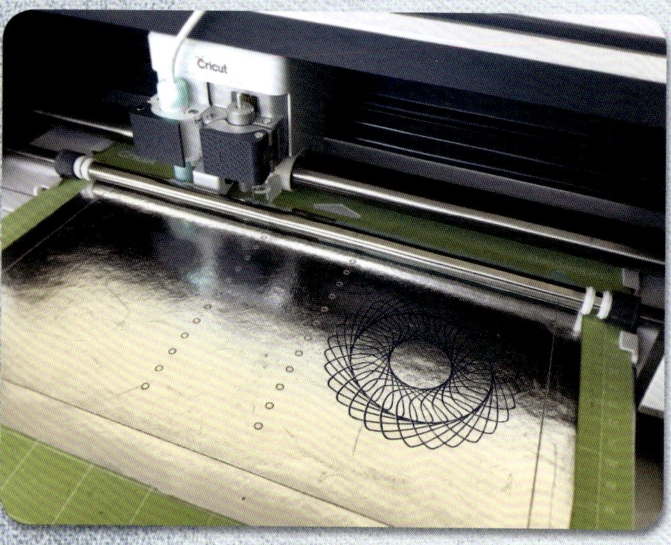

Dann schneide die Außenkanten des Umschlags und die Löcher aus.

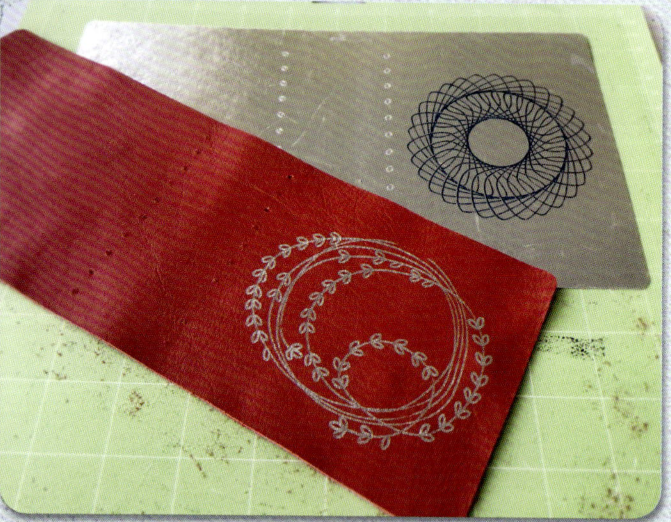

Löse den fertigen Umschlag von der Schneidematte.

Ein Tipp zum Reinigen der Schneidematte nach dem Schneiden von Leder:
Reibe die Schneidematte unter fließendem warmem Wasser mit einem weichen Tuch vorsichtig ab, sodass nur die Fusseln und nicht der Kleber mit abgerieben wird.

Nun bringe die Seiten in die Reihenfolge, in der du sie ins Buch einnähen möchtest.

Wir haben die gemusterten Seiten links platziert, um zu inspirieren, rechts das eigene kleine Kunstwerk hinein zu zeichnen oder den Eintrag für diesen Tag zu schreiben.

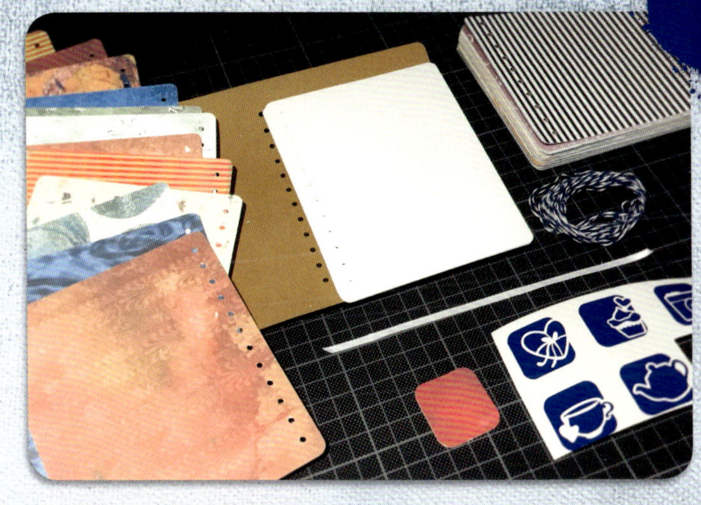

Wenn du magst, kannst du noch ein oder zwei Bänder mit einem Inchie aus Vinylfolie auf einem passenden Kärtchen verbinden und diese als Lesezeichen mit einnähen.

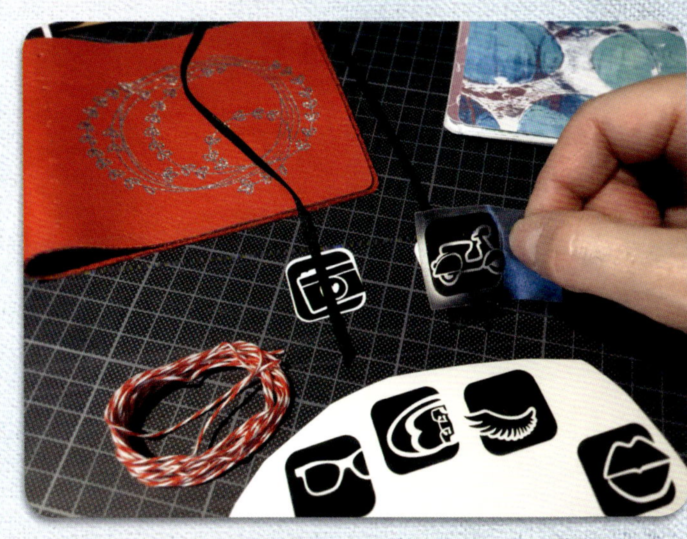

Dann nähst du von Hand mit einer dicken Nadel den Seitenstapel durch die Löcher im Einband fest - einen Stapel links und einen Stapel rechts. Am oberen Ende nähst du das Lesezeichenband mit fest.

Ein Lederband oder ein dünner Streifen Restmaterial halten die Bücher zusammen und geben ihnen einen edlen Look.

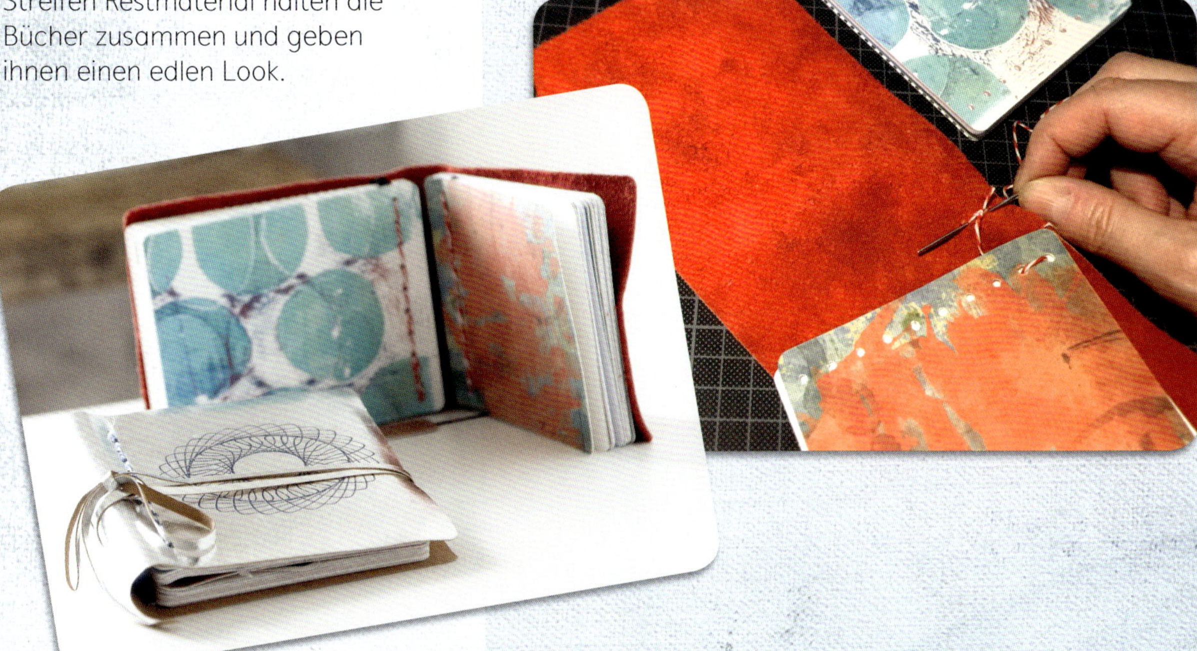

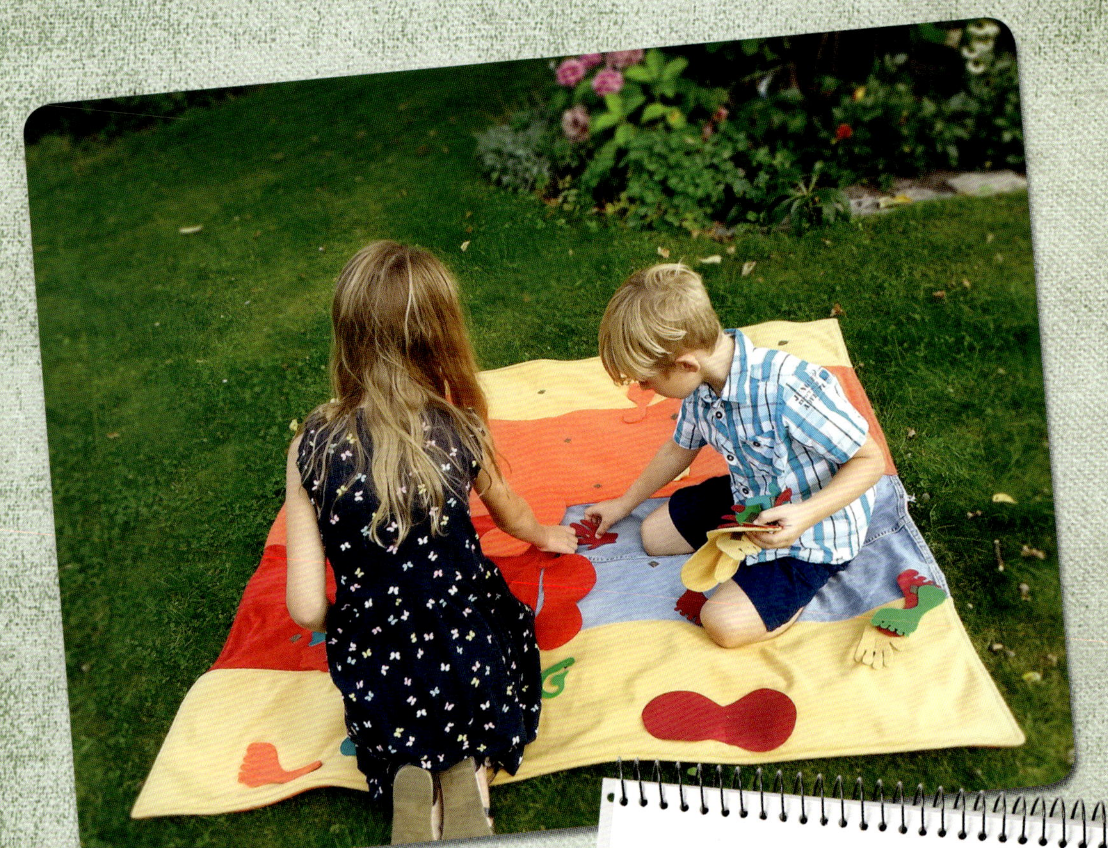

Spielanleitung:

Es wird reihum mit allen drei Würfeln gewürfelt.

Die Zeichen auf den Würfeln geben an, welche Symbole auf der Decke von demjenigen Spieler, der geworfen hat, gleichzeitig berührt werden müssen.

Entsprechend den Symbolen auf den Würfeln, setzt oder stellt sich der Spieler auf die Spieldecke. Ein Joker bedeutet freie Auswahl.

Dann würfelt auch der nächste Spieler und setzt oder stellt sich den Symbolen entsprechend dazu.

Wer als erstes umfällt, bis er wieder mit Würfeln an der Reihe ist, hat verloren und scheidet aus.

Wer am Ende übrig bleibt, hat gewonnen.

Die Spielregeln dürfen beliebig geändert und individuell angepasst werden.

Viel Spaß!

Kinderspiel mit Hand und Fuß

Wenn du viele unbenutzte Stoffe hast oder auch größere Reste, dann kannst du daraus schöne Patchworkdecken nähen. So verbrauchst du den Stoff schnell und mit nicht allzu viel Aufwand.

Die Größe der Patches und die Maße der Decke richten sich nach den vorhandenen Stoffstücken. Kleine Teile kannst du mit dem Plotter zuschneiden. Größere Stücke nähst du einfach aneinander. Für die Unterseite nimmst du Stoffe, die dir weniger gut gefallen.

So entstehen z. B. Bettüberwürfe, Picknickdecken, Hundedecken. Die Spieldecke, die wir für dieses Projekt genäht haben, sorgt im Sommer draußen und im Winter drinnen für jede Menge Spaß.

Für dieses Projekt brauchst du:

- dicken, weichen Stoff für die Decke, z. B. Fleece
- dünneren Stoff für die Applikationen und die drei Stoffwürfel
- Bügelfolienreste für die Würfel
- Klettbandreste
- mehrere Sohlen alter Antirutsch-Socken oder Sockenstop-Farbe
- ein Verpackungskarton für eine Schablone

außerdem:

- die Datei 2-2-Hand-Fuss-Po
- die Datei 2-2-Wuerfelschnittmuster

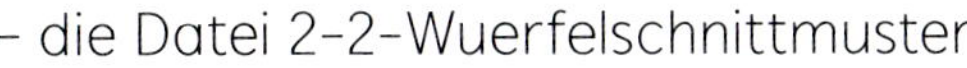

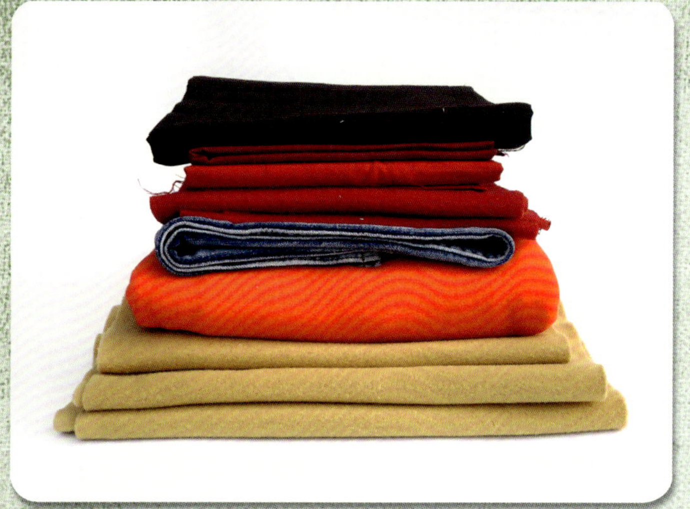

Schneide die Stücke für die Decke von Hand mit der Schere zu.

Du kannst alternativ auch eine fertige Decke, z. B. eine alte Picknickdecke als Spieldecke verwenden.

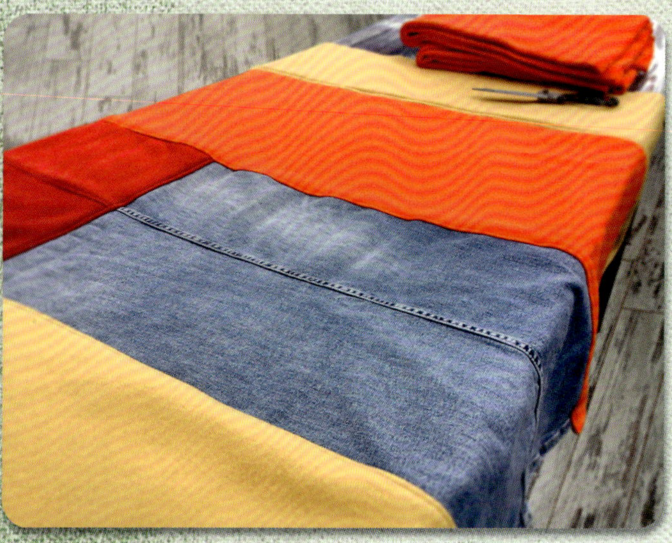

Nähe die Stoffstücke aneinander. Das Maß der Decke ist nicht so wichtig. Nutze einfach die vorhandenen Stoffe optimal aus.

Du kannst auch eine alte Jeanshose mit hinein verarbeiten.

Für die Rückseite nimmst du ein großes Stück Stoff, das dir nicht so gut gefällt oder von dem du zuviel hast.

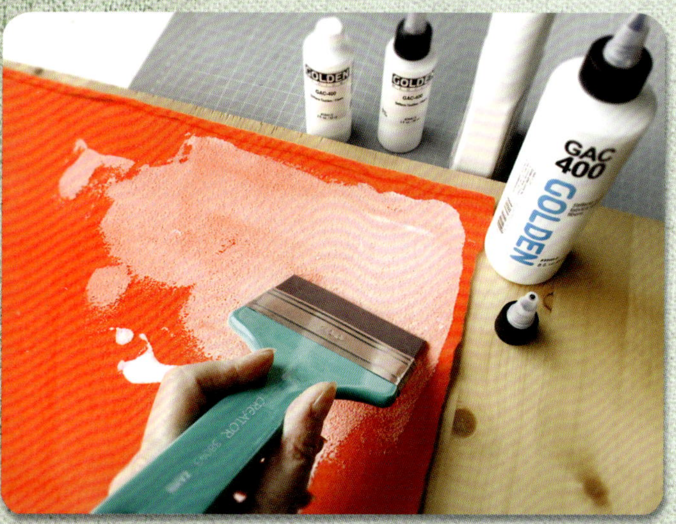

Für die Applikationen, Hände, Füße, Ohren und Po, lege die kleineren Stoffreste zurecht. Diese Stoffe sollten versteift werden. Dann lassen sie sich auch leichter schneiden und fransen nicht aus.

Du kannst sie entweder mit Aufbügelmaterial zum Plotten versehen, mit einer speziellen Paste aus dem Künstlerbedarf einstreichen, die eine gummiartige Versteifung aufbringt, oder Sprühstärke verwenden.

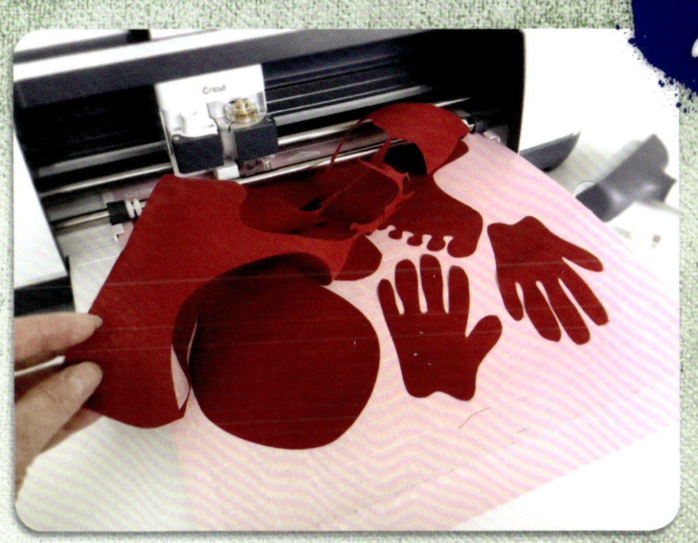

Nun schneidest du die Applikationen für das Spiel. Du kannst beliebig viele Hände und Füße ausschneiden. Den Po und die Ohren brauchst du jeweils nur zwei bis dreimal.

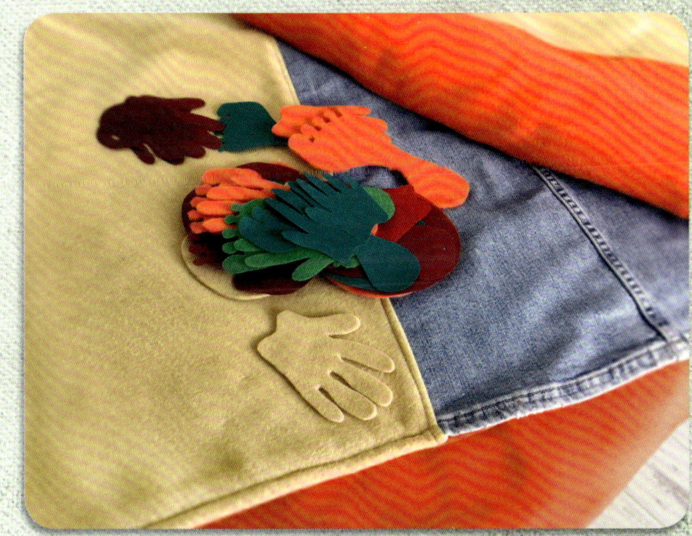

Bügle die Decke und die Applikationen, falls nötig.

Damit die Decke beim Spielen nicht wegrutscht, nähst du entweder Stücke von alten Antirutschsocken auf oder du verwendest Antirutschfarbe und bringst diese an der Unterseite auf.

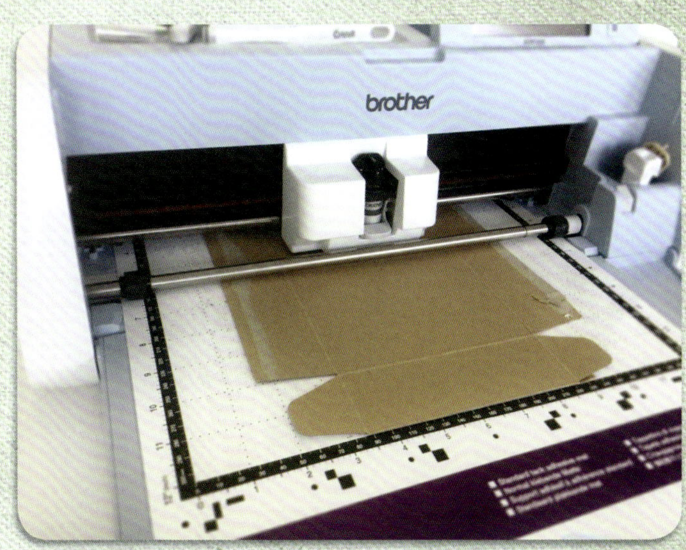

Für Füße aus Antirutschfarbe schneidest du eine Schablone mit einem Fuß in der Größe von ca. 6 - 8 cm. Diese kannst du aus einem alten Lebensmittelkarton schneiden.

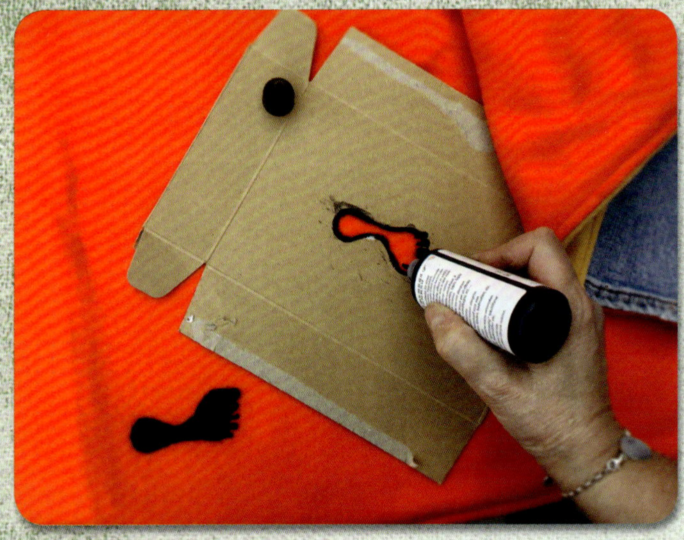

Dann trägst du die Antirutschfarbe durch die Schablone in Fußform hindurch auf die Unterseite der Decke auf. Setze die Füße im Abstand von ca. 15 - 20 cm zur Außenkante.

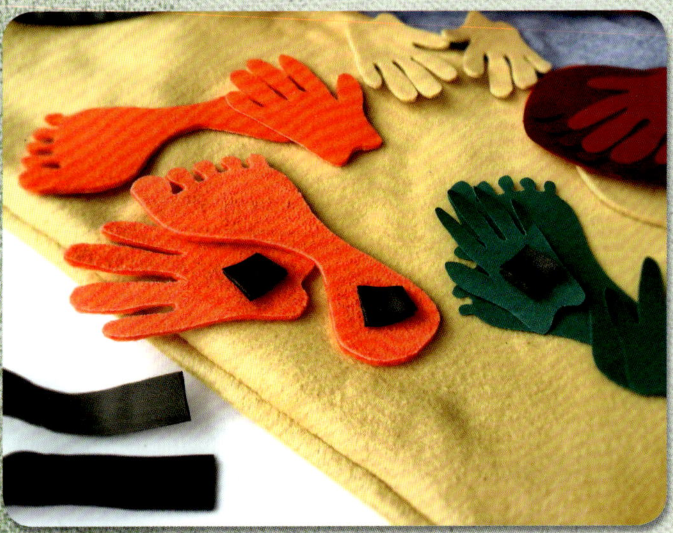

Zum Anbringen der Applikationen schneidest du Reste von Klettband in gleich große Stücke.

Die harte Seite wird jeweils auf eine Applikation genäht.

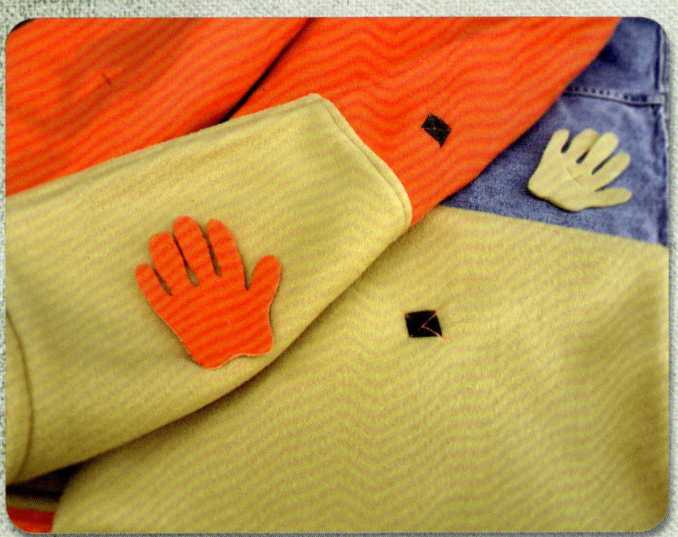

Die weichen Seiten des Klettbands werden großzügig über die Decke verteilt und dann mit der Nähmaschine angenäht.

Auch die drei Würfel, die du für das Spiel brauchst, werden selbst genäht. Dafür verstärkst du den Stoff mit Aufbügelmaterial für Applikationen oder mit steifem Vlies.

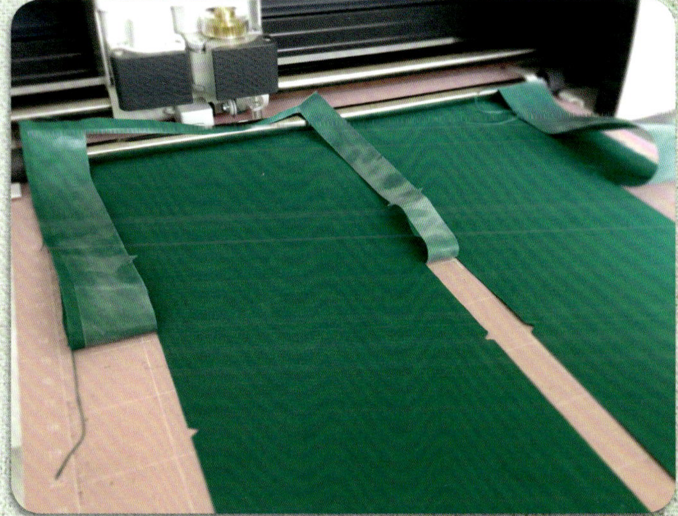

Lege den Stoff mit der rechten Seite nach oben auf die Schneidematte und reibe ihn gut fest.

Für jeden Würfel brauchst du zwei der Stoffzuschnitte. Schneide die sechs Streifen mit dem Plotter zu.

Bei der Schneidedatei sind bereits die Markierungen enthalten, die dir beim Zusammennähen helfen.

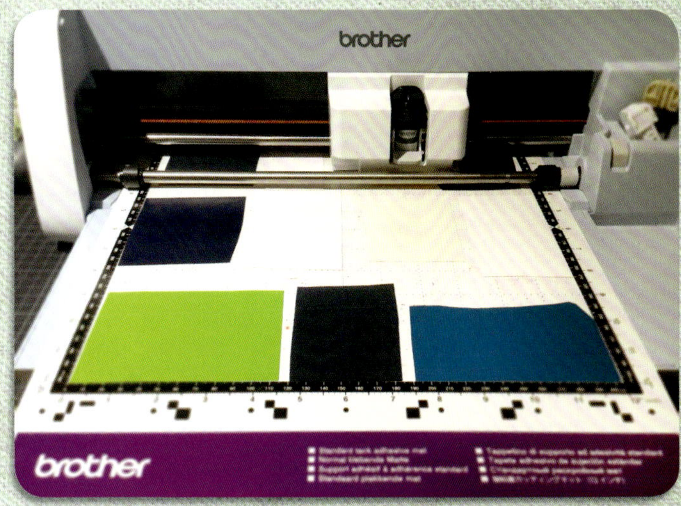

Die Motive für die Seiten der Würfel, insgesamt 18 Motive, schneidest du aus Bügelfolienresten.

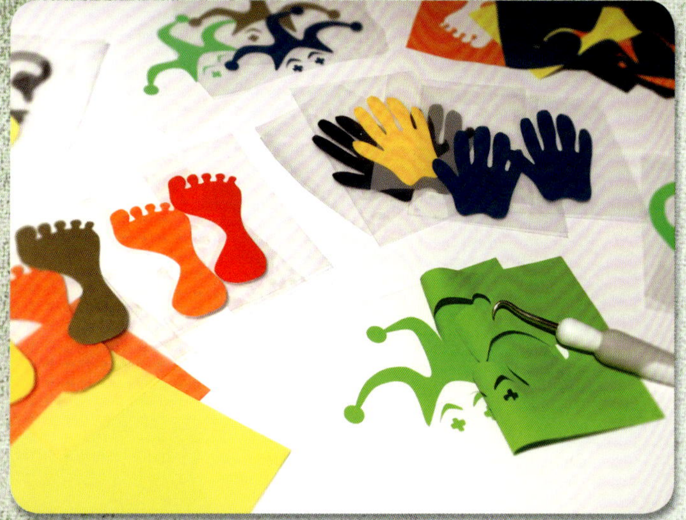

Du brauchst folgende Motive. Die Farben kannst du dabei frei wählen:

6 x Hand
5 x Fuß
3 x Joker
2 x Po
2 x Ohr

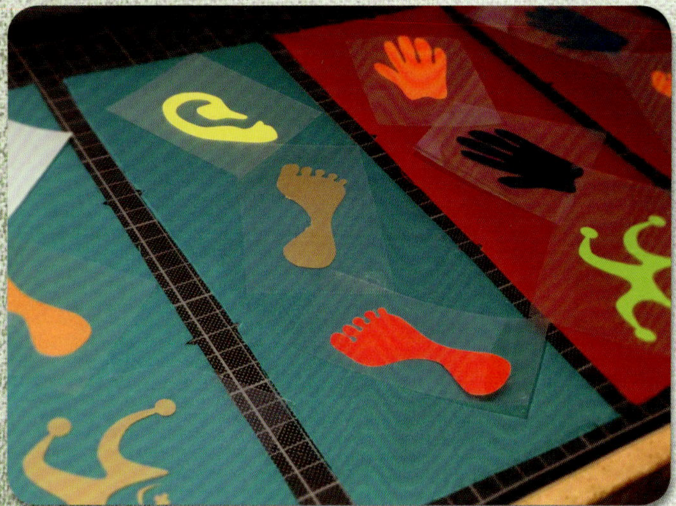

Die Motive musst du genau nach dem Schema im Bild links unten auf die Stoffzuschnitte der Würfel aufpressen.
Nur so entspricht die Anzahl der Symbole den Möglichkeiten der Spieler, die Körperteile gleichzeitig aufzusetzen.

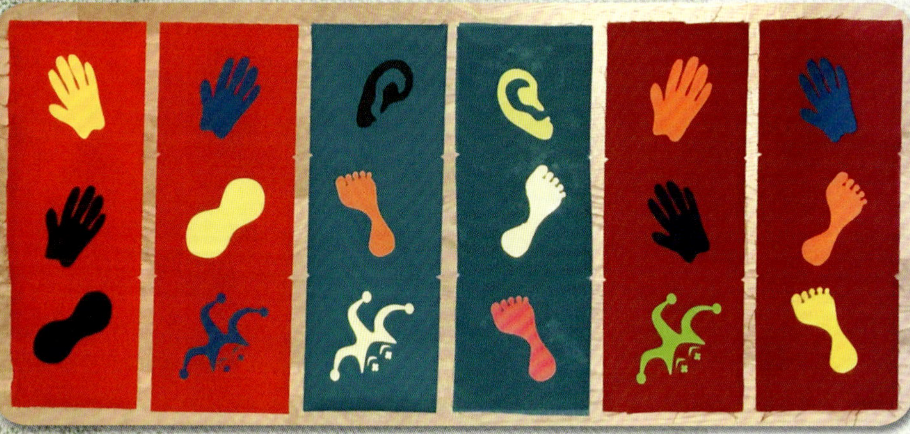

2

Nach dem Aufbringen der Motive nähst du die Würfelseiten zusammen und lässt eine Naht zum Umdrehen offen.

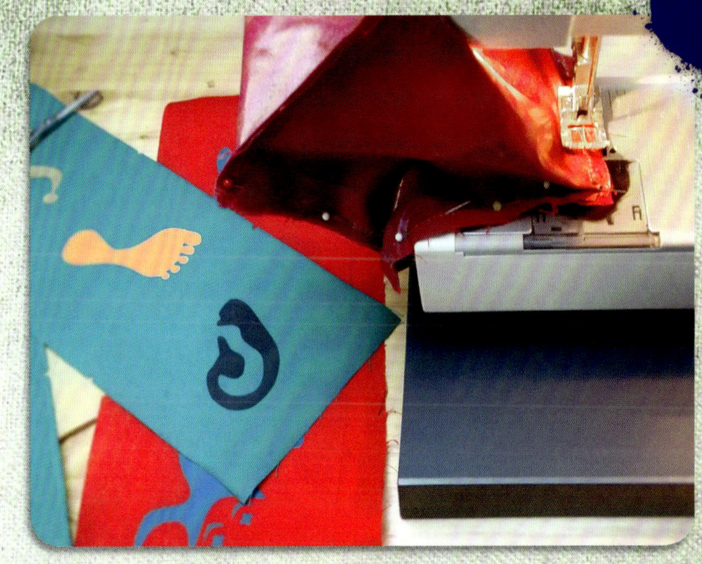

Dann stopfst du die drei Würfel mit Füllwatte oder Vlies aus und nähst die offenen Seiten von Hand zu.

Zum Schluss bügle mit dem Bügeleisen über die Seiten der Würfel, damit sie schön glatt sind.

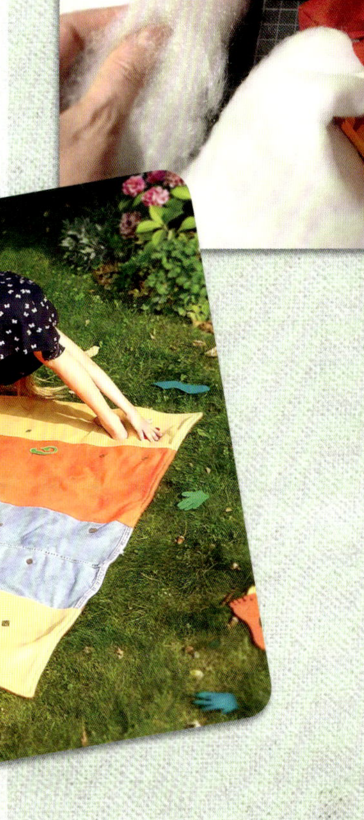

Vinylfolienmonster

Wusstest du, dass du auch Vinylfolien selbst bemalen und einfärben kannst? Dazu ist Farbe nötig, die auf Kunststoff hält. So kannst du kunstvoll gemusterte Klebefolie herstellen und dabei Folien verwenden, deren Originalfarbe dir nicht (mehr) gefällt.

In diesem Projekt gießen wir kleine Monster auf Vinyl, weil das „Pouring" gerade so IN ist. Diese werden hinterher passgenau ausgeschnitten. Dann kannst du sie auf jeden festen Untergrund übertragen, um Objekte individuell zu verzieren.

Für dieses Projekt brauchst du:
- etwas größere Vinylfolienstücke
- auf Vinyl haltbare flüssige Farbe, z. B. Alcohol Ink
- Flächen zum Verzieren, z. B. deinen Laptop oder eine Flasche
- optional kleine 3D-Wackelaugen zum Aufkleben

Die Dateien erstellst du selbst, indem du die Formen, die sich aus dem Gießen entwickeln, nachzeichnest.

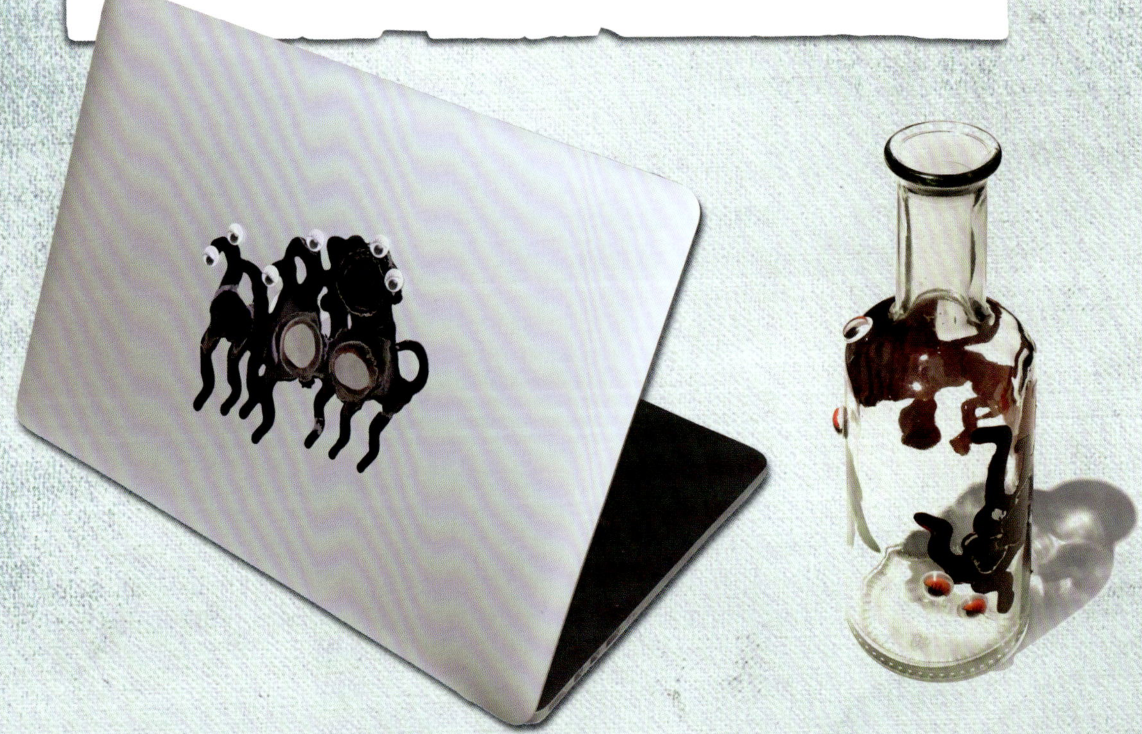

Tropfe Farbe, z. B. Alcohol Ink, in mehreren Punkten nebeneinander auf die Vinylfolie.

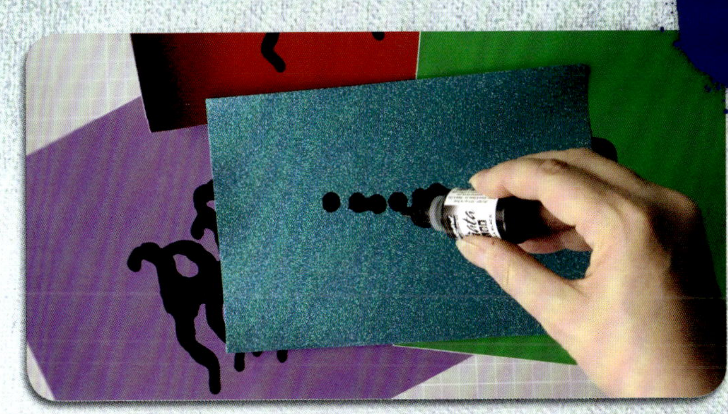

Dann halte die Folie schräg, sodass die Farbe nach einer Seite fließen kann. Bewege die Folie dabei etwas hin und her, um Zickzacklinien entstehen zu lassen.

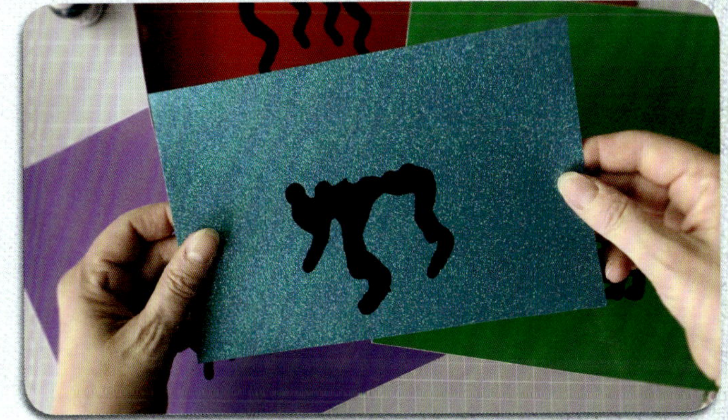

Es macht Spaß, gleichzeitig mehrere Projekte zu gießen.
So kannst du mit den Farben ein wenig experimentieren. Vielleicht entsteht am Ende auch eine ganz andere interessante Form.

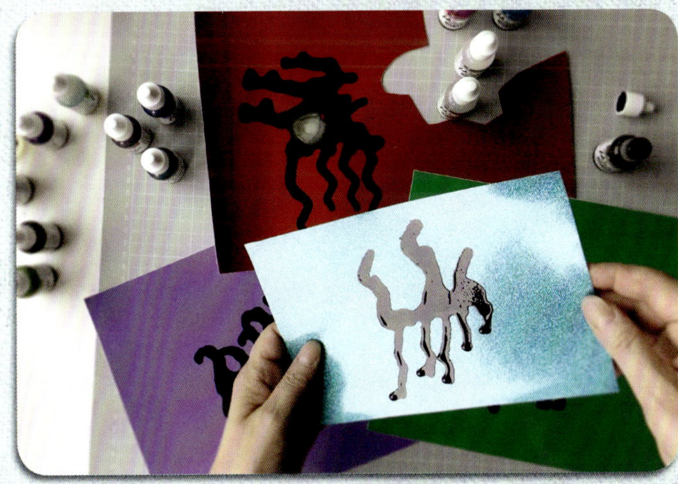

Alcohol Inks zerlaufen auf eine ganz besondere Weise und bilden Umrisse. Wenn du immer wieder in die Mitte hinein tropfst, wird die äußere Schicht verdrängt.
Diesen Effekt kannst du für die Körper der Monster verwenden. Mit reinem Alkohol kannst du die Schichten wieder anlösen und überfärben.

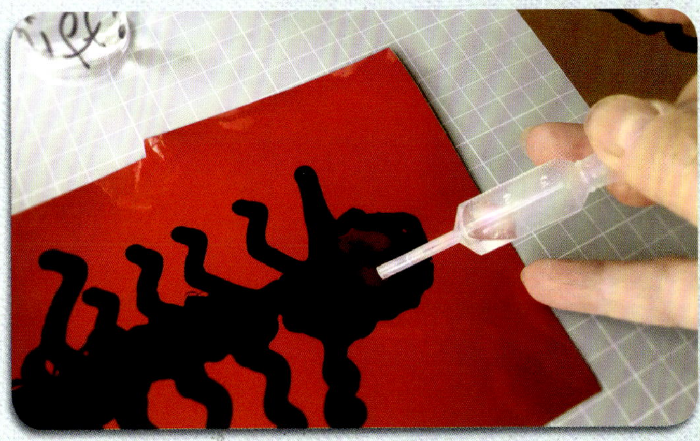

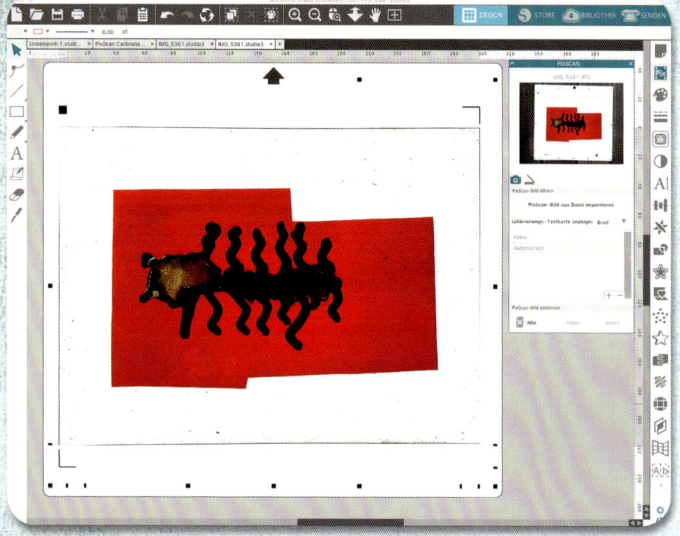

Mit dem Cameo® 3:

Lege das fertige Folienmonster auf die PixScan®-Schneidematte.

Mach ein Foto von der Matte mit dem Motiv darauf und übertrage sie an den Computer.

Öffne das Bild in Silhouette Studio® mit der PixScan®-Funktion.

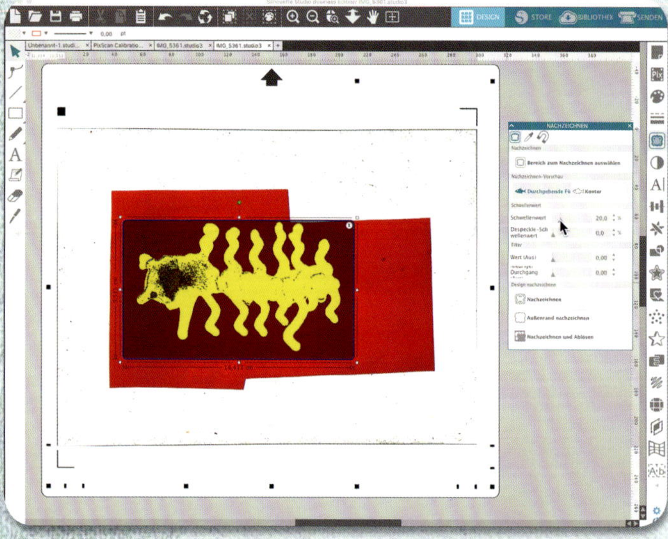

Öffne die Nachzeichnen-Palette und ziehe einen Rahmen um das Motiv.

Bewege den Schieberegler für den Schwellenwert solange bis die Bereiche des Motivs so deutlich wie möglich gelb überdeckt sind.

Dann wähle, je nachdem wie dein Motiv beschaffen ist, „Nachzeichnen“ oder „Außenrand nachzeichnen“. Falls du die Schneidelinien bereinigen möchtest, mache einen Doppelklick auf das Motiv und verschiebe oder lösche einzelne Punkte.

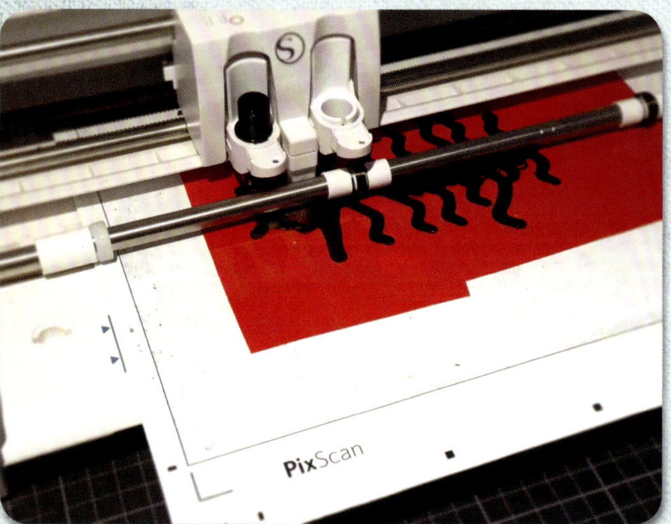

Jetzt mache die Schnitteinstellungen und schneide das Motiv.

Entgittere es, löse es vom Trägerpapier und klebe es auf die Oberfläche deines Gegenstands, den du verzieren möchtest.

Zum Schluss klebst du die Wackelaugen auf, um dem Monster noch mehr Leben einzuhauchen.

Mit dem Cricut® Maker

Scanne das fertige Folienmonster ein oder mache ein Foto, in dem du das Motiv flach hinlegst und die Kamera ganz gerade hältst.

Dann öffne das Bild in Cricut Design Space® am Computer mit der Funktion „Hochladen".

Klicke rechts auf „Nicht zu komplex".

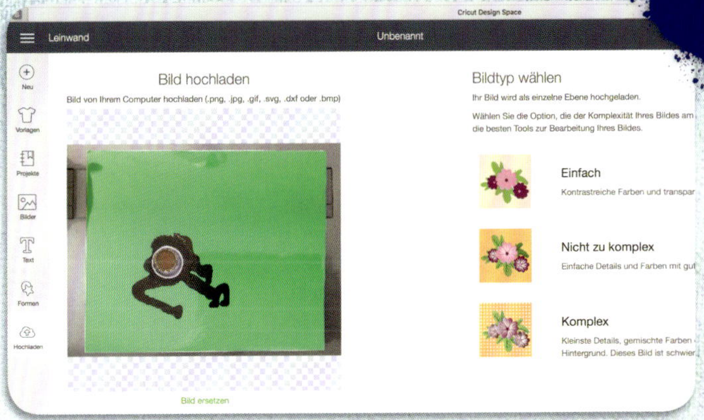

Stelle das Motiv frei, indem du zuerst die äußeren Folienbereiche grob entfernst und dann mit dem Radierer die Ränder nacharbeitest.

Klicke rechts unten auf „Weiter".

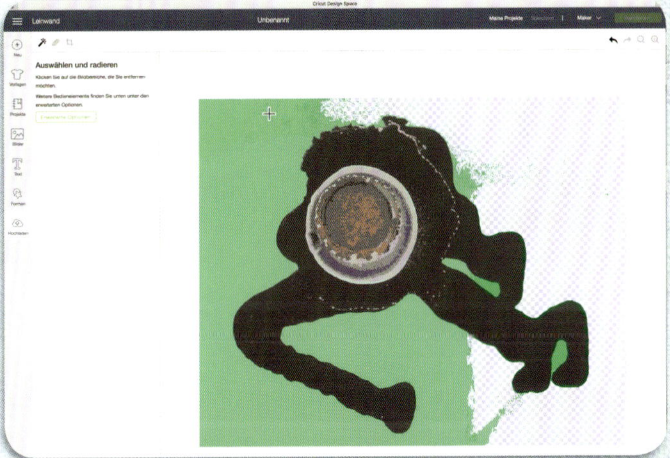

Im nächsten Fenster wählst du „Als geschnittenes Bild speichern" und gibst dem Bild einen Namen.

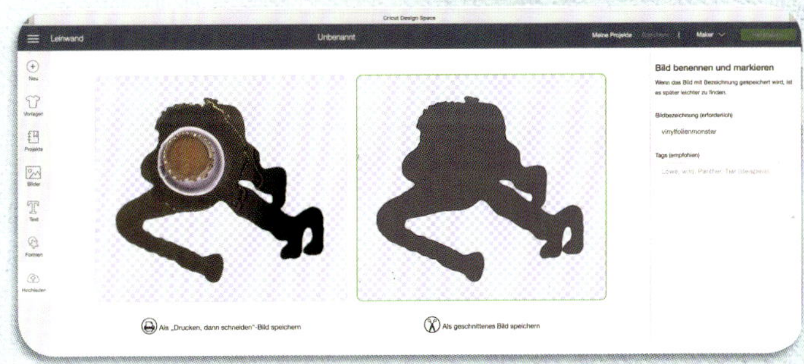

Jetzt rufst du das gespeicherte Bild in der Cricut® App am mobilen Gerät auf, um die SnapMat-Funktion zu nutzen.
Mache das Bild und schiebe das Motiv darüber. Unter Umständen musst du die Größe noch anpassen.

Dann schneide das Motiv, entgittere es und klebe es auf die Oberfläche, die du verzieren möchtest.

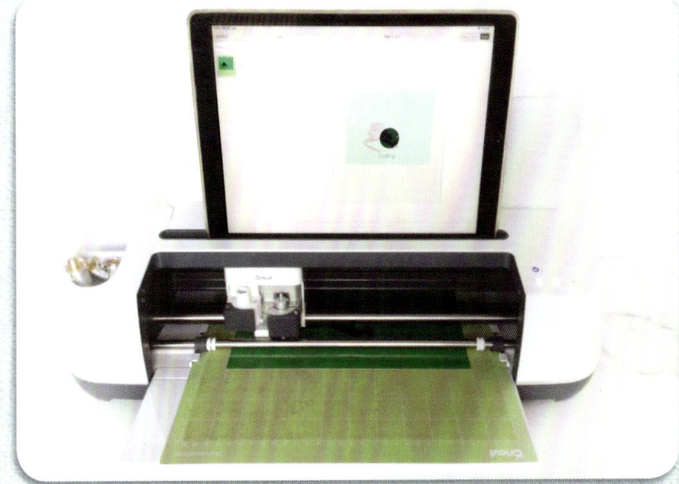

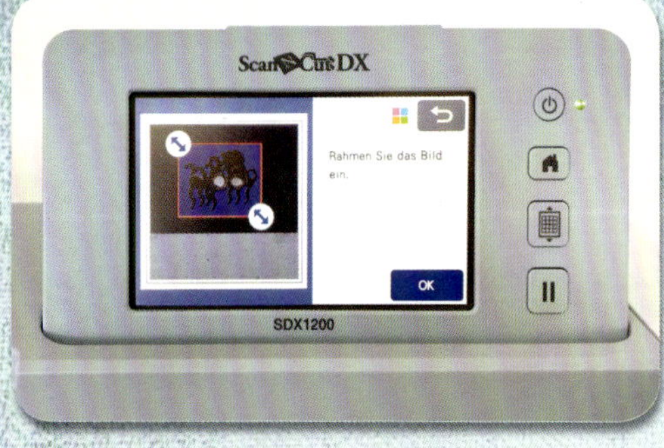

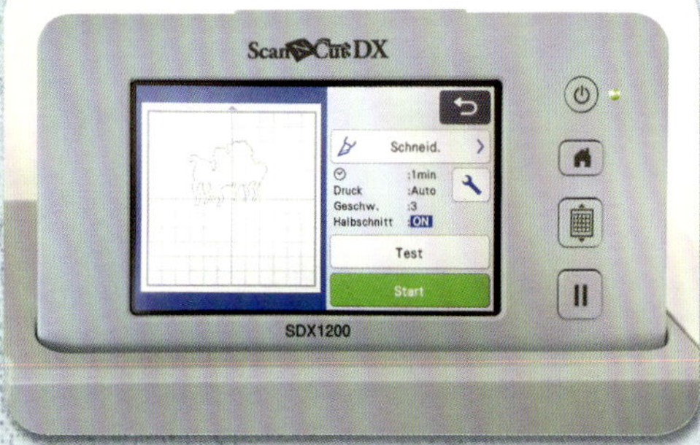

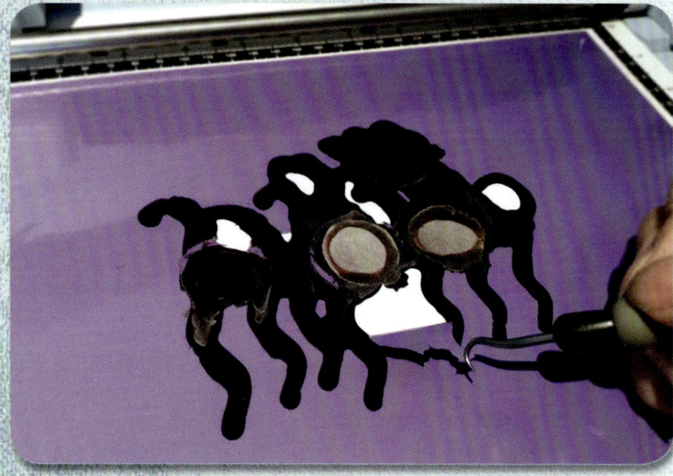

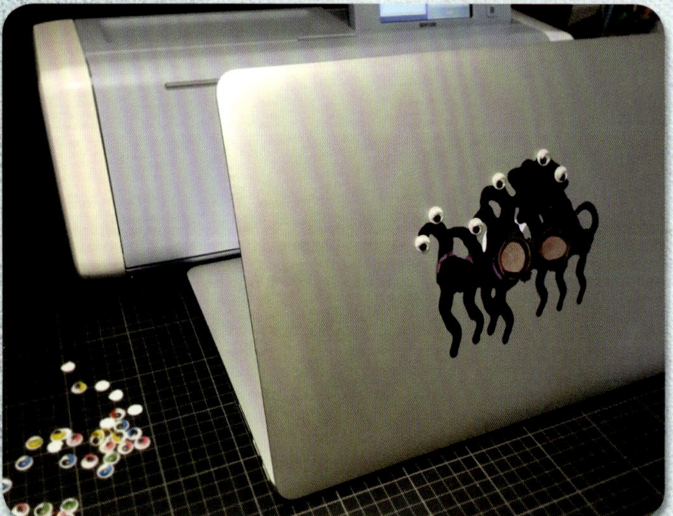

Mit dem Brother ScanNCut:

Lege dein Folienmonster auf die Schneidematte und lade die Matte ins Gerät ein.
Gehe auf „Scannen“ und wähle „Direktschnitt“. Dann tippe auf „Start“, um das Motiv einzuscannen.

Ziehe den Rahmen so dicht wie möglich um das Motiv und gehe auf „OK“. Du kannst das Scanergebnis korrigieren, indem du die Anzahl der Farben erhöhst oder reduzierst. Du kannst auch Bereiche, die zuviel erfasst wurden, löschen, indem du auf „Bearbeiten“ gehst.

Und du kannst nicht oder nicht richtig erfasste Bereiche in einem zweiten Scandurchgang erfassen und schneiden, indem du den Rahmen nur um den nicht erfassten Bereich herum ziehst.

Entferne die bereits geschnittenen Bereiche noch auf der Schneidematte, dann siehst du sie beim nächsten Scannen besser und kannst die noch nicht geschnittenen Bereiche leichter erkennen.

Wenn das ganze Motiv geschnitten ist, entgittere es, löse es vom Trägerpapier und klebe es auf die Oberfläche, die es verzieren soll.

Zuletzt klebe die Wackelaugen auf.

Plotterzubehör, Folien und Farben, die wir verwendet haben, gibt es rund um die Uhr im Frischgeschnitten-Shop:

www.frischgeschnitten.com

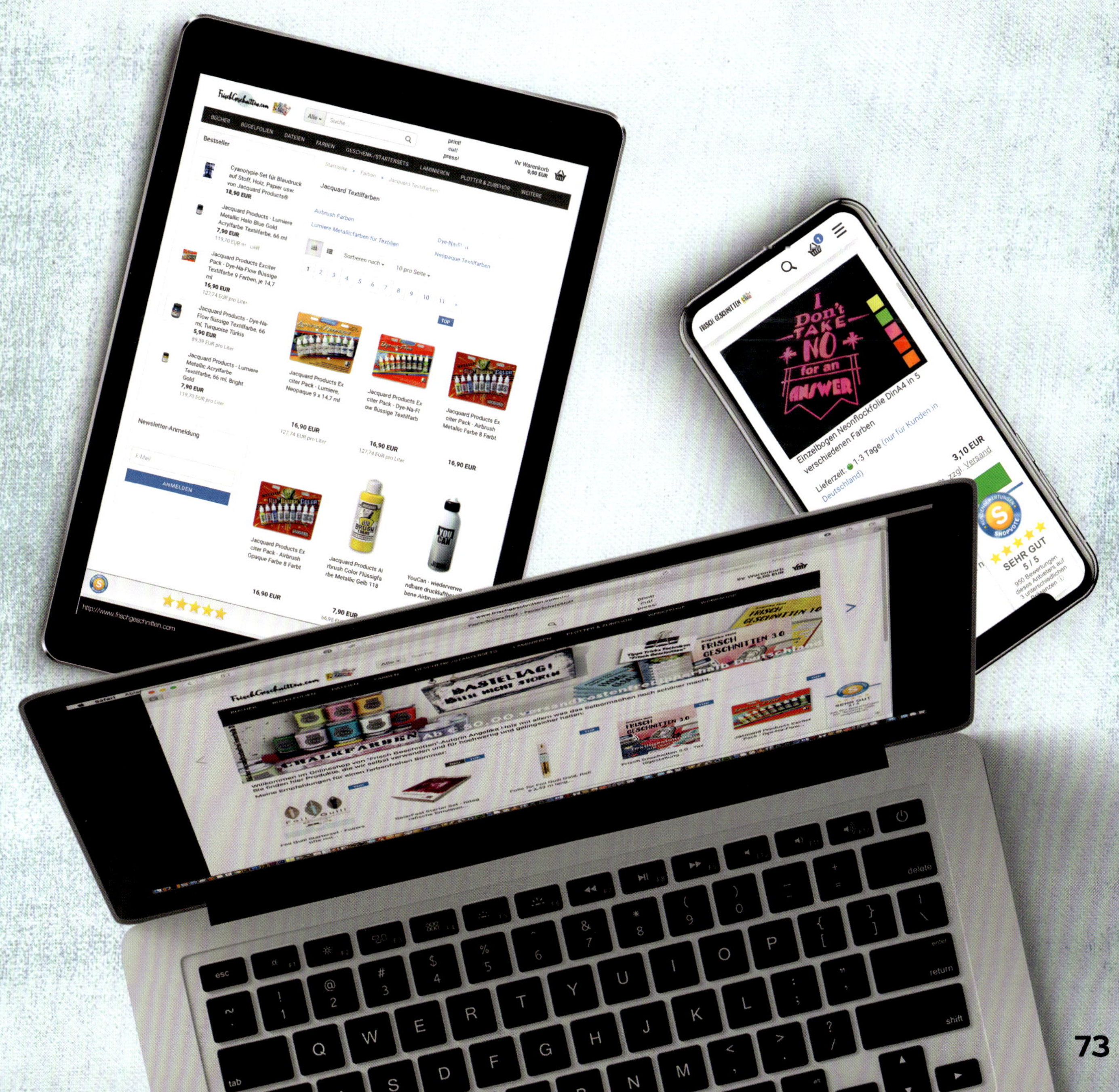

Recycling-Schablonen

Schablonen sind ein großartiges Werkzeug, um große und kleine Flächen mit dekorativen Mustern zu versehen.
Ganz nach Lust und Laune besprühst oder betupfst du langweilige Stoffe, alte Kleidung, Flock-, Flex- und Vinylfolien und alles, was mit einem neuen Look weiter verwendet werden kann.

Mit dem Plotter kannst du deine Schablonen aus Recyclingmaterialien selbst herstellen und Lieblingsschablonen immer wieder neu schneiden.
Je nach Verwendung eignen sich hierfür ganz verschiedene Materialien, die du ohnehin im Haus hast.

Anstatt deine Schablonen nach Gebrauch auszuwaschen, kannst du die Farbe auch einfach trocknen lassen. So erhalten sie nach der Verwendung noch mehr Steifheit.
Und wenn sie als Schablonen unbrauchbar werden, sind sie durch den Farbauftrag oft so schön, dass du sie einfach zerschneiden und kleine Kunstwerke daraus machen kannst.

Wir haben viele Schablonenmotive für dich erstellt, mit denen du ganz unterschiedliche Projekte realisieren kannst.
Diese findest du im Ordner „Schablonen".

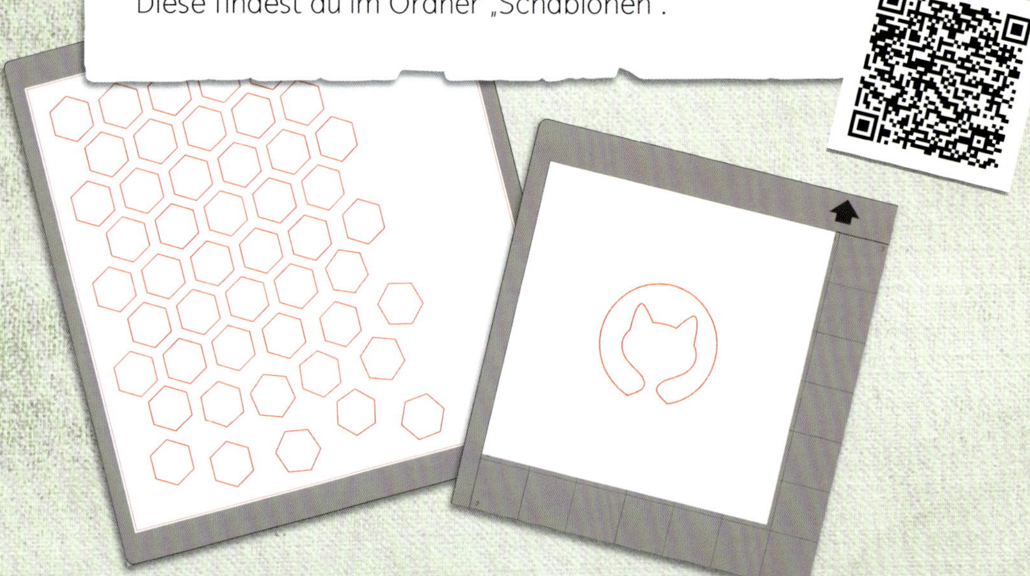

Versandtaschen

Verpackungskartons

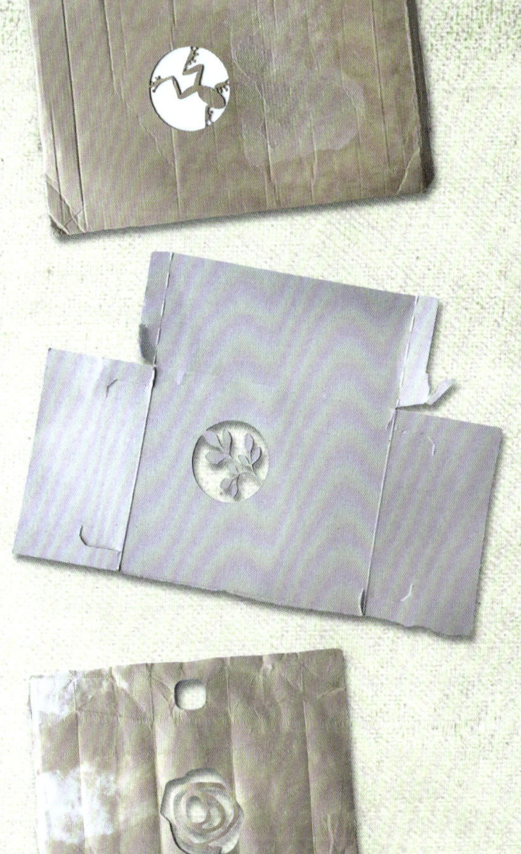

Milchkartons

Alte Schnellhefter

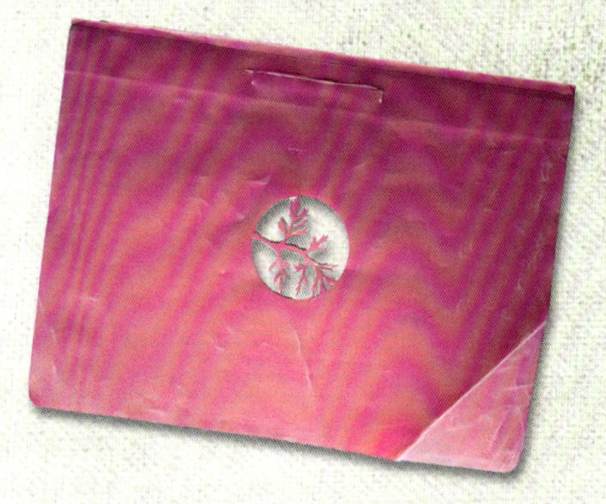

Gebrauchte Transferfolien

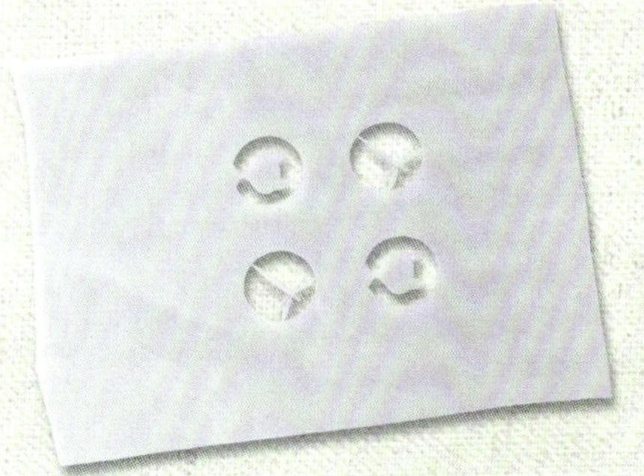

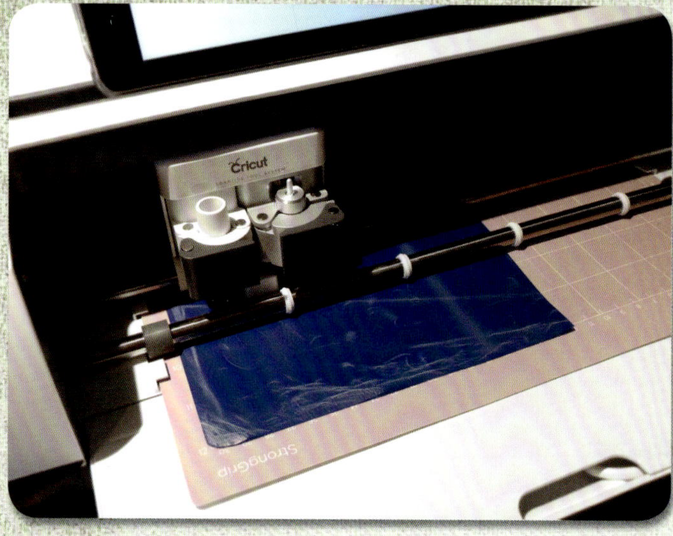

Du kannst Schablonen aus vielen Recyclingmaterialien schneiden.Bei der Auswahl des Materials kommt es darauf an, wie du sie benutzen möchtest und ob du sie nur einmal oder immer wieder verwendest.

Für nasse Techniken, wie Airbrush mit flüssigen Farben, sind abwaschbare Schablonen aus Kunststoff am besten geeignet. Wir benutzen hierfür gern Overheadfolien.
Du kannst jedoch z. B. auch die Vorder- und Rückseiten von alten, nicht mehr benötigten Schnellheftern zerschneiden.

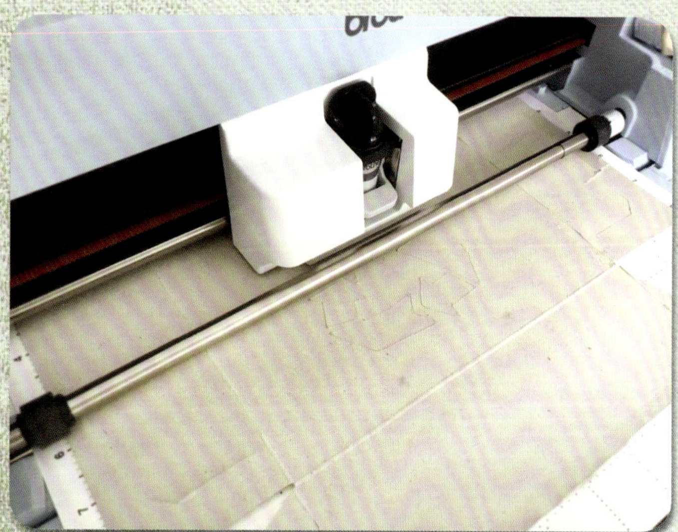

Schablonen aus Pappe und Papier, z. B. aus Lebensmittelumverpackungen, kosten nichts und lassen sich prima schneiden. Du musst nur bedenken, dass sie sich möglicherweise verbiegen oder auflösen, wenn sie feucht werden.
Sie eignen sich gut für einzelne Motive, die du in die Mitte platzierst.

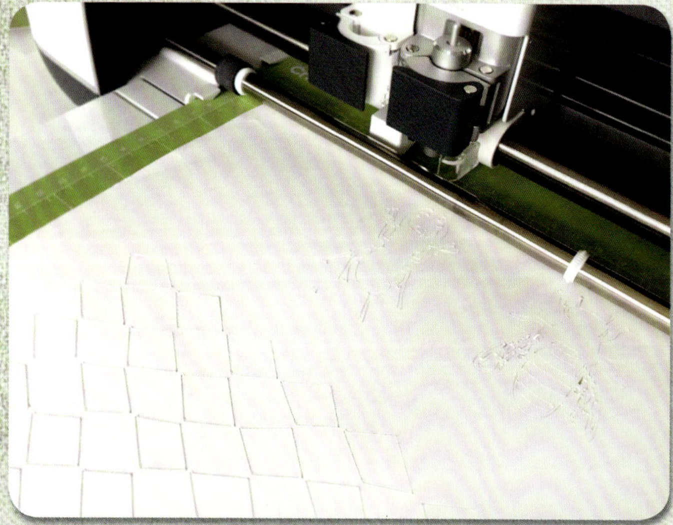

Es gibt auch beschichtete, bedruckte und fast unsichtbar lackierte Kartons als Produktverpackungen. Diese sind fast weiß, wirken hochwertiger und sind auch resistenter gegen Feuchtigkeit.

Sie sind gut geeignet für pastosen Farbauftrag mit Rakel oder Tupfern.

Kleine Motive sind für Schablonen besser geeignet als Große.

Du musst bei der Wahl des Motivs daran denken, dass Innenbereiche beim Schneiden herausfallen.

Deshalb haben Stencilschriften diese kleinen Stege, die die Innenbereiche mit dem Hintergrund verbinden. Diese Technik kannst du auch bei grafischen Mustern anwenden.

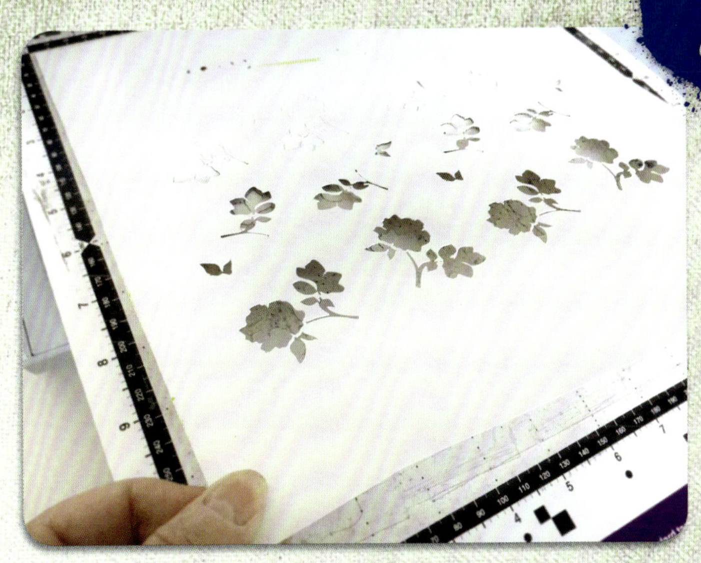

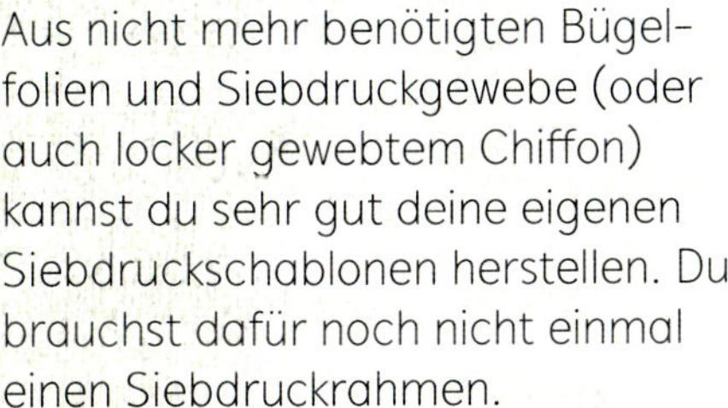

Aus nicht mehr benötigten Bügelfolien und Siebdruckgewebe (oder auch locker gewebtem Chiffon) kannst du sehr gut deine eigenen Siebdruckschablonen herstellen. Du brauchst dafür noch nicht einmal einen Siebdruckrahmen.

Das Sieb verteilt die Farbe gleichmäßiger als beim losen Auftrag. Und auch innenliegende Motive, die bei einfachen Schablonen heraus fallen, bleiben bei dieser Art von Druckschablone an Ort und Stelle.

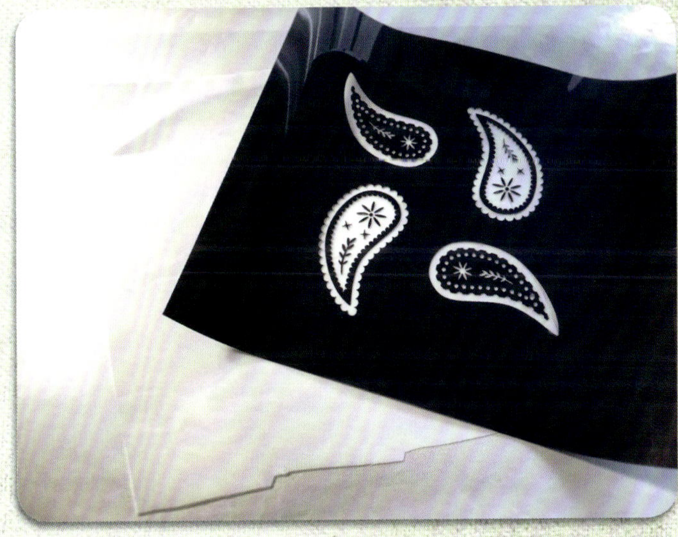

Aus Moosgummiresten in ungeliebten Farben kannst du Motive schneiden, die du ganz prima als Stempel verwenden kannst.

Die Motive dürfen nicht zu filigran sein. Kleinteile klebst du mit Bastelkleber auf ein größeres Motiv in Form der Außenkanten.

Die fertigen Stempelmotive klebst du einfach mit doppelseitigem Klebeband auf Acrylblöcke.

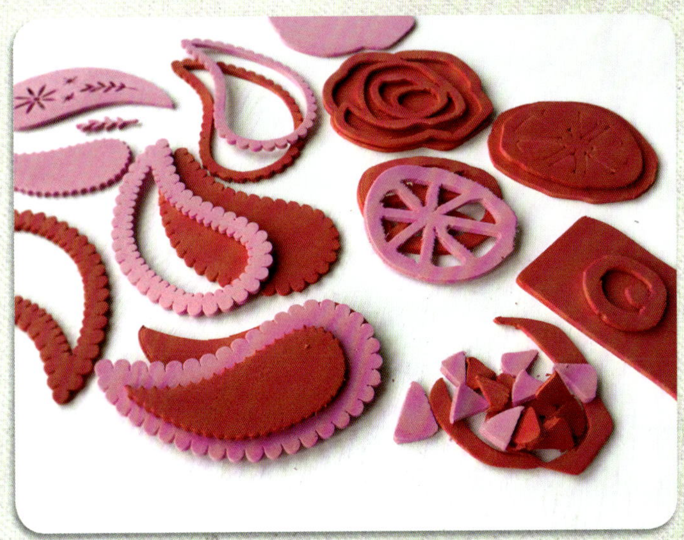

Rakeln, rollen, sprühen...

Die selbst geschnittenen Schablonen kannst du in verschiedenen Techniken und mit vielen Werkzeugen, die du hast, verwenden.

Die Wahl der Farben richtet sich jeweils nach der geplanten Technik und dem Grundmaterial, das du einfärben möchtest.

Du kannst aber auch vorhandene Farbenreste der Technik anpassen, indem du z. B. Farben auf Wasserbasis mit Wasser weiter verdünnst, damit du sie sprühen kannst oder Acrylfarbenreste mit einem Medium vermischst, sodass sie auch auf Stoff verwendbar und waschbar sind.

Gehe mit Spaß an die Sache heran, experimentiere, mache ein paar Tests und sei offen für unerwartete Ergebnisse.

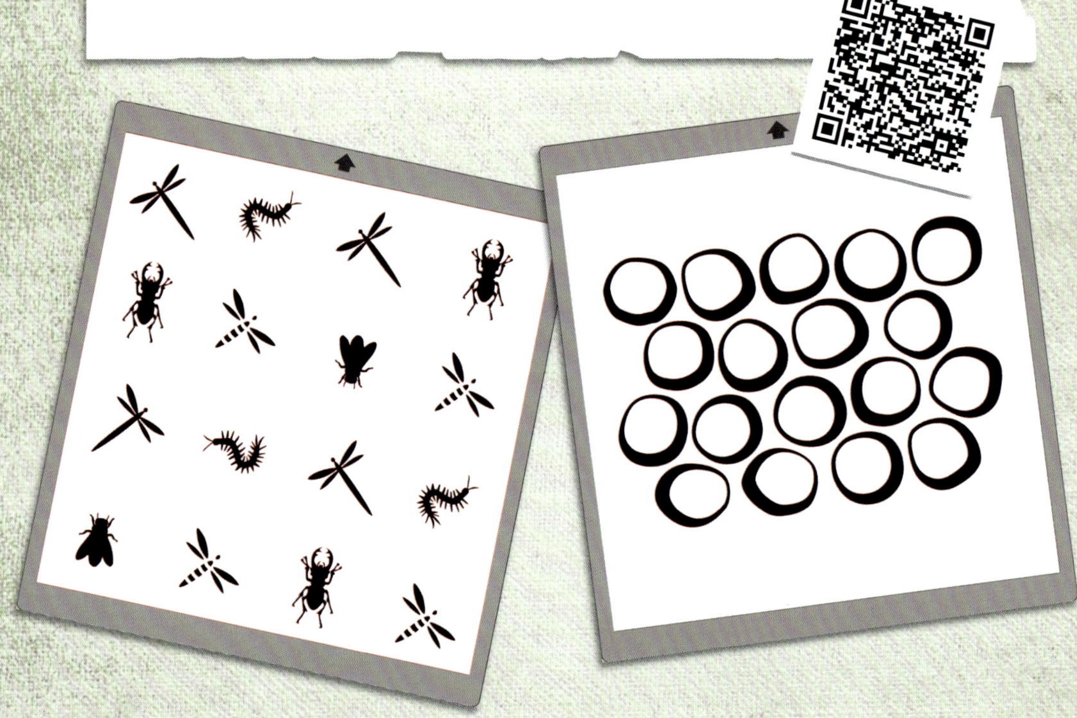

Airbrush

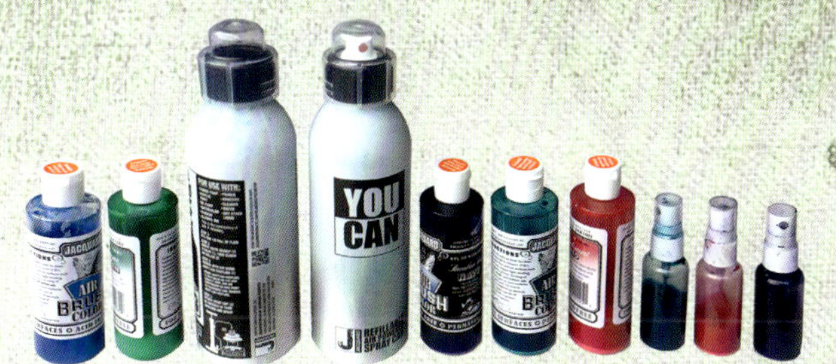

Rakeln, Tupfen

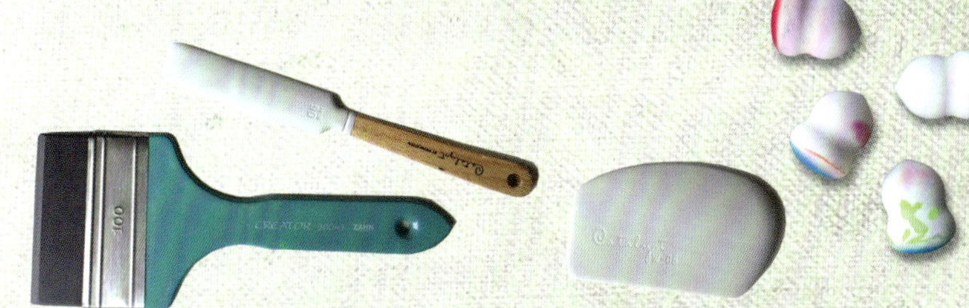

Monoprint

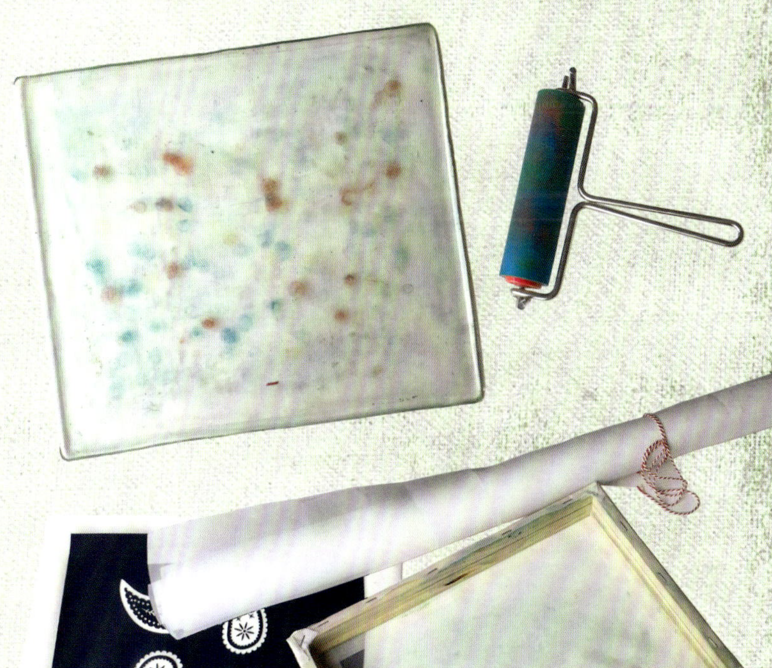

Siebdruck

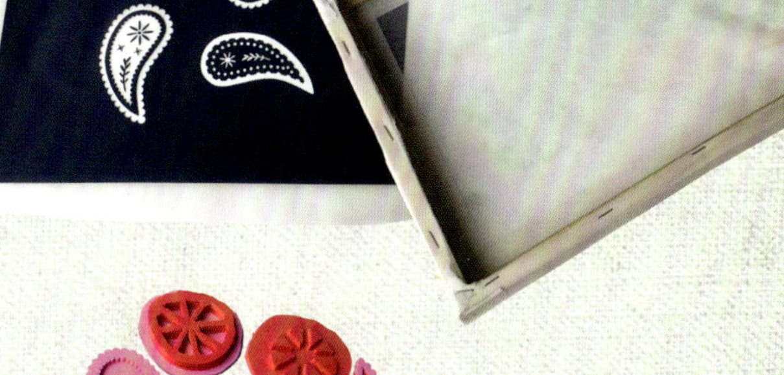

Stempeln

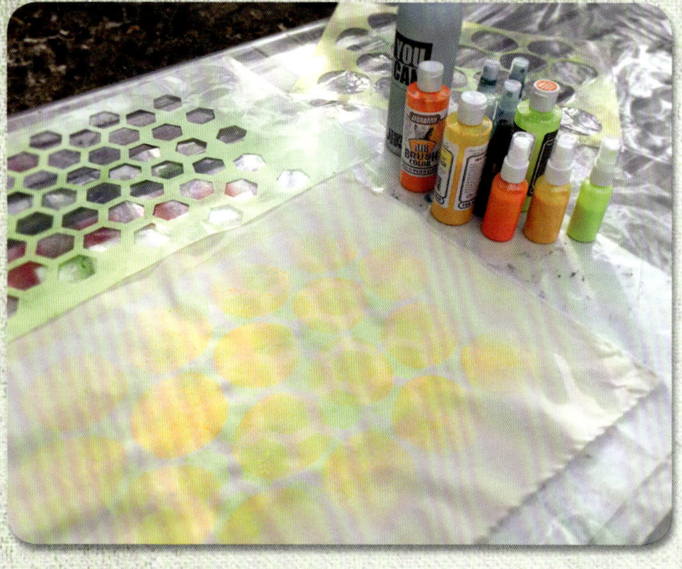

Zum Airbrushen füllst du flüssige Farbe oder Stofffarbe in eine Sprühflasche oder einen Pumpzerstäuber.

So kannst du ohne viel Aufwand wunderschöne diffus gemusterte Hintergründe sprühen - mit oder ohne Schablonen.

Decke deinen Arbeitsplatz rundum gut ab. Wenn möglich, arbeite im Freien und achte darauf, ungiftige Farben zu verwenden.

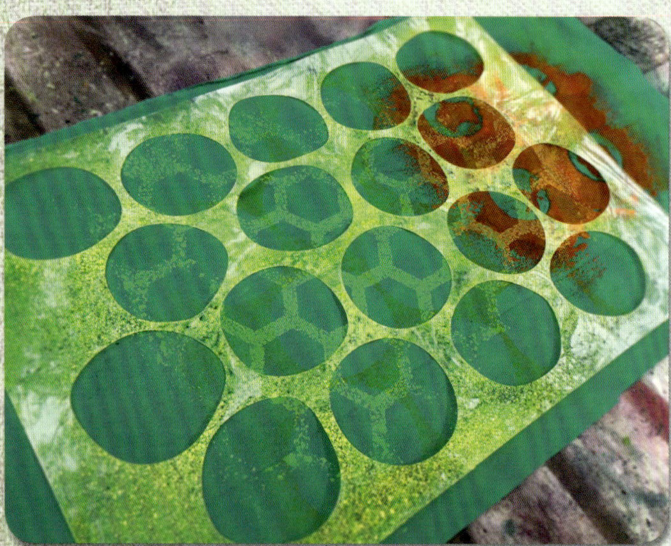

Beim Sprühen mit Schablonen, ist es sinnvoll, gleich zwei Werkstücke gleichzeitig zu bearbeiten.

So kannst du die überschüssige Farbe, den Sprühfilm auf der Schablone für einen Abdruck auf einem zweiten Stoff verwenden.

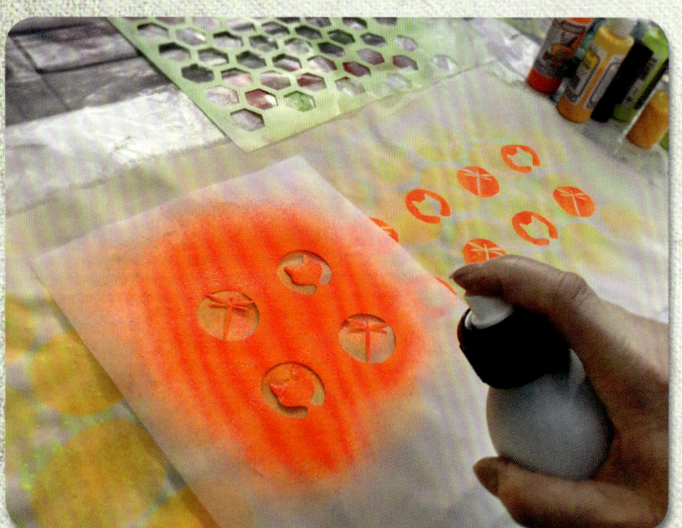

Mit Schablonen kannst du einzelne Motive und auch Schriften sprühen, Die Schablonenmotive sollten genug Raum um das Motiv herum haben, damit beim Sprühen keine Streifen vom Rand der Schablone entstehen.

Und es geht auch anders herum. Wenn du statt der Schablone Masken auflegst, werden die abgedeckten Bereiche ausgespart und die Sprühfarbe darum herum bildet das Muster.

So kannst du übrigens auch bereits gesprayte Muster beim erneuten Überfärben abdecken.

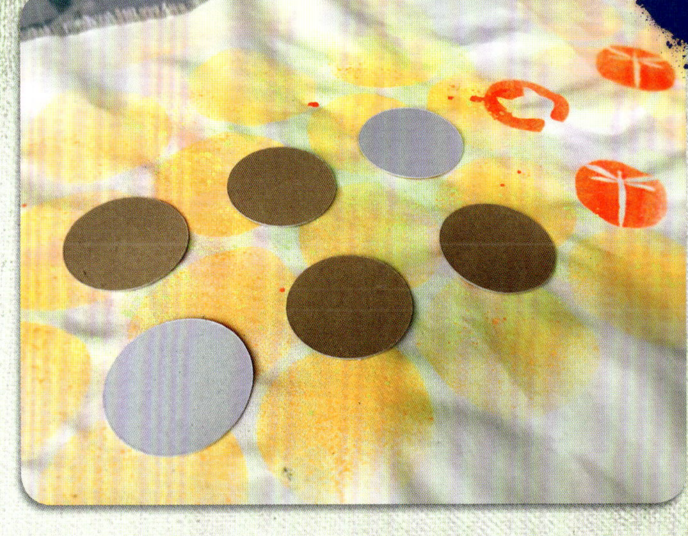

Bei klein gemusterten Schablonen bringst du die Farbe besser mit einer breiten Rakel oder einem Silikonpinsel auf.

Du gibst etwas Farbe auf den Rand der Schablone und drückst sie in die Aussparungen, indem du mit leichtem Druck mit der Rakel darüber streichst.

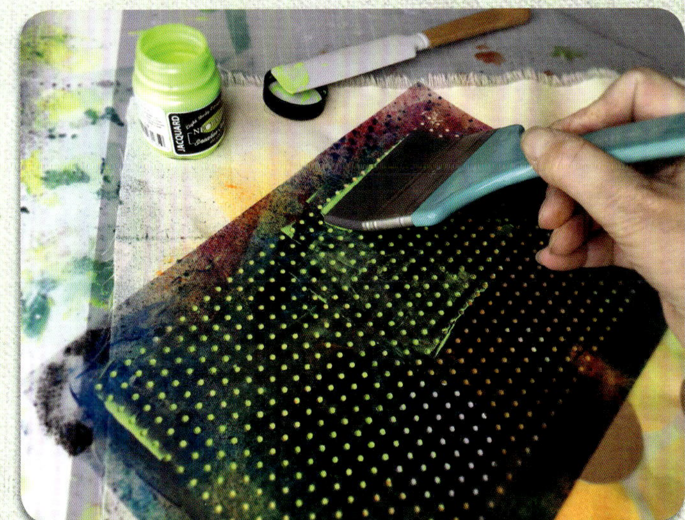

Nachdem du Farbe über die gesamte Schablone aufgerakelt hast, halte sie gut fest und hebe eine Seite an, um das Ergebnis zu überprüfen. So kannst du zur Not noch einmal nacharbeiten.

Dann versetzt du die Schablone und bearbeitest den nächsten Bereich deines Stoffes.

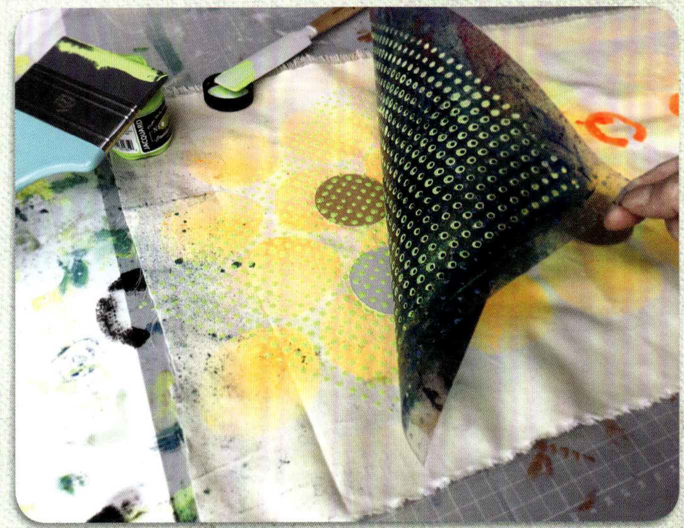

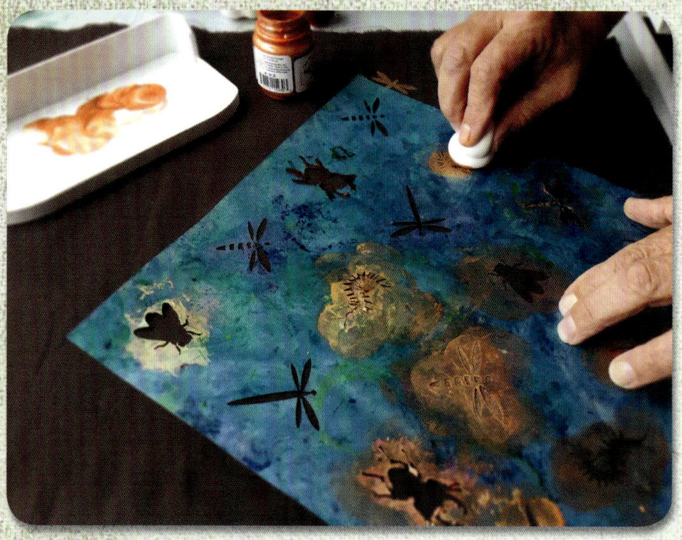

Mit kleinen Schwämmchen lässt sich Farbe durch eine Schablone leicht und kontrolliert auftupfen.

Dazu eignen sich dünne Schablonen aus Kunststoff besser als Kartons mit einer hohen Kante.

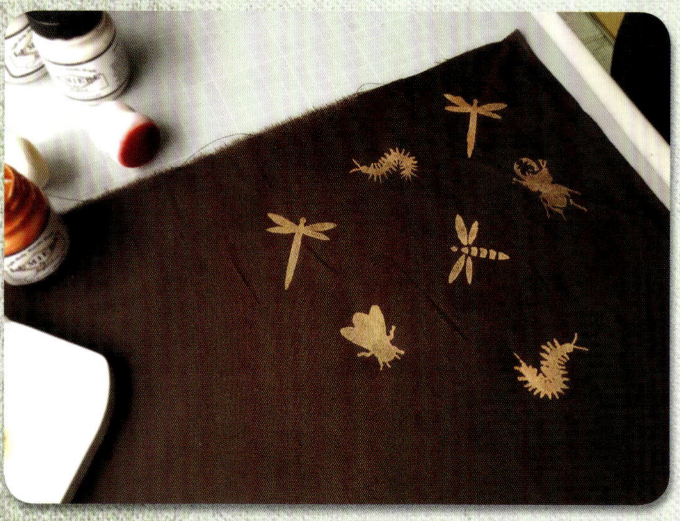

Metallicfarben auf matten Naturstoffen ergeben einen interessanten Kontrast.

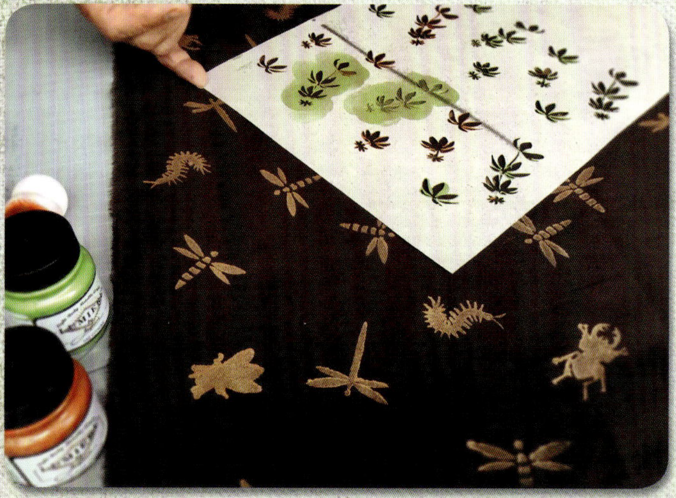

Auf diese Weise kannst du regelmäßige oder unregelmäßige Muster mit einer oder mehreren Farben drucken.

Mit dem Plotter kannst du deine Wunschmotive selbst schneiden. Mehr Individualität geht nicht!

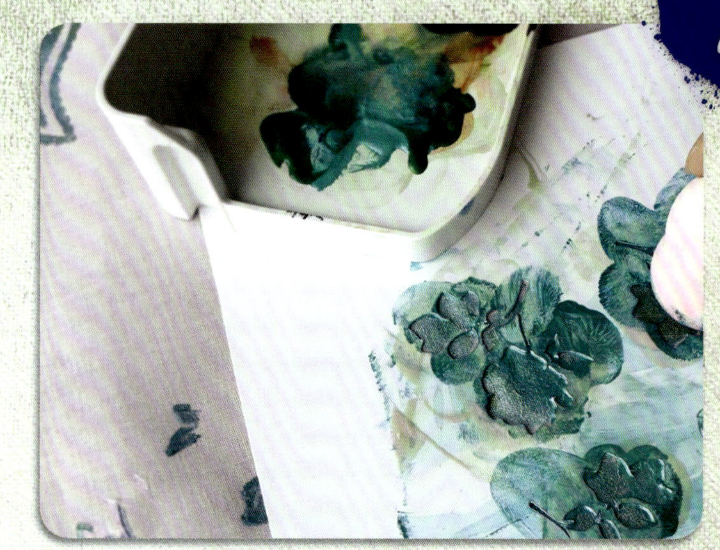

Vermische ähnliche Farbtöne in einer Schale, aber nur ganz grob, um tolle Multicoloreffekte zu erhalten.

Je nachdem wie dick du die Farbe auftupfst, kannst du Effekte von ganz zart bis pastos und stark deckend erzielen.

Tupfe mehrere Arten von Mustern übereinander, z. B. ein Blumenmuster und ein grafisches Muster oben darüber, um einzigartige Designs zu gestalten.

Tipp!

Ideen, Nähanleitungen und Schnitte, um deine selbst bedruckten Stoffe zu verwenden, findest du im Internet im Überfluss, oft sogar kostenlos.

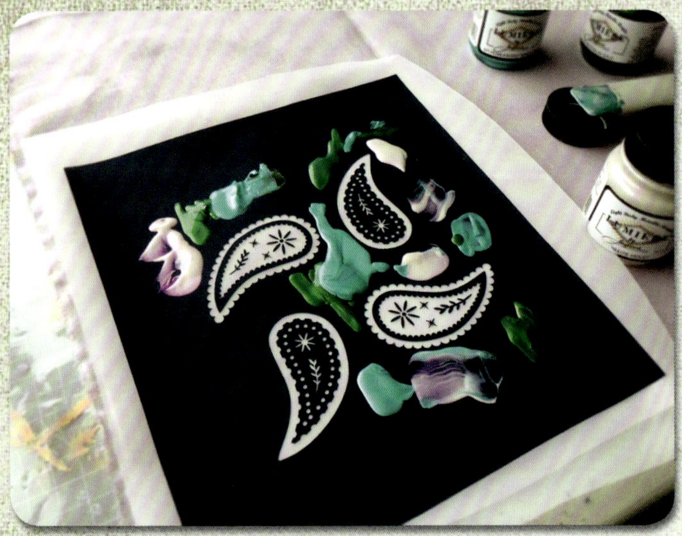

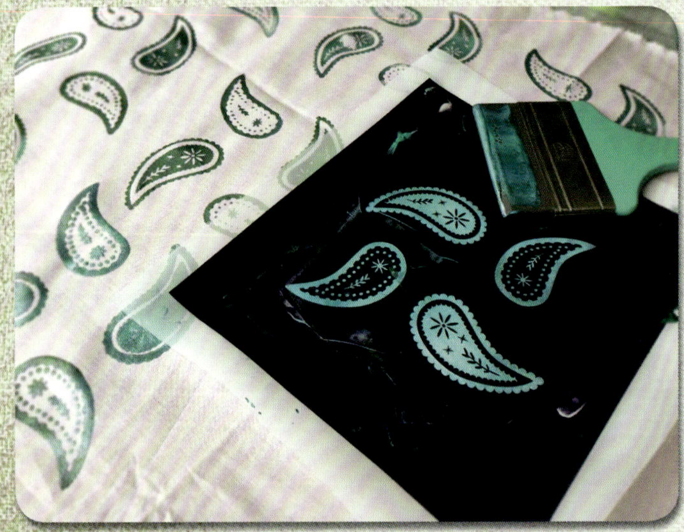

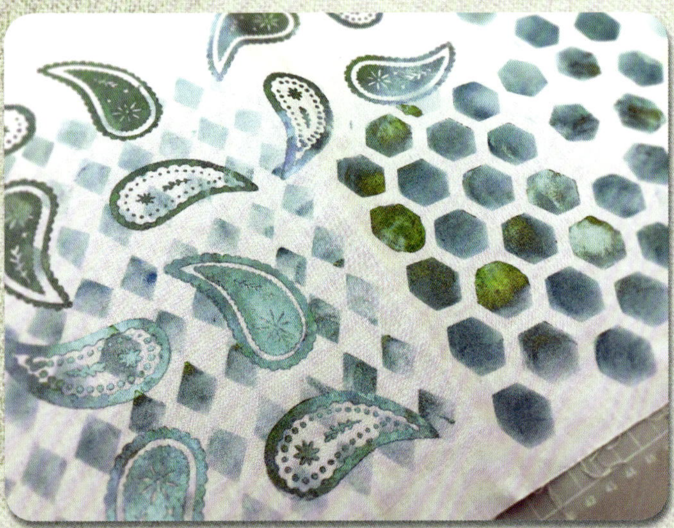

Selbst erstellte Siebdruckschablonen geben dir die Freiheit, deine eigenen Motive zu drucken, egal ob diese sehr filigran oder eher großflächig sind.

Aus Bügelfolien kannst du auch feinste Linien schneiden und auf den Siebdruckstoff aufpressen.

Bei größeren Flächen wird die Farbe durch das Sieb optimal verteilt und es entsteht ein sauberer Druck.

Du kannst auf diese Art selbst gemachte Siebdruckschablonen auswaschen und immer wieder mit anderen Farben verwenden.

Mit speziellen Siebdruckfarben druckt es sich leichter, da diese länger zum Trocknen brauchen und das Sieb nicht so schnell verklebt.

Es gibt jedoch auch Produkte, z. B. Silkscreen Medium, das durch Beimischung Stofffarbe und sogar Acrylfarbe für den Siebdruck länger verarbeitbar macht.

Mit handelsüblichen Stofffarben musst du einfach etwas schneller arbeiten und das Sieb zwischendurch öfter mal auswaschen.

Zum Drucken bringst du Farbe auf den Rand des Siebs auf und streichst sie mit einer Rakel gleichmäßig über die Motivöffnungen.

Du kannst auch Siebdruck gut mit anderen Techniken kombinieren. Verschiedene Druckarten auf einem Stoff bilden tolle Kontraste und haben ihren ganz besonderes Reiz.

Moosgummistempel aus Resten sind eine preiswerte Methode, deine eigenen Stempel herzustellen. Mit Stofffarbe kannst du auf diese Weise tolle Musterstoffe mit sich gleichmäßig oder unregelmäßig wiederholenden Motiven erstellen.

Als „Stempelkissen" benutzen wir am liebsten die Gelli® Gel-Druckplatte. Du kannst jede Stofffarbe oder mit Medium vermischte Acrylfarbe einfach aufrollen und dann darauf los stempeln. Ist die Farbe aufgebraucht, rollst du erneut Farbe auf.

Mit Stempeln kannst du schnell eine große Fläche mit deinem individuellen Muster füllen.

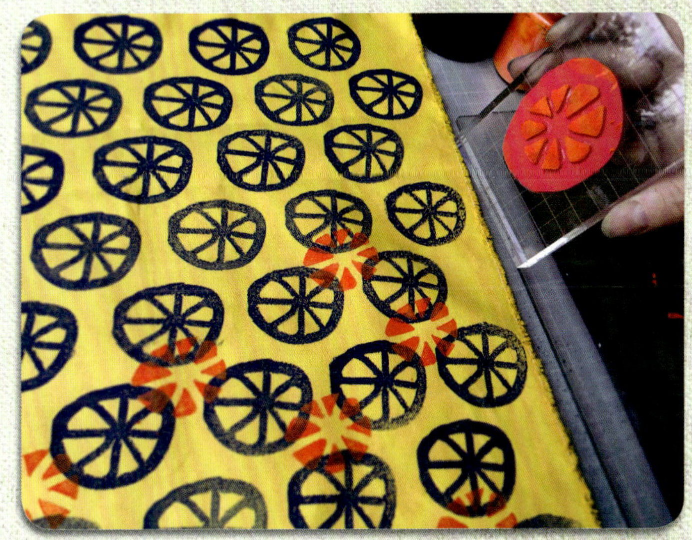

Du selbst bestimmst, wie ordentlich deine Stempelabdrücke aussehen, ganz scharfkantig oder eher shabby. Beides hat seinen besonderen Reiz und macht großen Spaß.

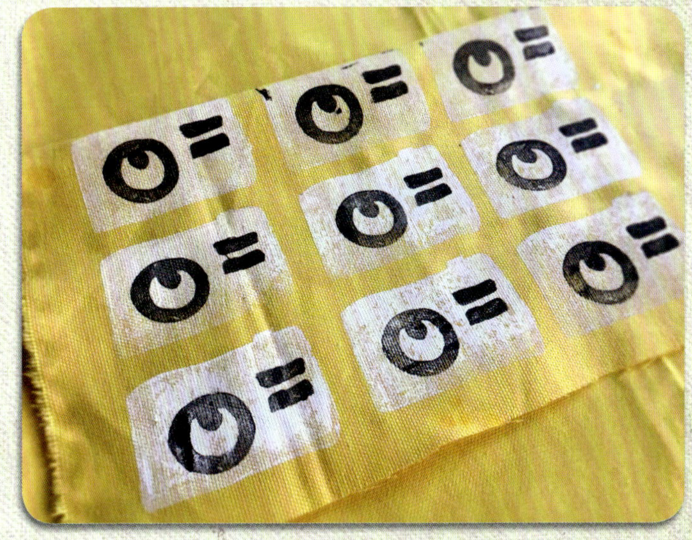

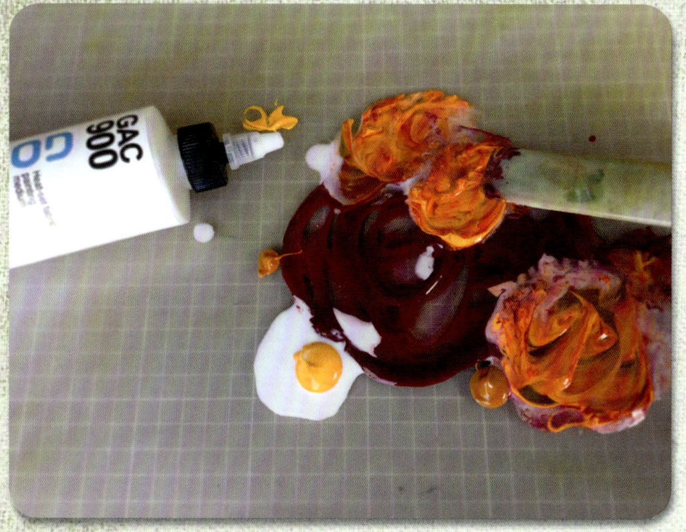

Eine weitere Technik, um Drucke mit effektvollen Mustern herzustellen, ist der Monoprint.

Dazu brauchst du eine selbst gemachte Gelatine-Druckplatte oder eine Gelli® Gel-Druckplatte.

Da kein Druck dem anderen gleicht, ist es für den Stoffdruck sinnvoll, die Gel-Druckplatte so groß wie möglich zu wählen, damit du mit einem Druck ein Stück Stoff in einer verwertbaren Größe erhältst.

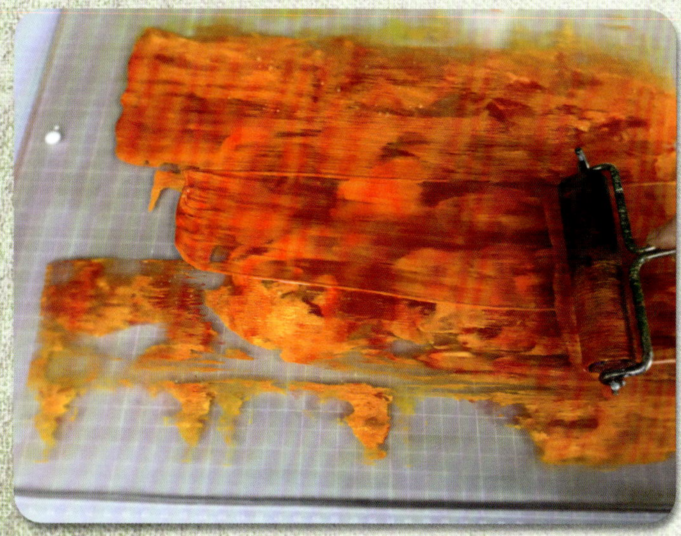

Du kannst vielerlei Farben verwenden, z. B. Stofffarben oder Acrylfarben. Um Stoffe mit Acrylfarben zu bedrucken, kannst du direkt auf der Gelli® Gel-Druckplatte deiner Farbe ein Medium beimischen, damit Acrylfarbe auf Stoff angenehm weich bleibt und waschbar ist.

Zuerst gibst du Farbe, am besten mehrere Farbtöne auf einmal auf die Gel-Druckplatte. Stoff saugt viel Farbe auf. Deshalb brauchst du mehr Farbe als für einen Druck auf Papier. Rolle die Farbe gleichmäßig dick mit einer Farbwalze aus.

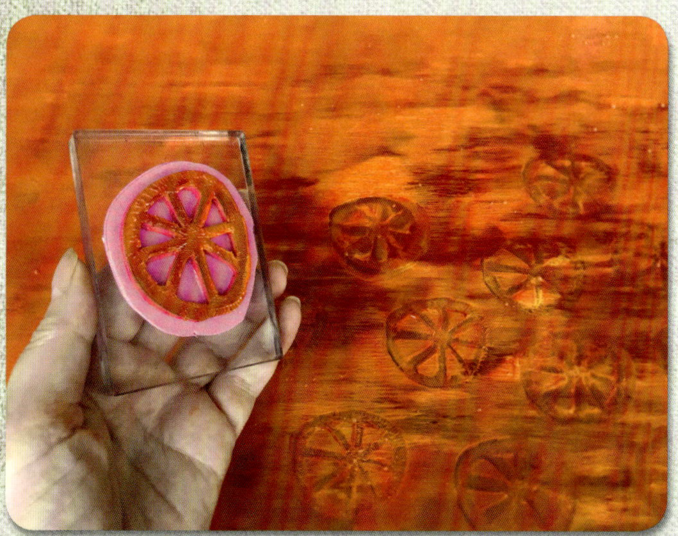

Du kannst beim Monodruck auf vielerlei Arten Muster erstellen, z. B. mit Schablonen einen zweiten Farbauftrag ausrollen.

Du kannst aber auch selbst geschnittene Moosgummistempel nehmen und einfach in den Farbauftrag hinein drücken. Der Stempel hinterlässt fast unsichtbare Spuren.

Nachdem du dein Muster fertig eingedrückt hast, reibe den Stoff mit der Farbwalze oder mit den Händen gut fest. Wenn du die Farbe dick aufgetragen hast, kannst du das Muster bereits erkennen.

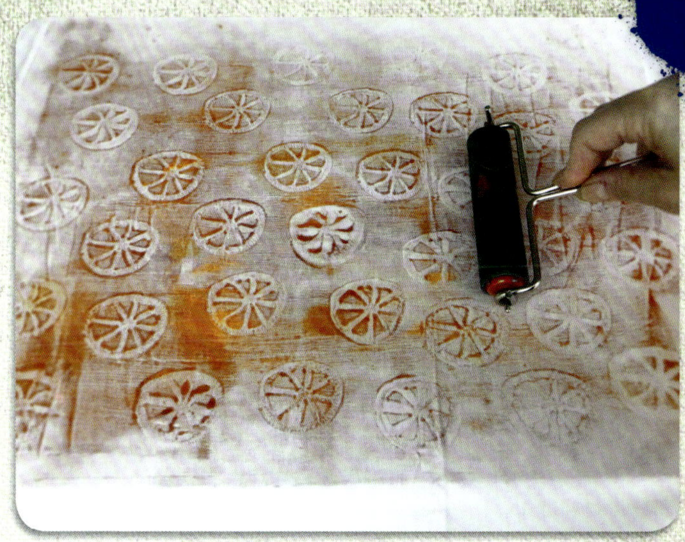

Ziehe den Stoff an einer Seite hoch und sieh nach, ob dir das Druckergebnis gefällt.

Die Restfarbe kannst du mit einem weiteren Abzug auf Papier von der Gelli® Gel-Druckplatte abnehmen, bevor du sie säuberst.

Einen wertvollen Tipp zum Säubern der Gel-Druckplatte findest du auf S. 149 im Kapitel über „No Waste“, denn ab sofort werden auch Reinigungstücher nicht mehr achtlos im Mülleimer entsorgt.

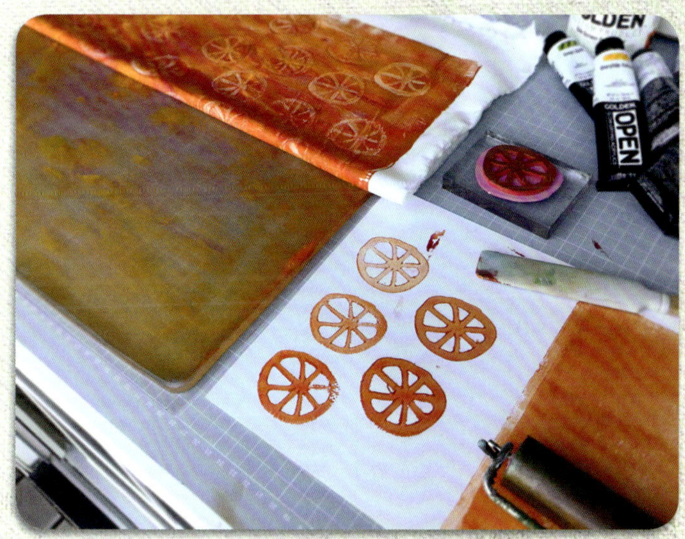

Tipp!

Alle hier beschriebenen Färbe- und Drucktechniken lassen sich natürlich nicht nur auf Stoff, sondern auch auf Papier anwenden.

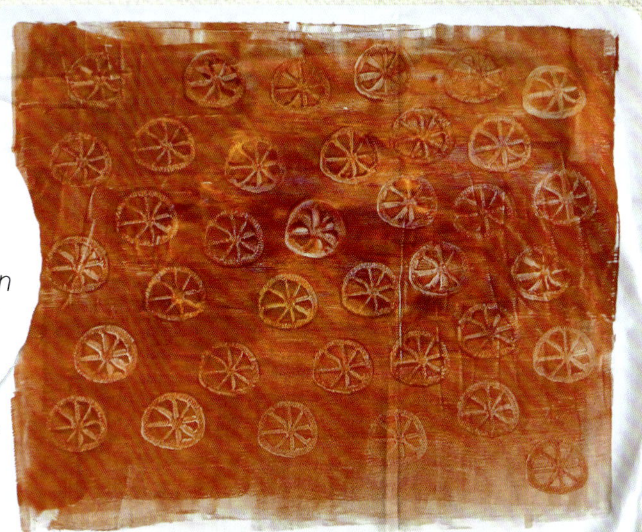

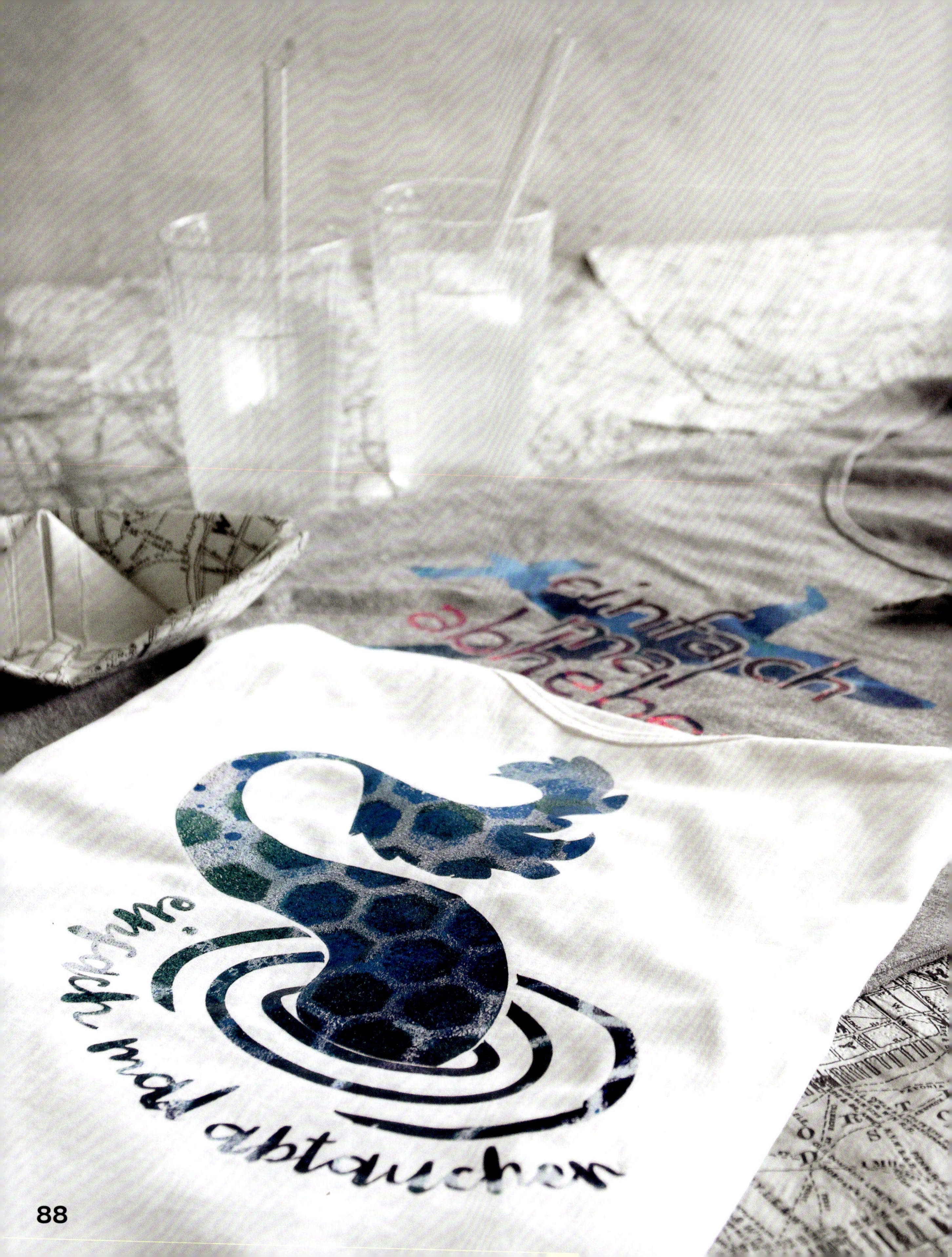
einfach mal abtauchen
einfach mal abtauchen

Abheben oder Abtauchen?

Manchmal vertut man sich einfach bei der Farbauswahl und so liegen dann Bügelfolien in der Ablage, die man einfach nicht mag.

Außerdem sind subtil gemusterte Textildrucke gerade viel angesagter als einfarbige Motive.
Mit der richtigen Farbe kannst du auch Bügelfolien selbst bemalen, bedrucken und einfärben. So werden diese Folien nicht nur endlich verbraucht, sondern auch noch zum ganz besonderen Hingucker.

Für dieses Projekt brauchst du:
- einen oder zwei Bogen Flex- oder Flockfolie
- ein Textil zum Aufbügeln
- mehrere flächige Schablonen zum Sprühen
- Airbrushfarbe für Leder und Kunststoffe
- eine Sprühflasche für jeden Farbton

Wir haben zwei Dateien ausgearbeitet, die Meerjungfrau für Mädchen und das Flugzeug für Jungs (oder umgekehrt).

- die Datei 2-2-abtauchen
- die Datei 2-2-abheben

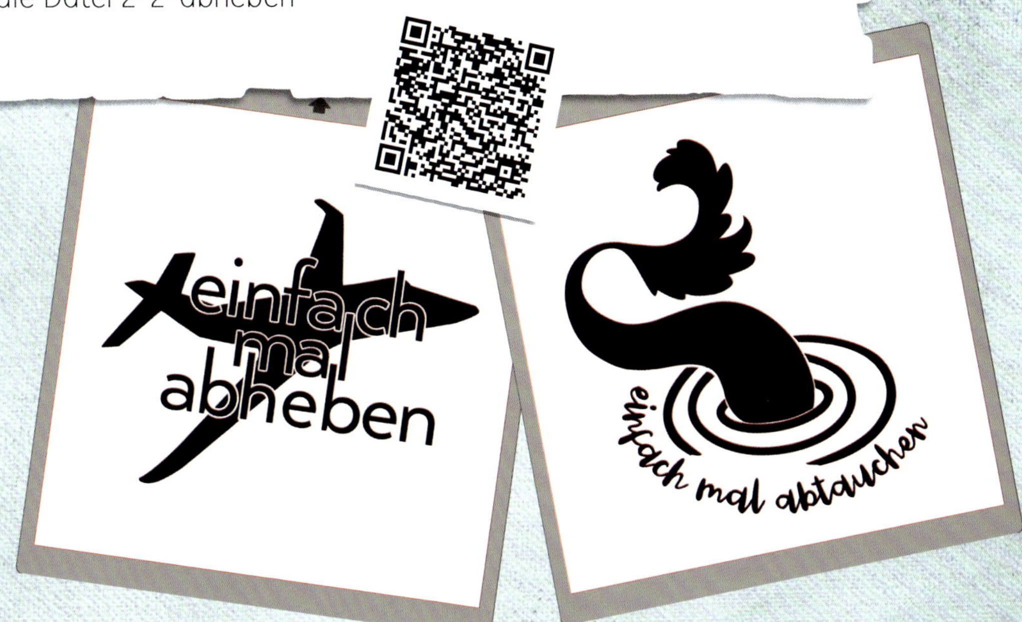

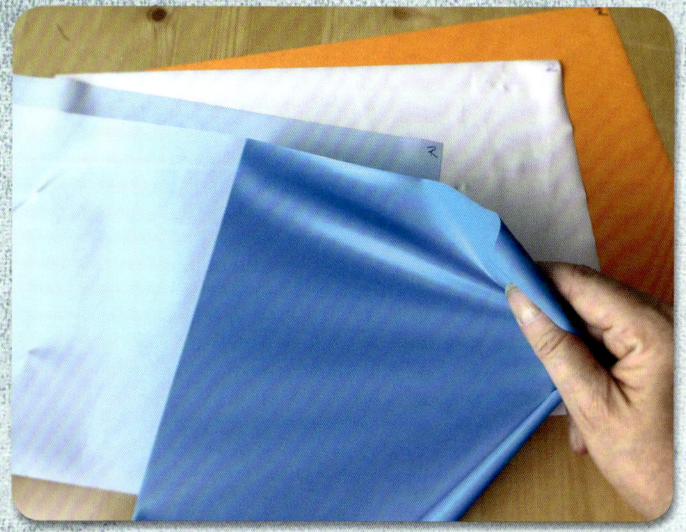

Zuerst ziehst du die Transferfolie von der Bügelfolie ab, damit du die Oberseite einfärben kannst.

Markiere unbedingt direkt die Oberseite mit einem Zeichen, z. B. einem „R", damit du später noch weißt, welches die rechte Seite ist.

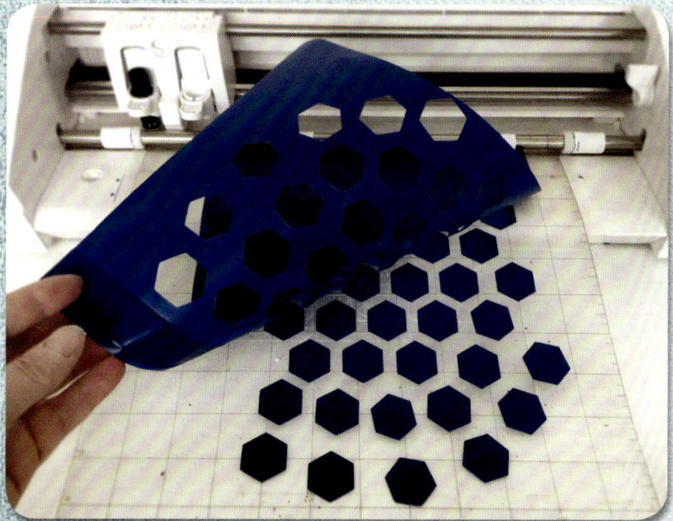

Schneide die Schablone, die du verwenden möchtest.
Für dieses Projekt solltest du eine flächige Schablone mit kleinen Mustern verwenden, damit der Effekt nach dem Schneiden des Motivs aus der Folie noch gut zu erkennen ist.

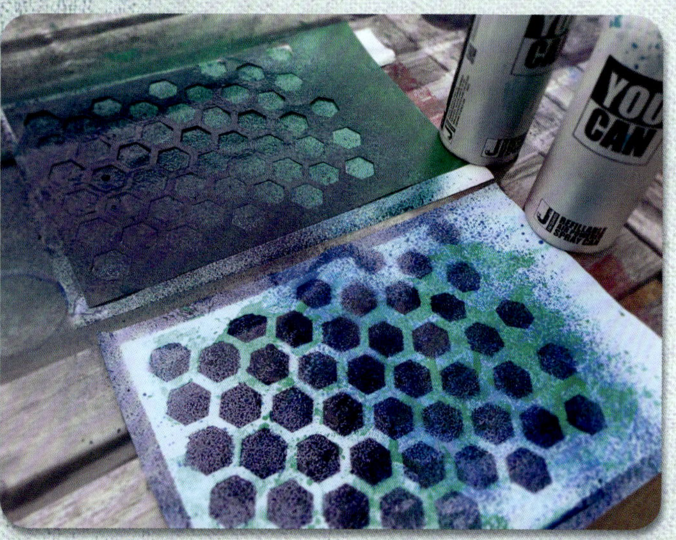

Dann decke deinen Arbeitsplatz gut ab und fülle deine Sprühflaschen mit flüssiger Farbe, die auf Kunststoff hält. Im Allgemeinen ist das die Farbe, mit der man auch Turnschuhe einfärben kann.

Für den Hintergrund sprühe ein paar Sprühstöße in zwei verschiedenen Farben übereinander.
Dann lege die Schablone auf und sprühe mit der Hauptfarbe darüber.

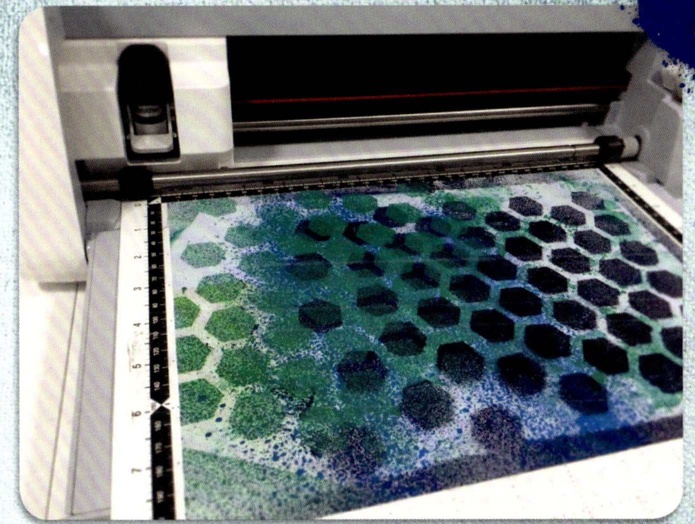

Lass die Farbe gut trocknen und lege sie dann mit der rechten Seite nach oben auf die Schneidematte.

Öffne dein Wunschmotiv und schneide es mit dem Plotter.

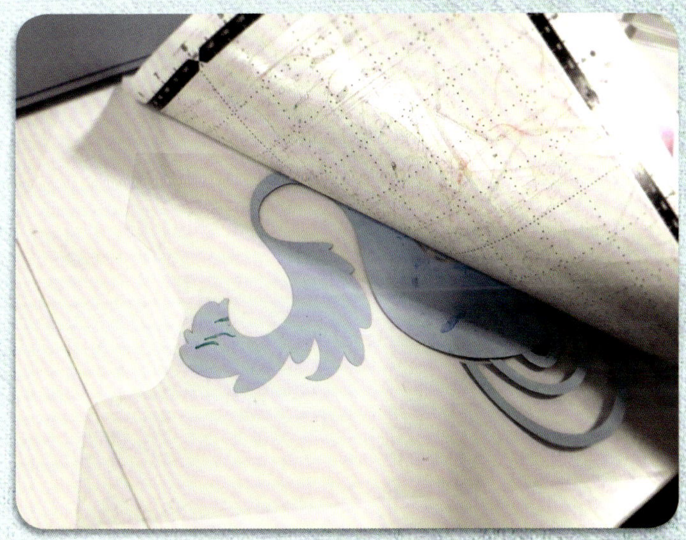

Entgittere das Motiv vorsichtig, noch während es auf der Schneidematte liegt. Dann lege eine leicht klebende, z. B. eine schon mal verwendete Transferfolie über das Motiv.
Eine zu stark klebende Transferfolie beschädigt möglicherweise den Farbauftrag, da er erst durch die Hitzefixierung beständig wird.

Löse die Schneidematte vorsichtig vom Bügelmotiv ab.

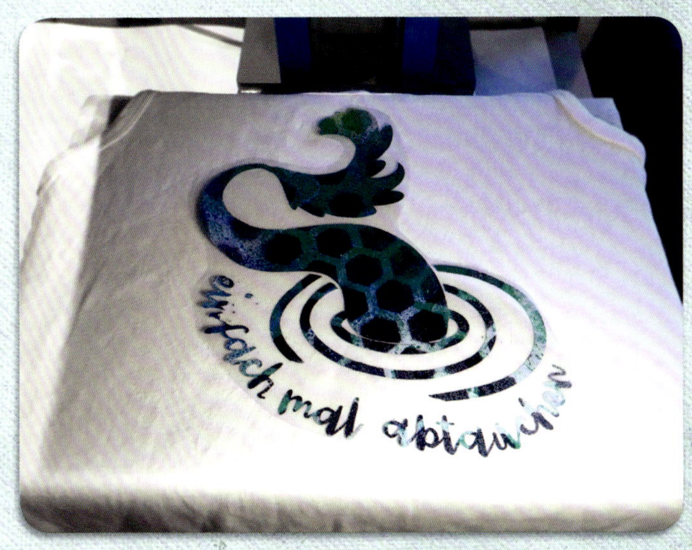

Dann lege dein fertiges Bügelmotiv auf das Textil und presse die Bügelfolie mit dem Bügeleisen oder mit der Transferpresse.

Um die Farbe zu fixieren, beachte bitte auch die Herstellerangaben deiner Farbe und presse das Textil so lange wie nötig, damit es waschfest ist.
Dann ziehe die Transferfolie ab.

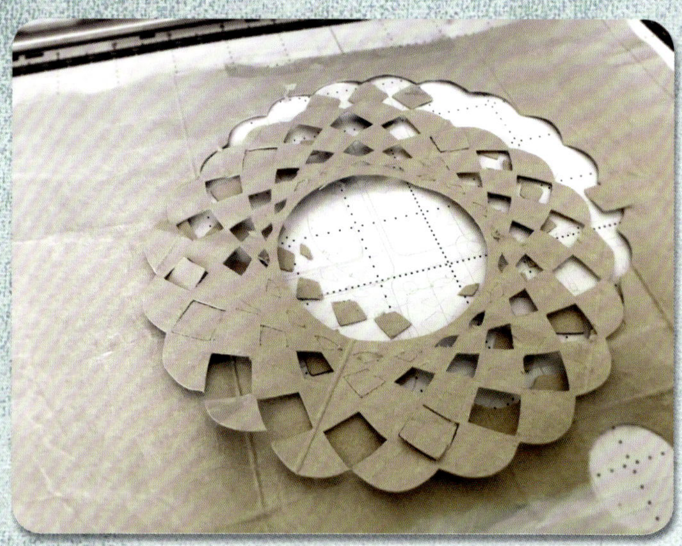

Statt Schablonen kannst du auch Masken zum Sprühen nehmen.

Masken sind die Teile, die aus einer Schablone beim Schneiden herausfallen. Das große Motiv links ist gleichzeitig Maske und Schablone.

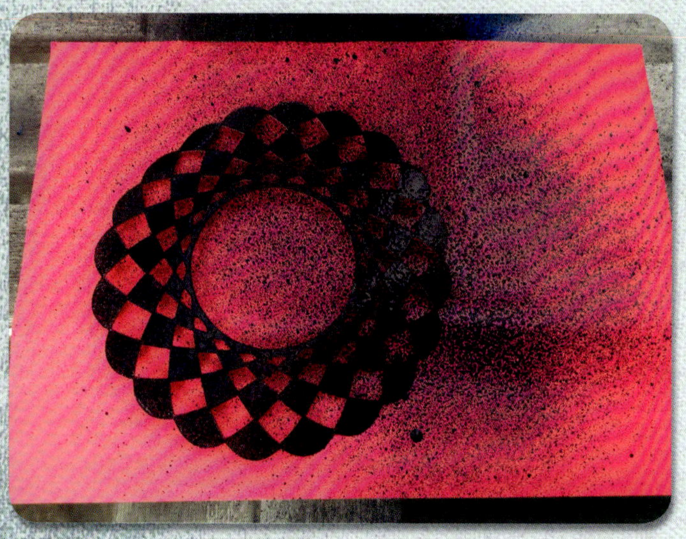

Masken bilden nach dem Auflegen Aussparungen und der Farbauftrag geht bis an den Rand der Folie. Unter der Maske bleibt die Grundfarbe der Bügelfolie erhalten.

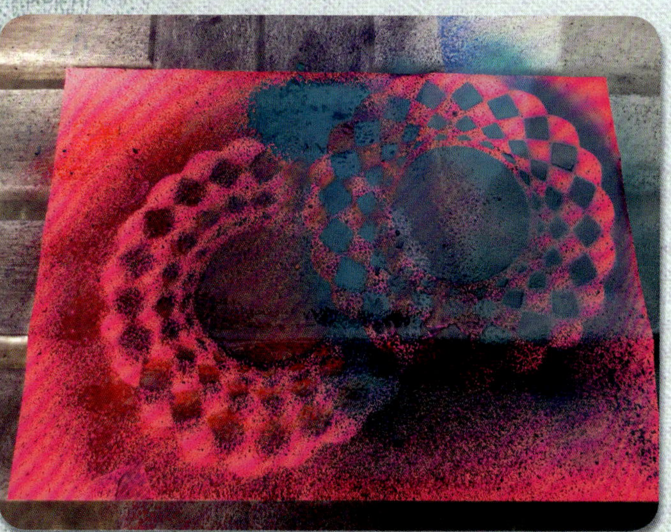

Große Masken kannst du auch mehrfach verwenden, übereinander legen und in verschiedenen Farben sprühen.

Auch das ergibt dekorative Effekte. Und auch wenn dein Werk jetzt doch nicht besonders gut aussieht - in Form geschnitten als Schrift wird es super aussehen!

Für das Projekt zum Abheben brauchst du zwei kontrastierende Folien. Hierfür kannst du auch eine einfache Kreisschablone nehmen.

Nach dem ersten Farbauftrag verschiebst du die Schablone und sprühst noch einmal ganz leicht darüber, sodass man den Sprühnebel noch sehen kann.

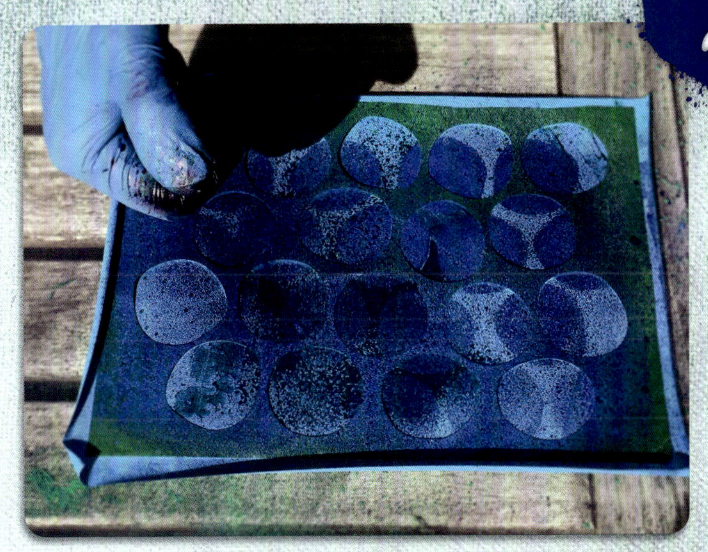

Schneide auch diese Bügelfolie mit der rechten Seite nach oben und entgittere das Motiv.

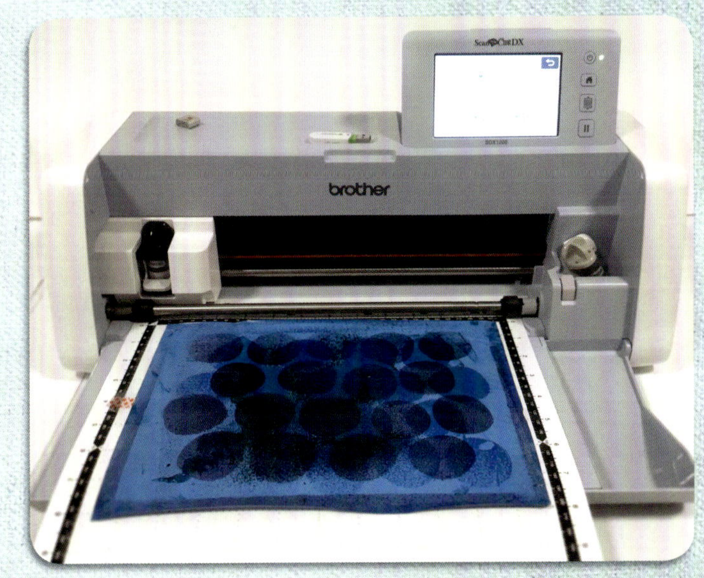

Dann lege eine leicht klebende Transferfolie oben darüber, reibe sie am Motiv fest und löse es danach vorsichtig von der Schneidematte.

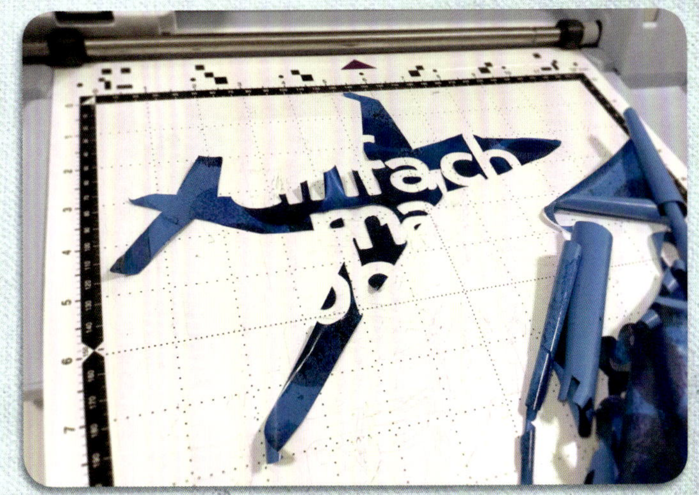

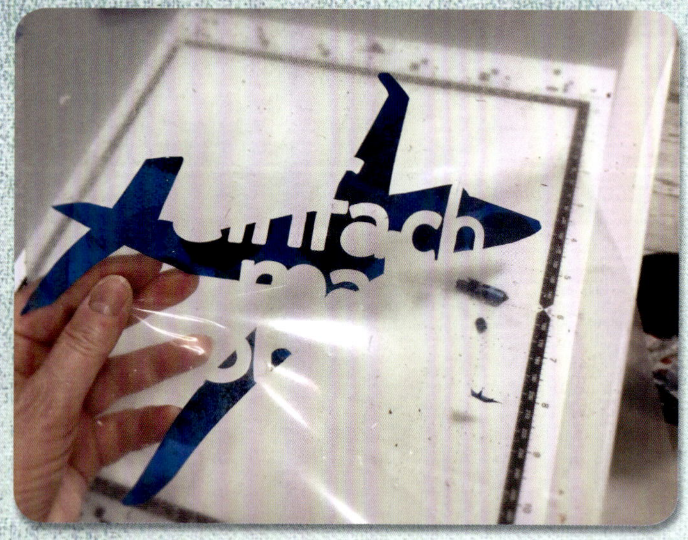

Lege das Folienmotiv mitsamt der Transferfolie zur Seite und schneide den zweiten Teil des Motivs, den Text, aus der anderen Bügelfolie.

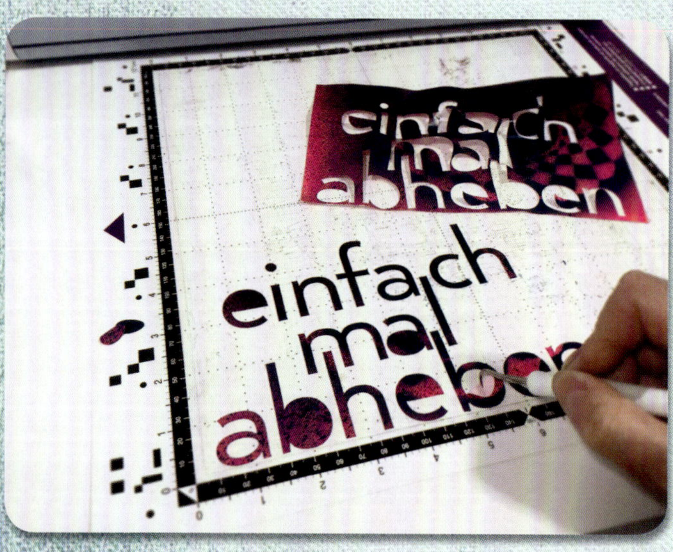

Entgittere die Buchstaben.
Wenn es dir nicht gelingt, den Schriftzug im Ganzen abzulösen, kannst du das entgitterte Negativ zu Hilfe nehmen.

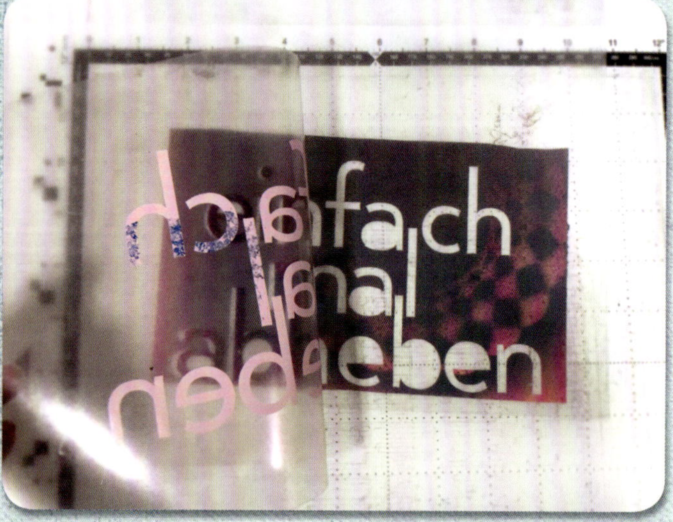

Dazu legst du das Negativ auf die Schneidematte und eine transparente Hilfsfolie oben darüber.

Dann legst du die ausgeschnittenen Buchstaben genau passend auf die Buchstaben der Negativschablone.

Zum Schluss legst du eine leicht klebende Transferfolie oben auf die Buchstaben und nimmst sie im Ganzen von der Hilfsfolie ab.

Deine Motivteile sind jetzt fertig zum Aufpressen.

Bringe zuerst den Schriftzug auf dein Textil auf und ziehe die Transferfolie ab.

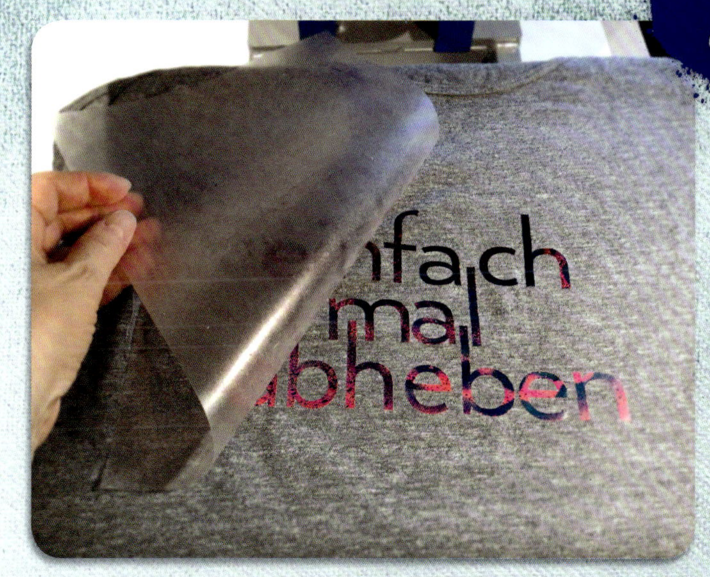

Dann legst du das Flugzeug oben darüber, presst es auf und ziehst die Transferfolie ab.

Lies dir vorher auch die Hersteller-angaben zum Fixieren der von dir verwendeten Farbe durch. Unter Umständen musst du das Motiv länger pressen, damit die Farbe gut fixiert und waschbar ist.

Flockfolie lässt sich übrigens auch ganz prima mit Airbrushfarbe be-sprühen und sieht noch schöner aus als selbst gefärbte, glatte Flexfolie.

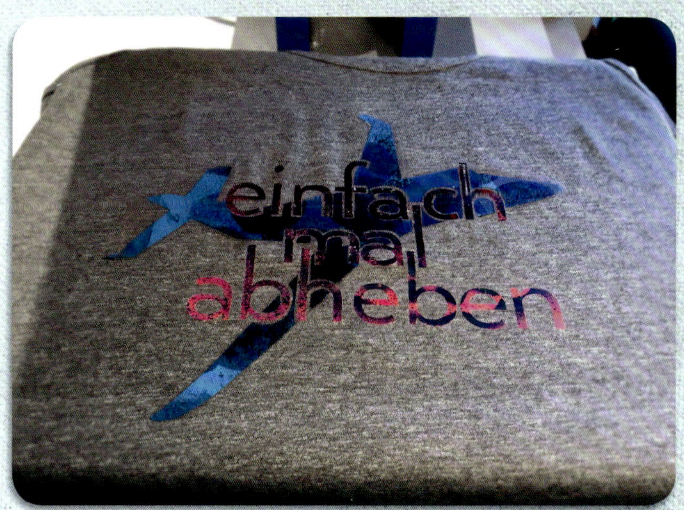

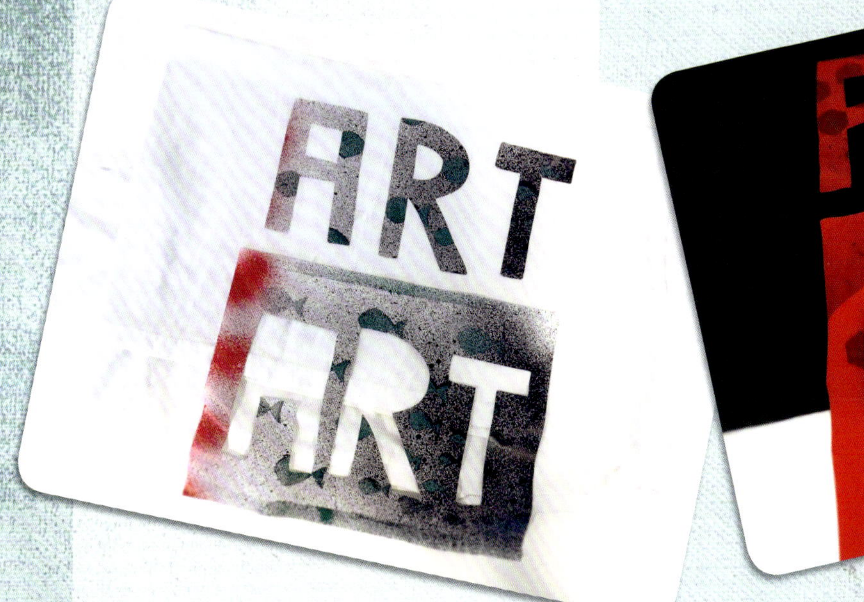

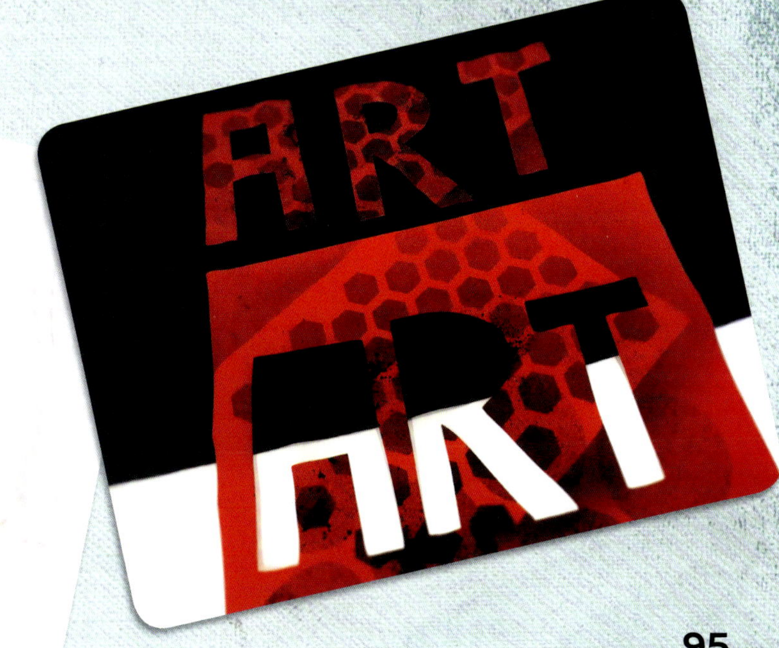

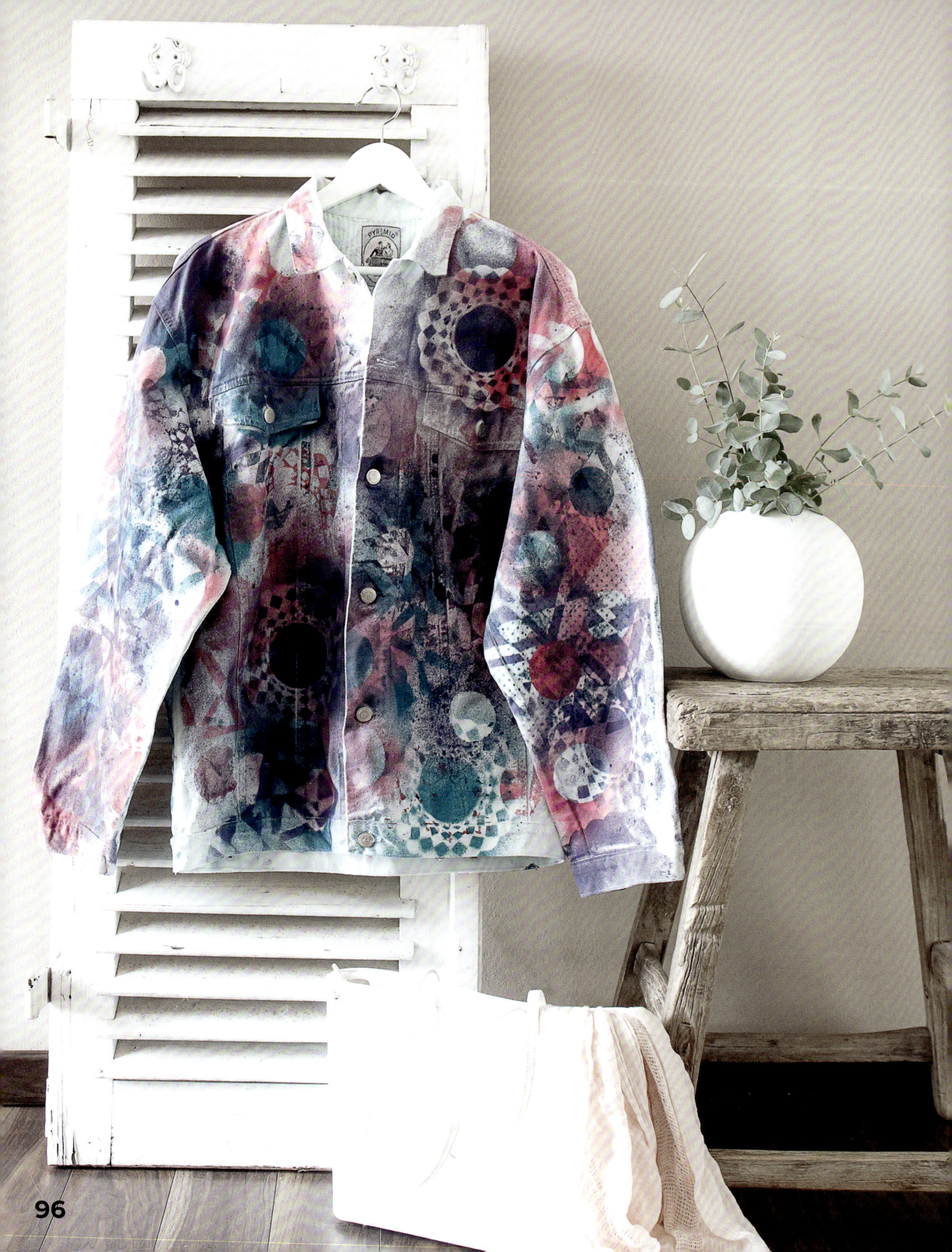

Aus Alt mach Neu

Während beim Recycling neue Rohstoffe aus Abfällen gewonnen werden, wird beim Upcycling ein vorhandenes Produkt aufgewertet.

Upcycling ist die Ressourcen schonendste Art, Alt-Material wieder in den Nutzungskreislauf zurück zu bringen. Es wird nichts Neues produziert und die Materialien werden nach der Umwandlung als hochwertigere Produkte weiterverwendet.

Die folgenden Projekte sind nur Beispiele, wie du verschiedene Arten von alten Sachen aufarbeiten und verschönern kannst. Besonders Kleidung lässt sich mit wenig Aufwand aufwerten und so die Nutzungsdauer verlängern.
Aber auch Altglas und Altpapier lassen sich zu neuen, angesagten Produkten umwandeln und ersetzen den einen oder anderen Neukauf.

Zur Motivation haben wir Farben verwendet, denn Farbe macht gute Laune und kann Altes in einem völlig neuen Licht erstrahlen lassen.

Jacke im Sprühnebel

Vielleicht hast du wie wir, auch ein paar Kleidungsstücke, die zu schade zum Wegwerfen sind, die dir aber doch nicht so gut gefallen, dass du sie unverändert tragen möchtest.

Die Farbe der mintgrünen Canvasjacke hatte mir noch nie gefallen und vorne hatte sie einen Fleck, der sich nicht mehr auswaschen ließ. Aber Stoff und Schnitt sind schön und so haben wir sie an einem Nachmittag einfach wild angesprüht. Das hat großen Spaß gemacht und das Ergebnis hat uns selbst total überrascht.

Sicher findest du auch das eine oder andere Stück, bei dem sich so ein Experiment lohnt.

Zum Besprühen eines Kleidungsstücks brauchst du:

- verschiedene Schablonen deiner Wahl
- 2 - 3 verschiedene flüssige Stofffarben oder Airbrush-Farben
- je eine Sprühflasche pro Farbe
- Klebeband zum Abkleben der Knöpfe oder Reißverschlüsse
- Schutzhandschuhe und Kleidung, die auch ein paar Farbspritzer abbekommen darf

Du findest verschiedene Schablonenmotive im Ordner „Schablonen".

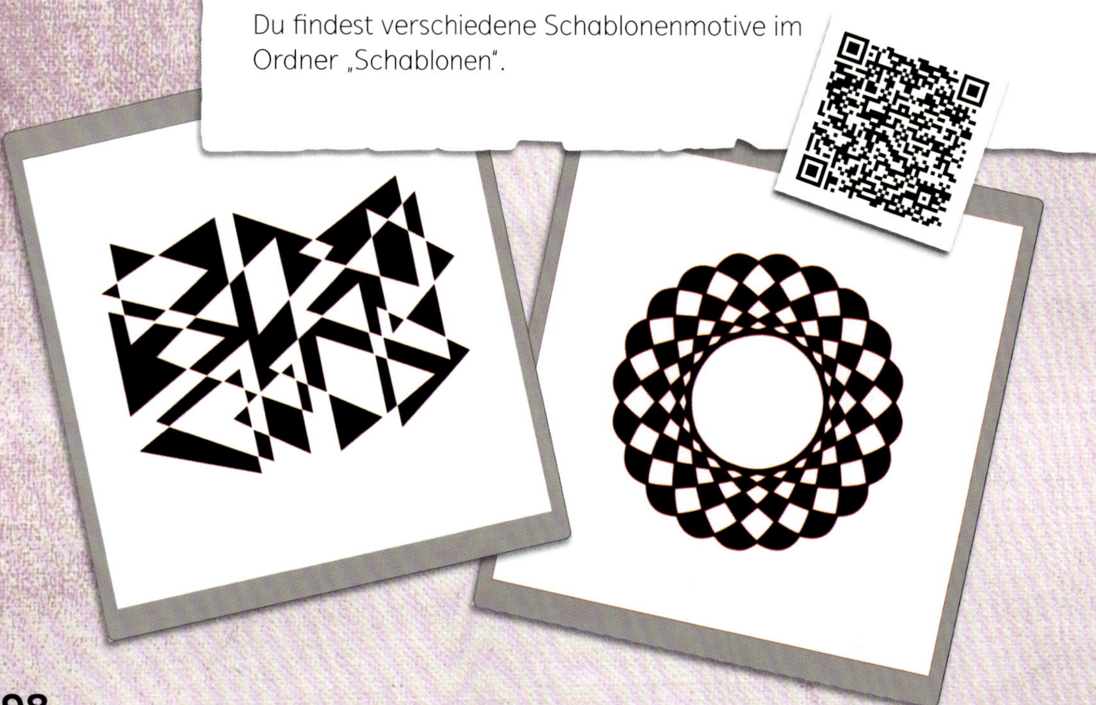

Das Kleidungsstück sollte frisch gewaschen sein.

Die Knöpfe umwickelst du mit Klebeband, damit du sie einfach übersprühen kannst.

Zum Ansprühen wählst du am besten Farben, die dunkler als die ursprüngliche Farbe sind.

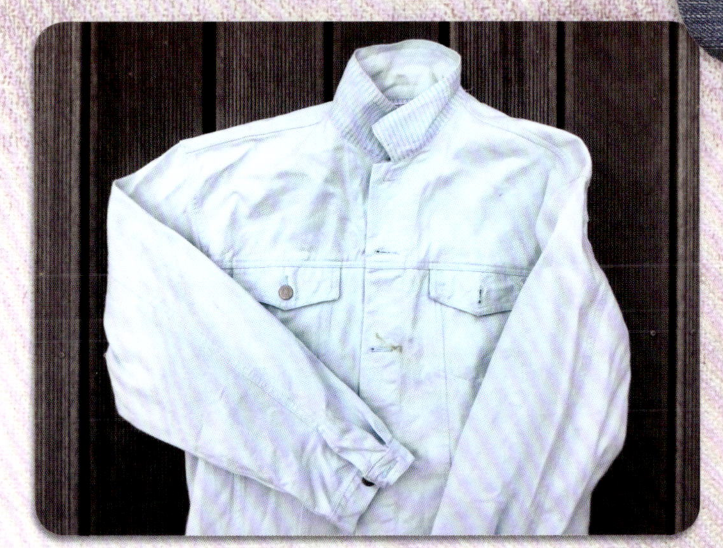

Dann wählst und schneidest du deine Schablonen. Große, grafische Muster sehen auf so einer Jacke am besten aus.

Anschließend richtest du deinen Arbeitsplatz ein. Am einfachsten ist es, draußen zu arbeiten, wenn du die Gelegenheit dazu hast.

Zumindest der Tisch und die nähere Umgebung müssen gut gegen den Sprühnebel geschützt werden.

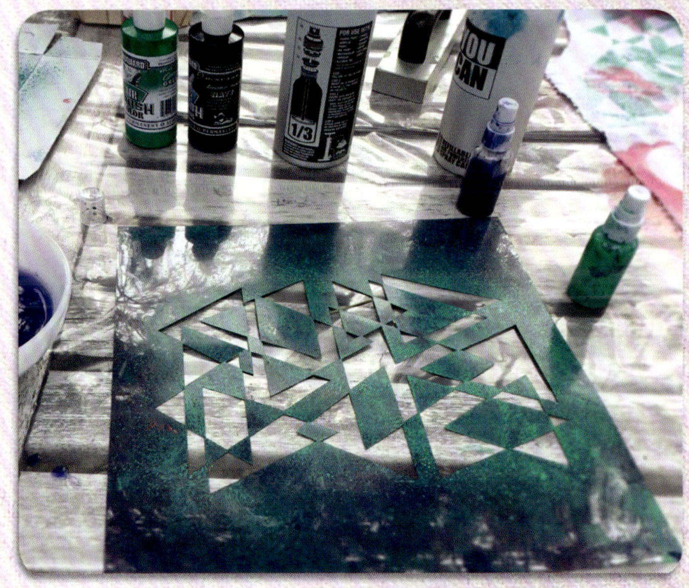

Fülle die flüssige Stofffarbe in die Sprühflaschen.

Und dann kann es auch schon losgehen. Zuerst machst du ein paar Proben auf einem Stück Stoff, um das Muster und die Farben auszuprobieren. Diesen Musterstoff kannst du später auch noch anderweitig verwenden.

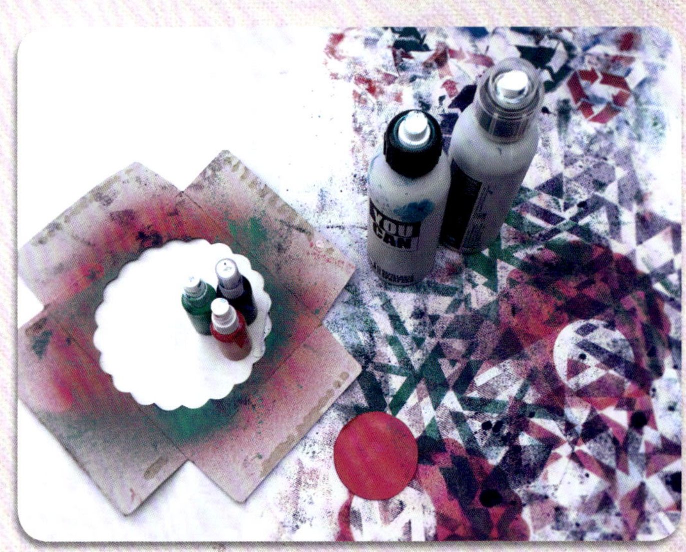

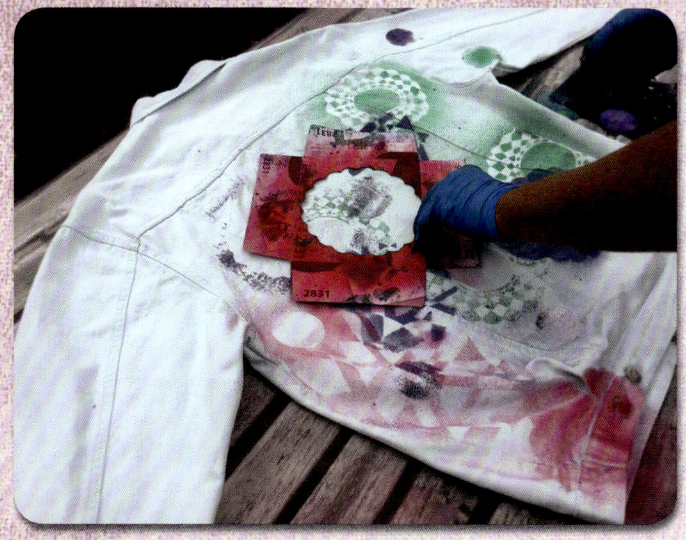

Beim Besprühen des Kleidungsstücks musst du daran denken, dass du automatisch von unten nach oben arbeitest. Also zuerst färbst du den Hintergrund. Alle Muster, die oben darüber gesprüht werden, treten dann mehr in den Vordergrund.

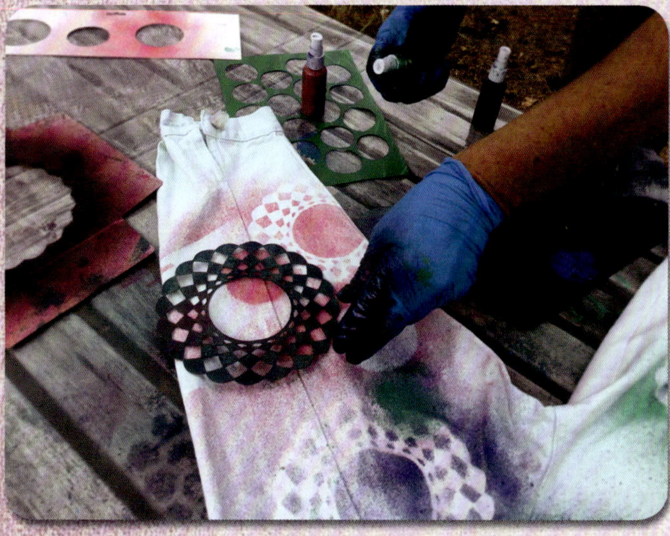

Stellen, die nicht so gut gelungen sind, kannst du einfach noch einmal übersprühen.
Die farbgetränkten Schablonen kannst du umgedreht wieder auf den Stoff drücken und bekommst so noch einmal einen subtileren Abdruck des Schablonenmusters.

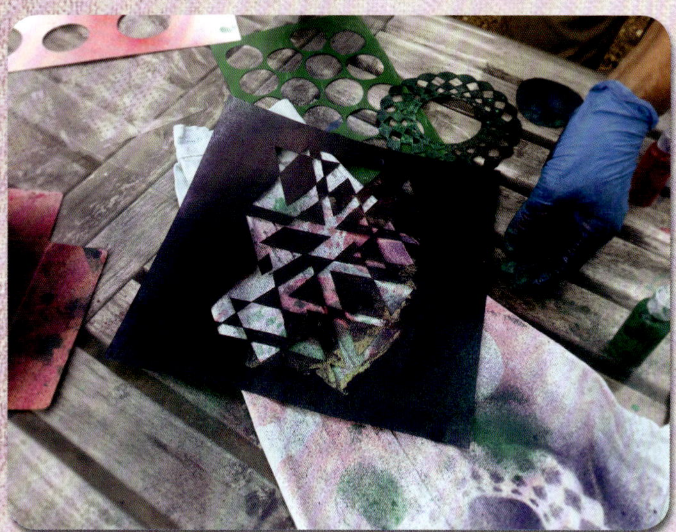

Das markanteste Muster, wie diese grafische Schablone und die dunkelste Farbe, sollte dann ganz obenauf gesprüht werden, um etwas Struktur ins Gesamtwerk zu bringen.

3

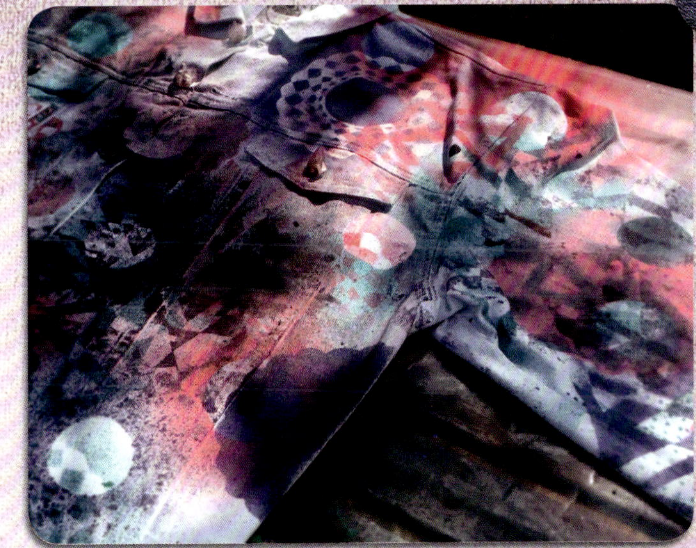

Nachdem du eine Seite des Kleidungsstücks fertig besprüht hast, muss es zumindest so trocken sein, dass du es anfassen kannst, ohne farbige Finger zu bekommen.

Dann drehst du es um, besprühst die andere Seite und lässt die Farbe wieder etwas trocknen.

Entferne die Klebebänder, mit denen die Knöpfe geschützt waren.

Nun muss das Kleidungsstück auf einem Kleiderbügel hängend komplett durchtrocknen.

Entsprechend der Herstellerangabe der von dir verwendeten Farbe wird sie dann fixiert. Du kannst dein Unikat bügeln oder auch im Trockner fixieren, damit es waschbar ist, ohne dass der schöne neue Druck verblasst.

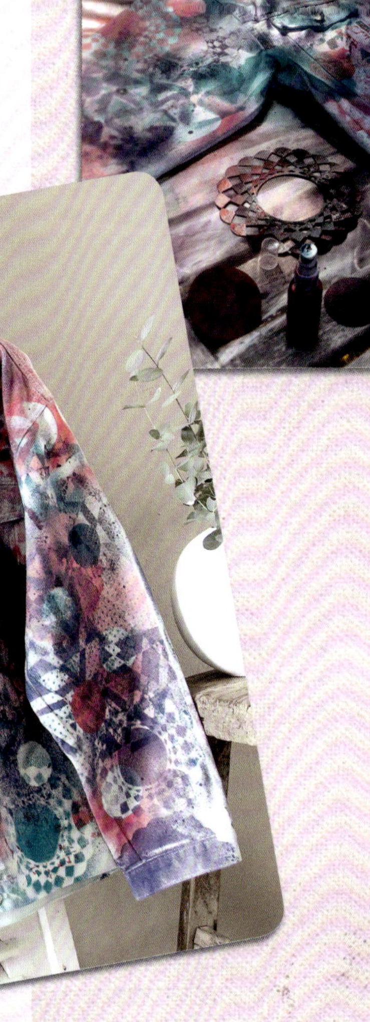

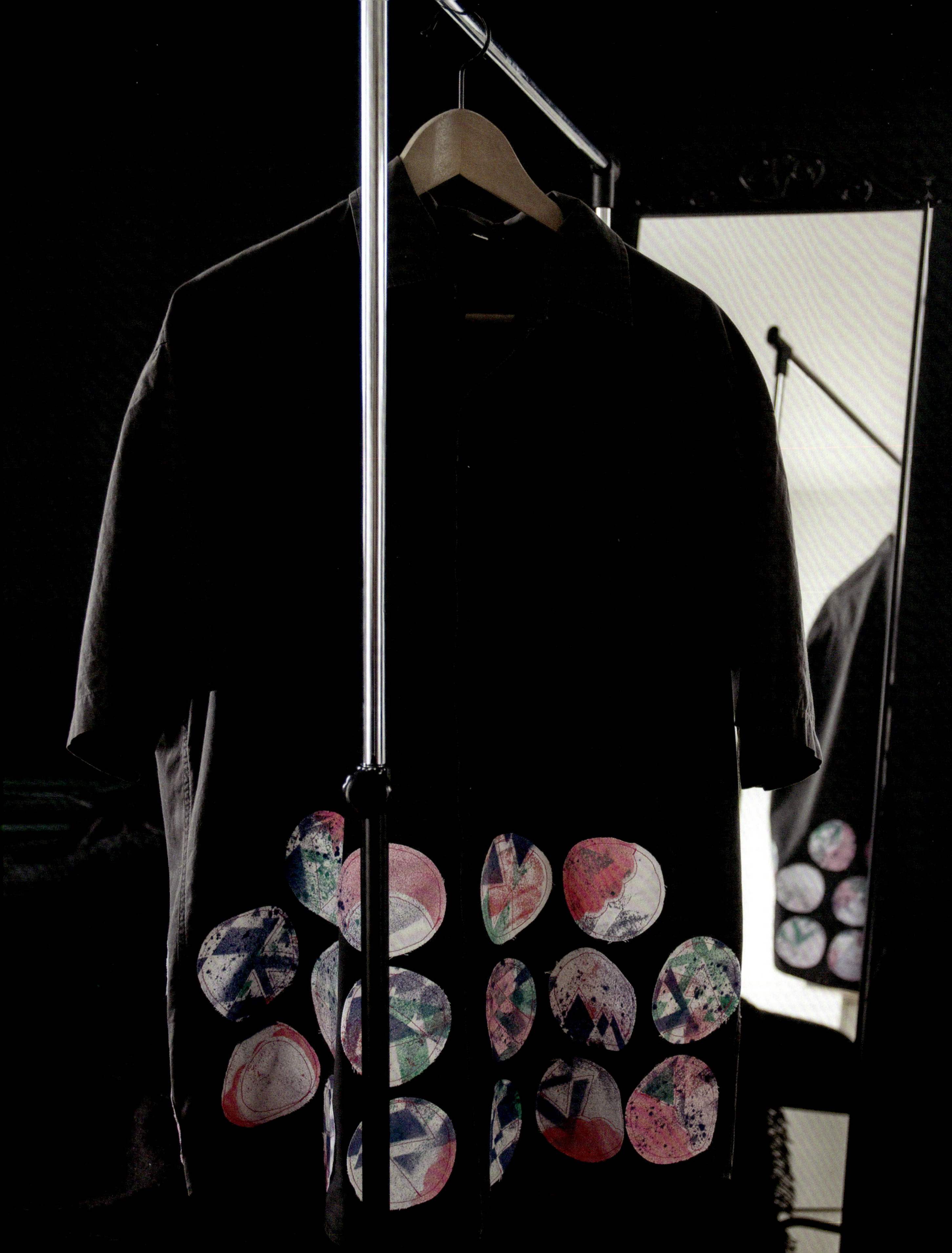

Hemd trifft Hose

Bei diesem Projekt haben wir gleich zwei alte Kleidungsstücke verarbeitet. Eine weiße Baumwollhose dient als Grundstoff für die selbst bedruckten Applikationen.

Und das schwarze Lieblingshemd, das auch schon einige Gebrauchsspuren hat, wird mit bunten Applikationen dem aktuellen DIY- und Shabby-Trend angepasst.

Dieses Projekt soll dir als Beispiel dienen und dich dazu anregen, deine eigenen Lieblingskleidungsstücke, die du aus dem einen oder anderen Grund nicht mehr trägst, hervorzuholen und so zu verändern, dass du sie wieder anziehen magst.

Jedes Stück, das du länger trägst, anstatt etwas Neues zu kaufen, schon die Umwelt.

Für dieses Projekt brauchst du:
- ein altes Hemd
- weißen Stoff oder ein altes, weißes Kleidungsstück
- mehrere Schablonen
- 2 - 3 verschiedene flüssige Stofffarben
- 2 - 3 Sprühflaschen
- die Nähmaschine

außerdem:
- die Datei 3-2-Stoffkreise

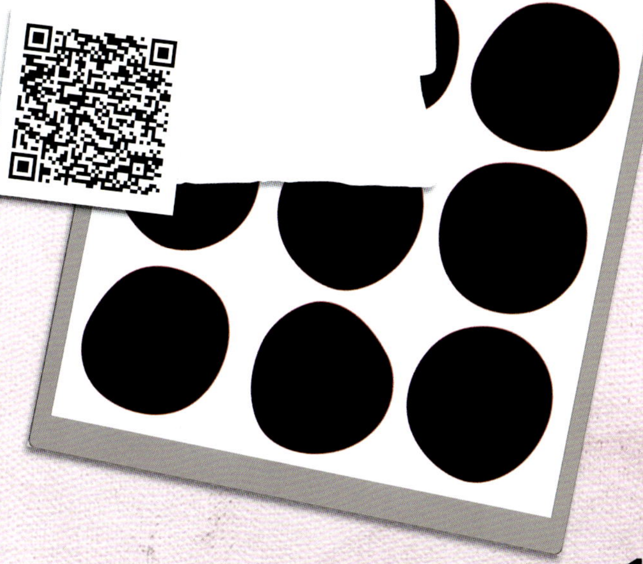

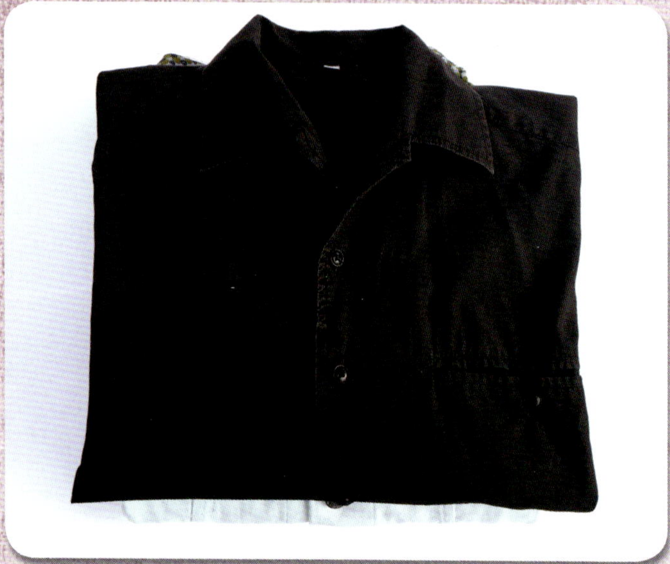

Zum Glück gibt es nicht mehr das strenge Modediktat des letzten Jahrhunderts.
Es ist also völlig in Ordnung, ein geliebtes, älteres Kleidungsstück wieder oder noch länger zu tragen.

Wenn dir die Farbe nicht mehr gefällt, färbe es um.

Wenn dir der Schnitt nicht mehr gefällt, ändere es ein wenig ab.

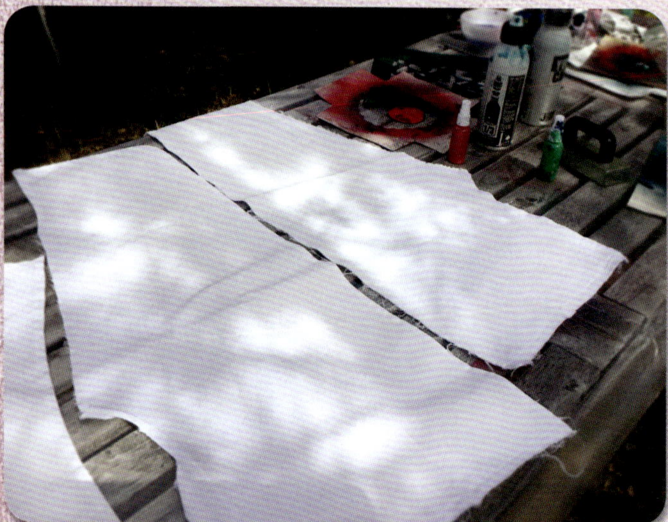

Und wenn es hell und aus Naturmaterial ist, ist der Stoff ideal zum Bedrucken und Zerschneiden für Applikationen. Dazu zerlegst du das Kleidungsstück in seine Einzelteile, um flache Stoffstücke zu erhalten.

Dann wähle die Schablonen aus, die du verwenden möchtest und schneide sie mit dem Plotter.

Als nächstes wählst du die Farben aus. Wir haben für unser Projekt drei verschiedene Farbtöne benutzt:
- Dunkelrot
- Smaragdgrün
- Dunkelblau

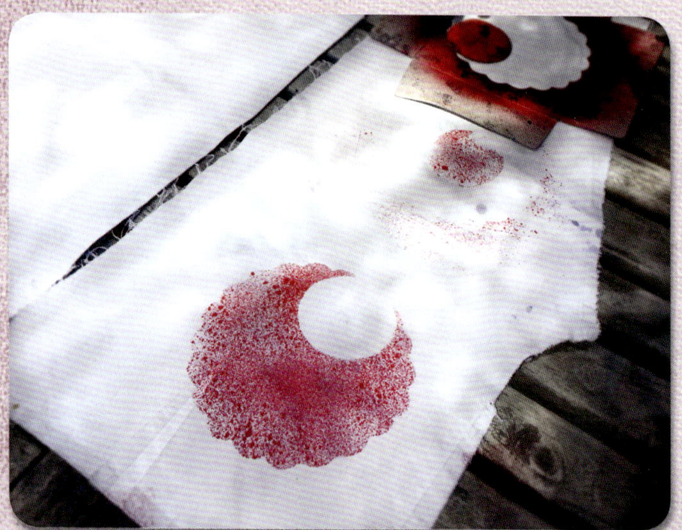

Dann richte deinen Arbeitsplatz ein. Decke die Arbeitsfläche gut ab.

Benutze unbedingt Handschuhe und eine Schürze oder alte Kleidung, der ein paar Spritzer Farbe nichts anhaben können.

Und dann fängst du einfach an, die erste Schablone aufzulegen und Farbe aufzusprühen.

So kannst du dann, genau wie im letzten Projekt, munter darauf los drucken und sprühen.

Für Applikationen sind auch kleinere Muster gut geeignet.

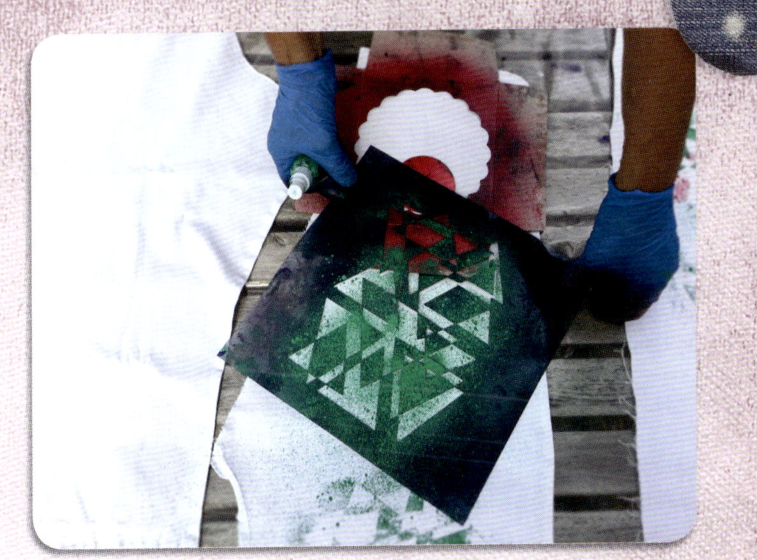

Denke nicht zuviel nach beim Arbeiten. Unschöne Stellen kannst du entweder noch einmal übersprühen oder später beim Ausschneiden der Applikationen einfach nicht benutzen.

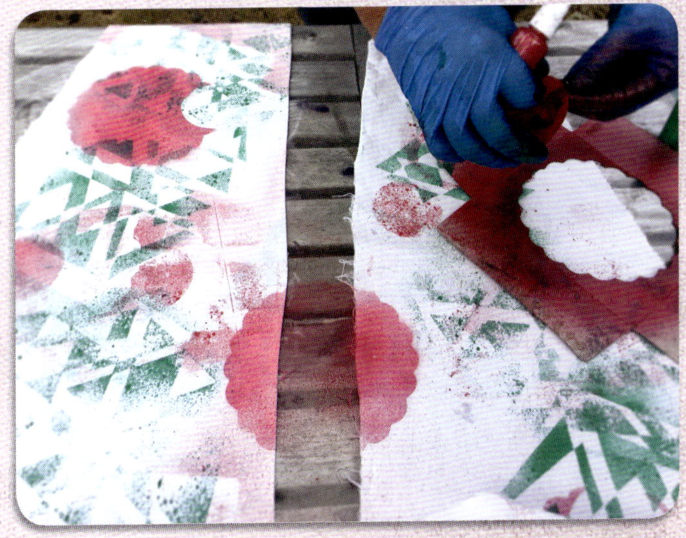

Markante Muster sehen auch auf kleinen Stoffstücken gut aus und so wird jedes Hosenbein und jede Applikation anders.

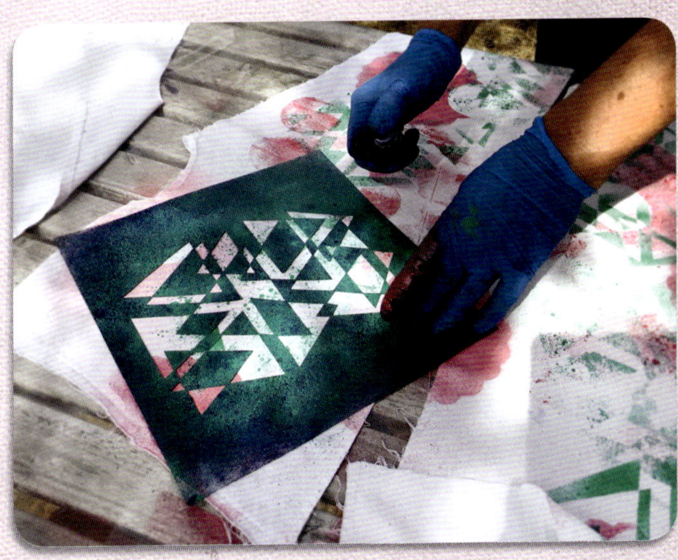

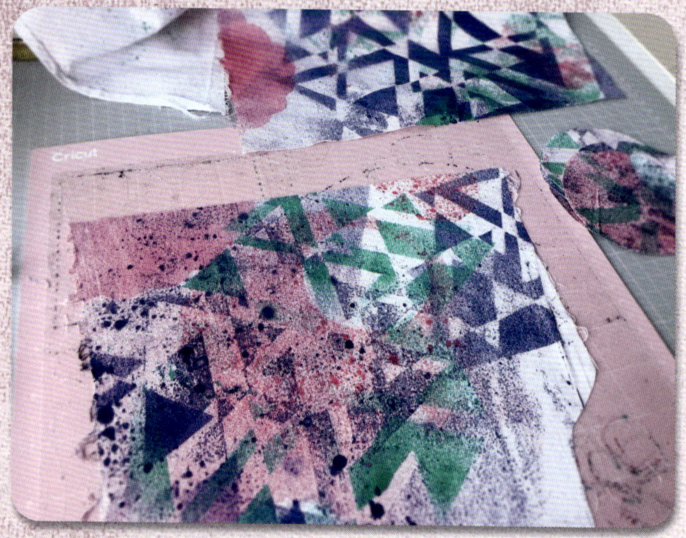

Nach dem Trocknen zerschneidest du den Stoff grob in Stücke, die auf die Schneidematte passen.

Du fixierst sie erst später, dann hilft dir die Steifheit der Farbe noch beim Schneiden. Das Fixieren macht die meisten Stofffarben weicher.

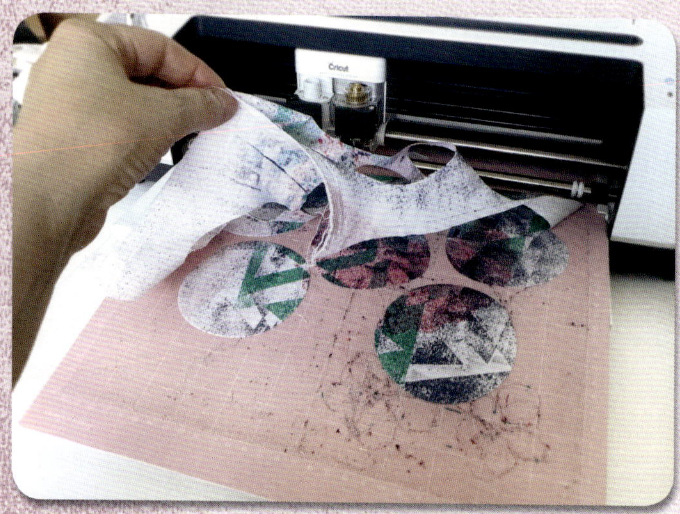

Schneide alle gewünschten Formen für die Applikationen nacheinander mit dem Plotter aus.

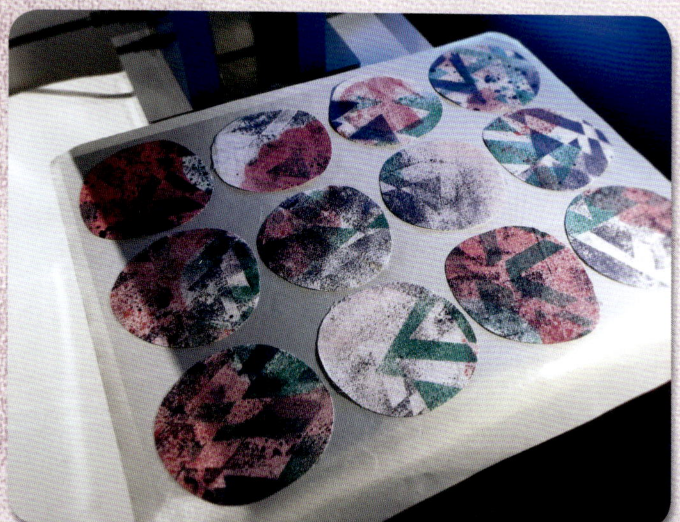

Dann fixierst du die einzelnen Stoffapplikationen nach den Herstellerangaben der von dir verwendeten Stofffarben mit dem Bügeleisen oder mit der Transferpresse.

3

Nun legst du die bedruckten Stoffstücke auf dein Kleidungsstück und steckst sie mit Stecknadeln fest.

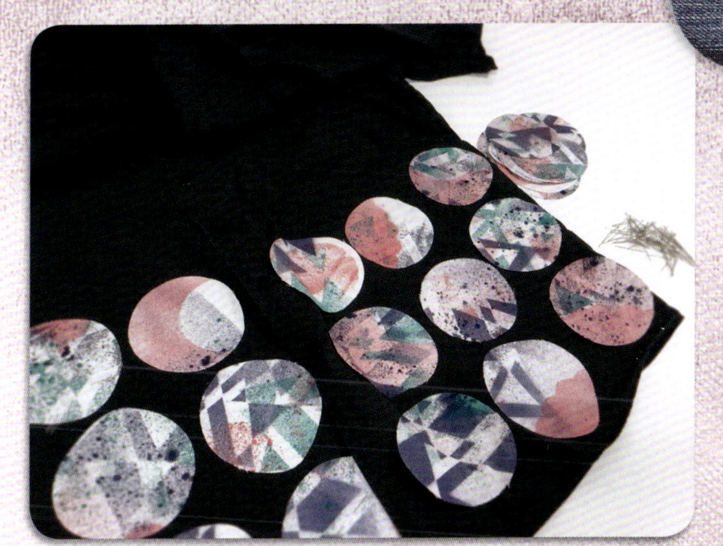

Du nähst die Applikationen mit der Nähmaschine rundherum fest und bügelst sie anschließend.

Fertig ist das neue Designerteil!

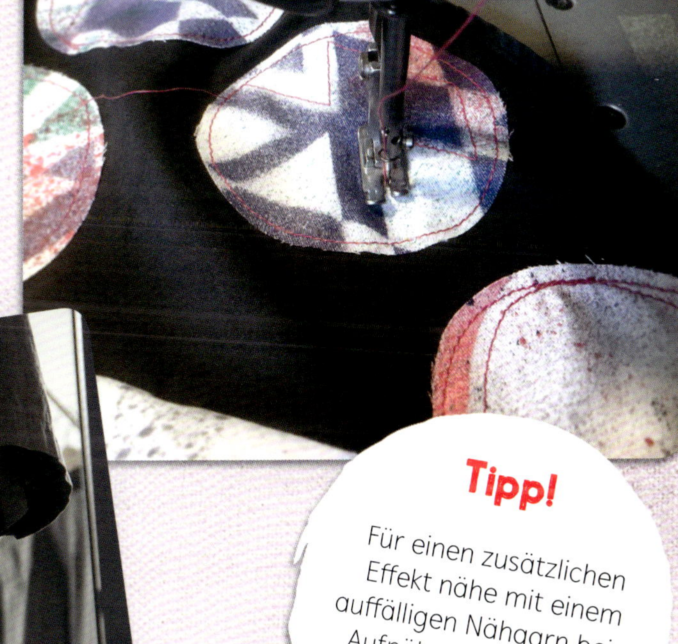

Tipp!

Für einen zusätzlichen Effekt nähe mit einem auffälligen Nähgarn beim Aufnähen noch einmal kreuz und quer dem Muster entlang.

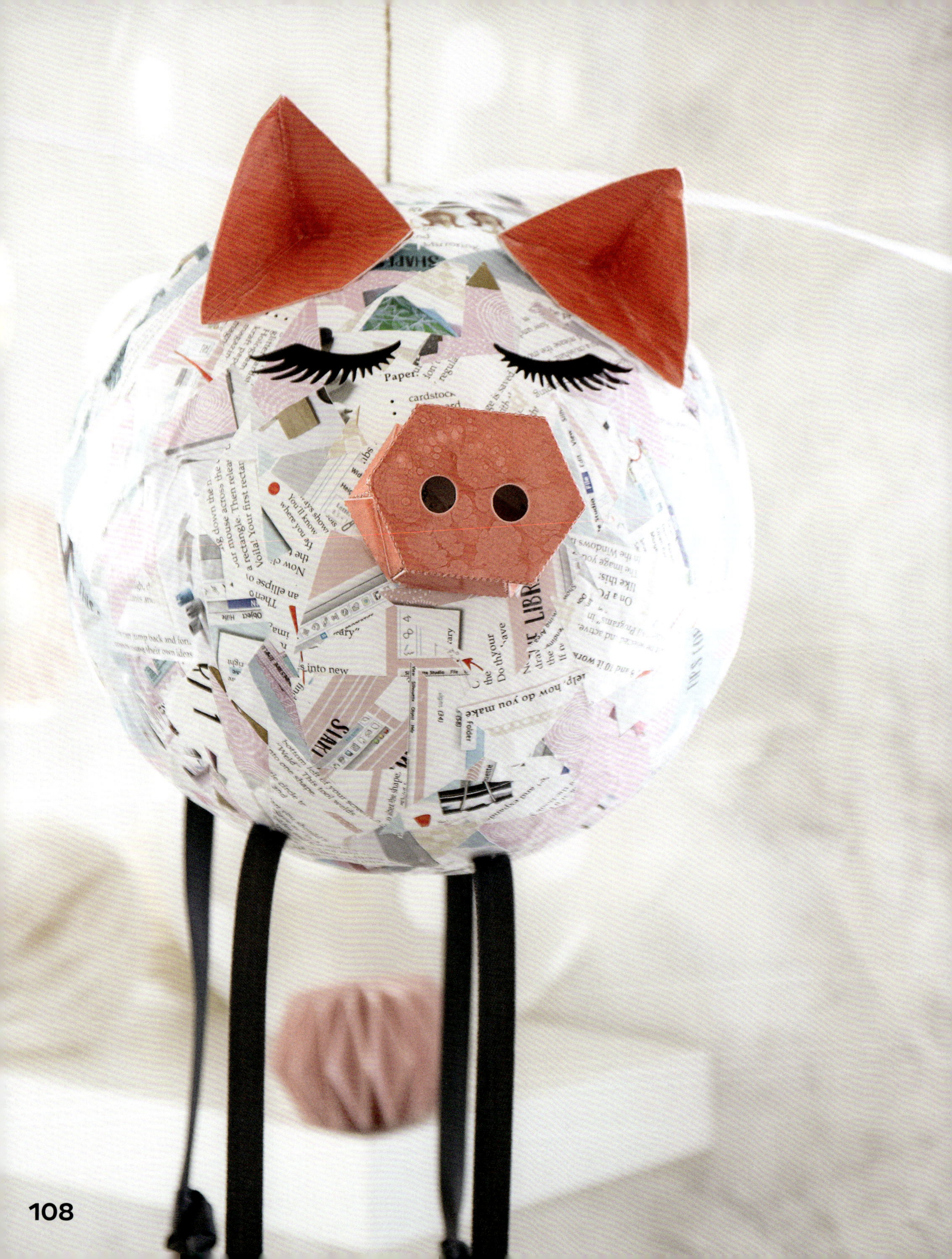
cardstock
how do you make
folder
like this:

Schwein gehabt!

Glücklich ist, wer so eine schöne Piñata zum Geburtstag geschenkt bekommt. Die Piñata ist eine mexikanische Tradition, die auch bei uns Einzug hält.

Die bunt gestalteten Figuren aus Pappmaché werden mit Süßigkeiten gefüllt.
Die Kinder auf der Geburtstagfeier schlagen abwechselnd mit verbundenen Augen mit einem Stock auf die aufgehängte Piñata, bis sie aufbricht und die Süßigkeiten herausfallen.

Die Kinder singen währenddessen ein spezielles Lied und jedes Kind darf solange schlagen, bis das Lied zu Ende gesungen ist.

Für die Glücksschwein-Piñata brauchst du:
- einen Luftballon
- faseriges, weiches Packpapier, 1 - 2 Bogen Seidenpapier
- einige Buch- oder Katalogseiten aus hochwertigem Papier
- mittelstarken, weißen Karton für Ohren, Schnauze, Ringelschwanz und Flügel
- rosarote Farbe
- eine lange Schnur und ein Stück festes, biegsames Plastikband
- 4 ausgediente Bänder für die Beine
- 1/2 Packung Kleister
- ein Stück schwarze Vinylfolie für die Augen

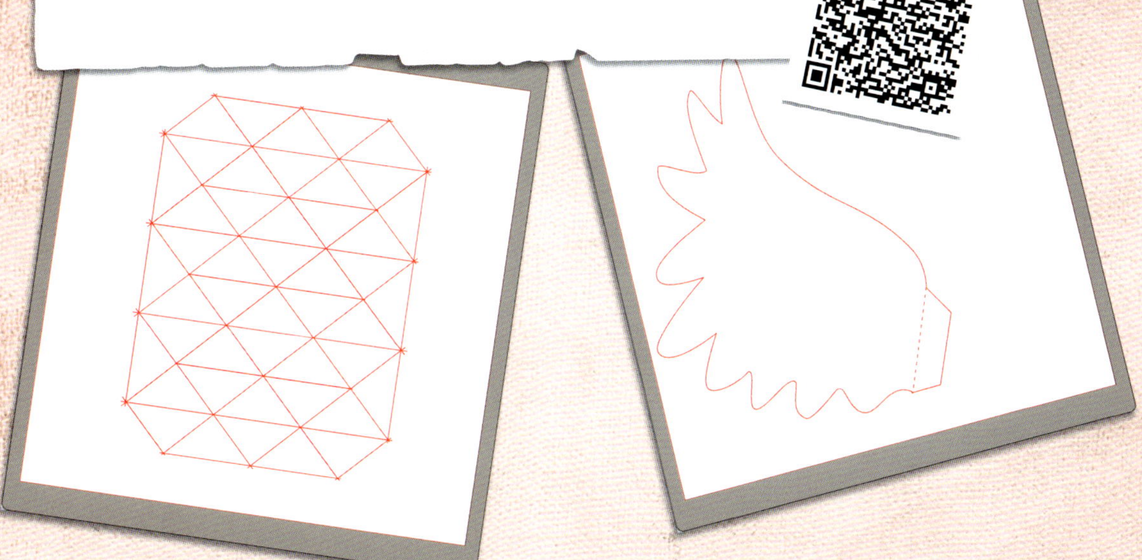

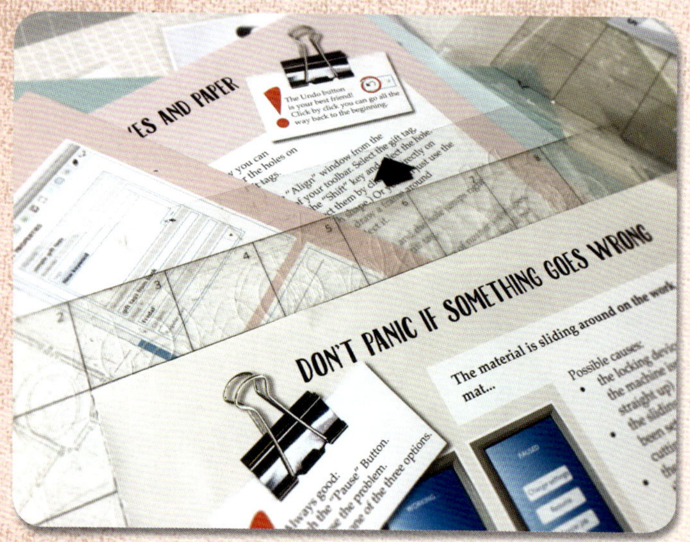

Zuerst wählst du Buch- oder Katalogseiten in ähnlichen Farben aus, sodass eine Farbigkeit entsteht, die dir gefällt.

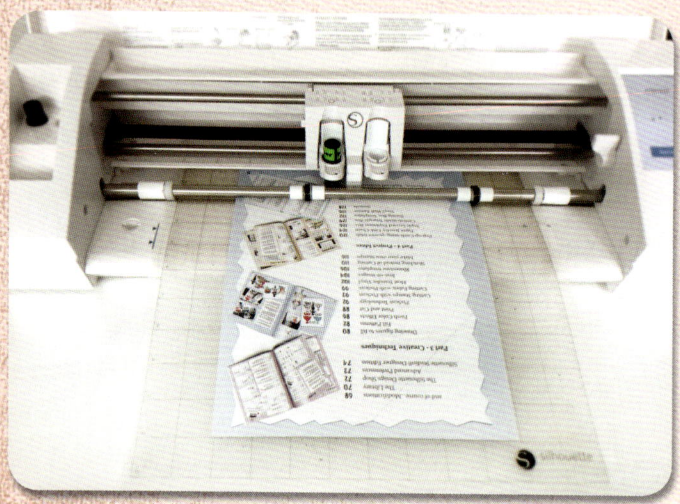

Für das geflügelte Schwein haben wir einfach ein altes Frisch Geschnitten Buch genommen. Das hochwertige pastellfarbig gemusterte Papier lässt sich prima mit dem Plotter schneiden.

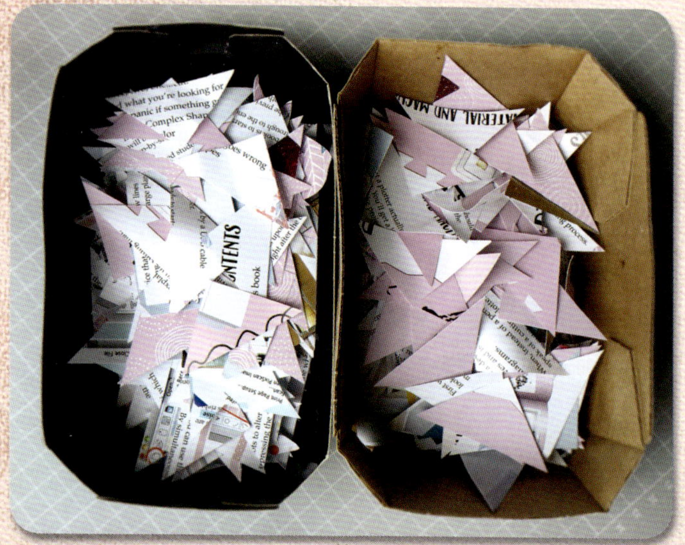

Löse die fertig geschnittenen Dreiecke von der Schneidematte und sammle sie in einer Schale.

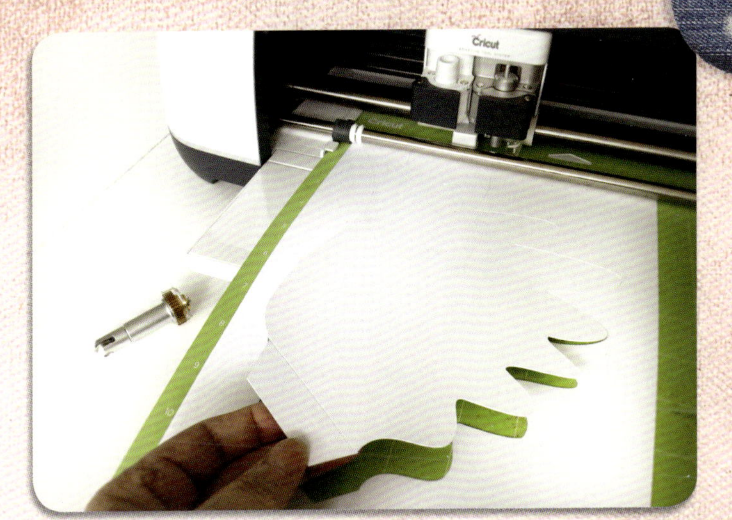

Dann schneidest du die Flügel aus steifem Karton. Wir haben hierfür die bedruckte Verkaufsverpackung einer neuen Schneidematte genommen. Der hochwertige Karton ist viel zu schade zum Wegwerfen.
Seine Rückseite ist Weiß.

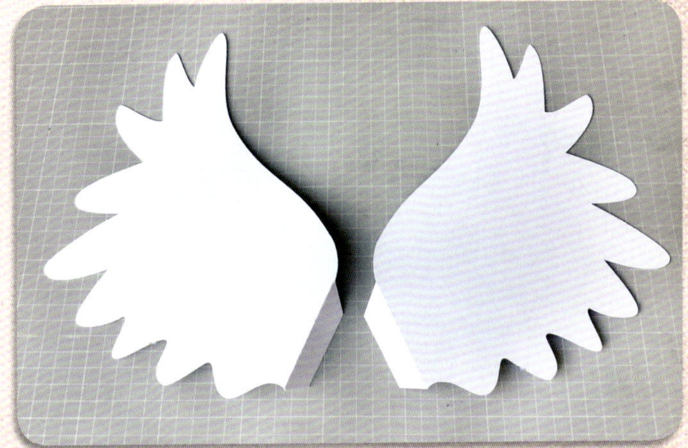

Je nachdem, welchen Plotter und welche Werkzeuge du hast und wie gut du damit umgehen kannst, schneidest du die Falzlinien im Plotter nicht mit der Klinge als gestrichelte Linie, sondern drückst sie mit einem Gravier- oder Debossingwerkzeug als Falzlinie ein.

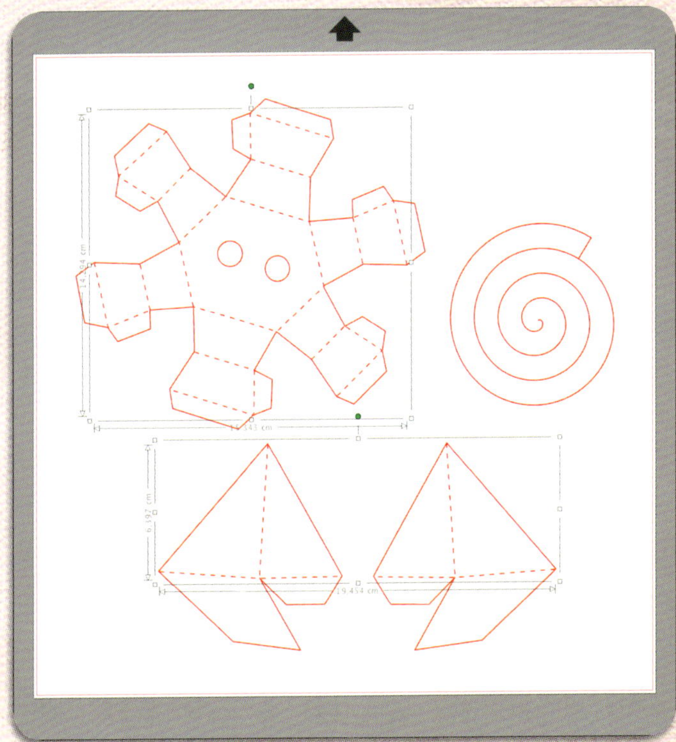

Das gleiche gilt für die Schnauze und die Ohren des Schweins. Mit Hilfe der Laschen werden diese wie eine Schachtel in Form geklebt.

Die Falz- und Schneidelinien sind jeweils einzeln gruppiert, sodass du ihnen nur noch die entsprechende Linienart zuweisen musst.

Wenn du jedoch die Datei einfach so schneidest wie sie ist, erhältst du ganz normale perforierte Falzlinien.

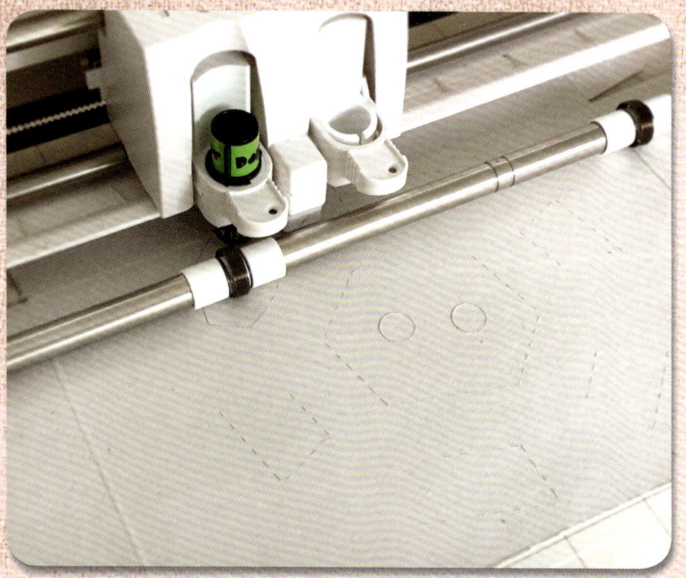

Schnauze, Ohren und Ringelschwänzchen werden ebenfalls aus stabilem Karton geschnitten.

Hier im Beispiel schneiden wir die Datei, ohne etwas an den Falzlinien verändert zu haben, einfach als perforierte Schnittlinie.

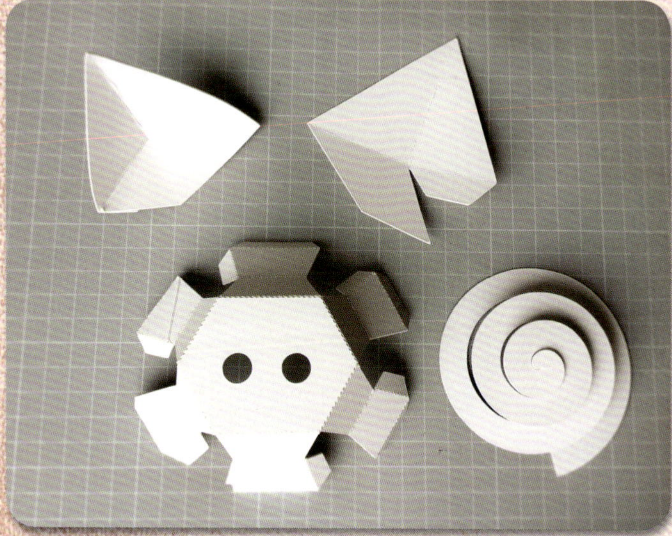

Die fertig ausgeschnittenen Teile faltest du entlang der Falzlinien.

Es ist egal, ob du die Teile zuerst klebst und dann anmalst. Wir haben zuerst angemalt und dann geklebt.

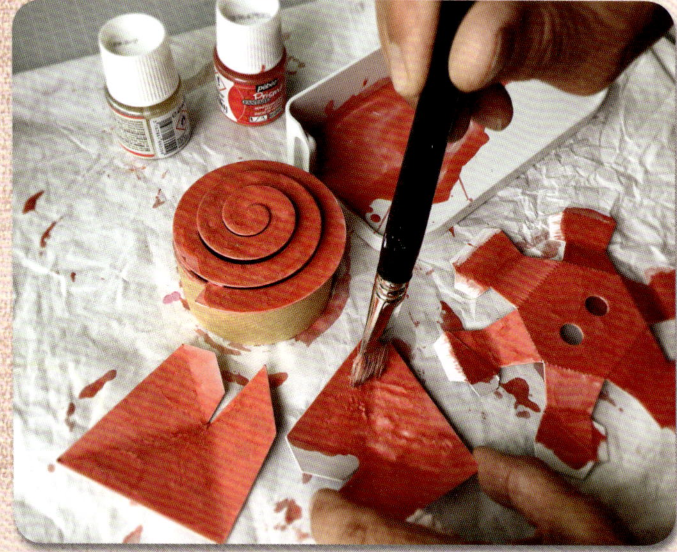

Dicke rosa Effektfarbe mit Hammerschlageffekt gibt der Schnauze, den Ohren und dem Ringelschwanz eine hübsche Hautstruktur.

Nachdem die Farbe vollständig getrocknet ist, klebst du die einzelnen Teile an den Laschen zusammen.

Und das sieht dann schon richtig schweinemäßig aus...

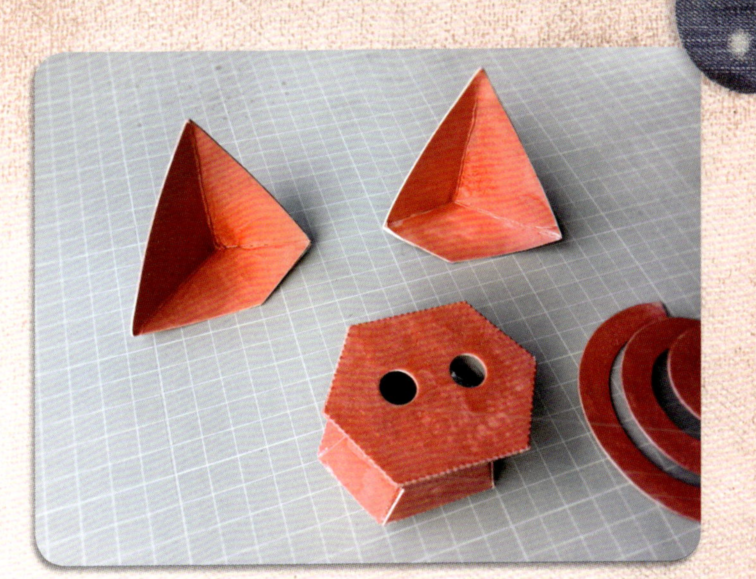

Als nächstes pustest du den Luftballon für den Körper der Piñata auf.

Dann rührst du in einer Schüssel den Kleister an. Für einen Ballon brauchst du ca. eine halbe Packung.

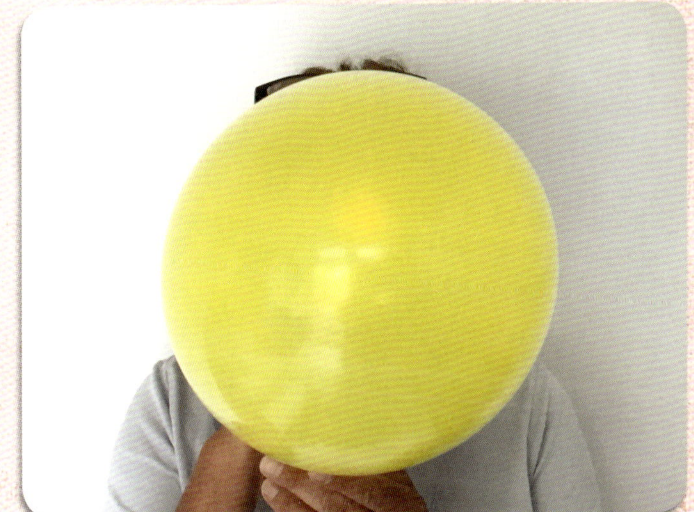

Für die Außenhaut der Piñata zerrupfst du grob gefasertes, weiches Packpapier in Stücke oder Streifen von ca. 5 cm Größe.
Reibe den Luftballon nun Stück für Stück dick mit Kleister ein und beklebe ihn mit zwei Schichten sich überlappender Packpapierstücke.

Dann reibst du den Ballon noch einmal vorsichtig mit Kleister ein und bringst zuletzt eine Schicht Seidenpapier in großen Bahnen auf.
Diese gibt zusätzlichen Halt.

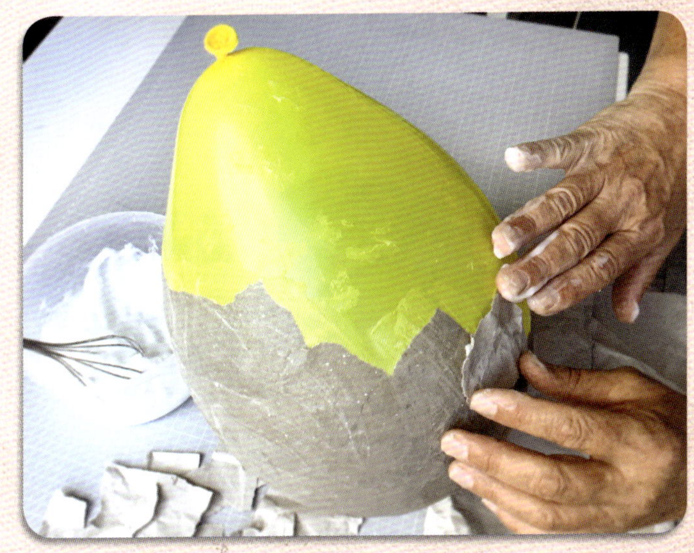

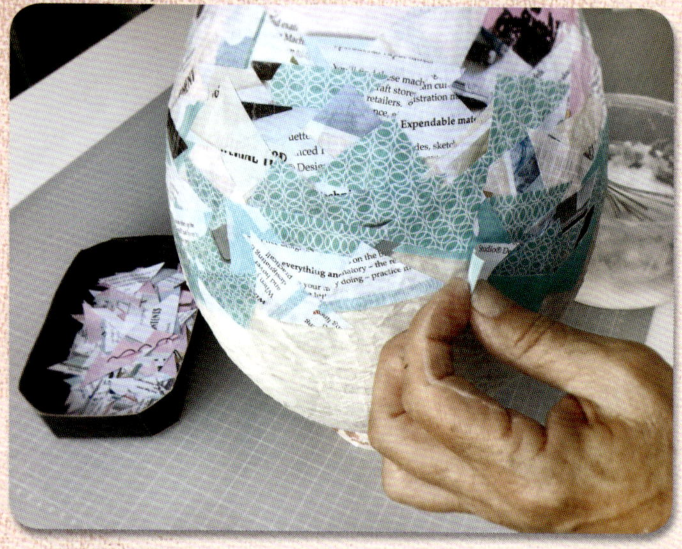

Jetzt muss der Ballon eine Weile zum Trocknen aufgehängt werden.

Nach dem Trocknen wird die äußere Zierschicht aufgebracht.

Tauche die Papierecken kurz in Wasser, reibe einen kleinen Teil des Ballons mit Kleister ein und klebe so Stück für Stück die Dreiecke auf.

Dann muss der Ballon mindestens über Nacht gut durchtrocknen.

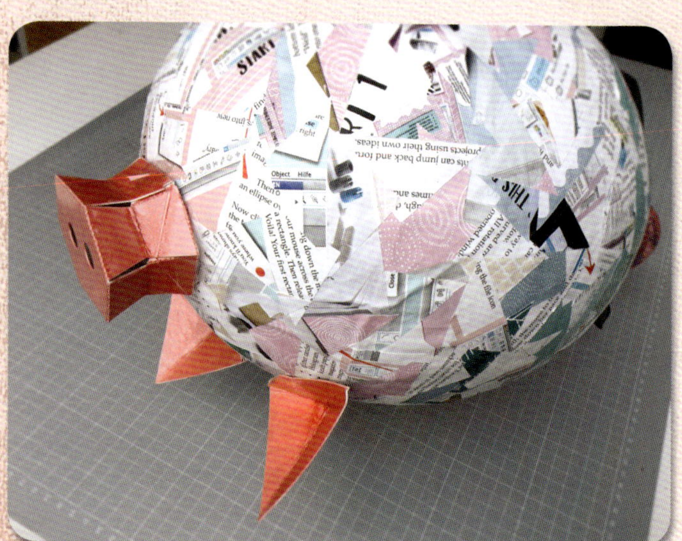

Als nächstes klebst du mit einem guten Bastelkleber die Ohren und die Schnauze an.

Das Ringelschwänzchen klebst du hinten über die Ballonöffnung.

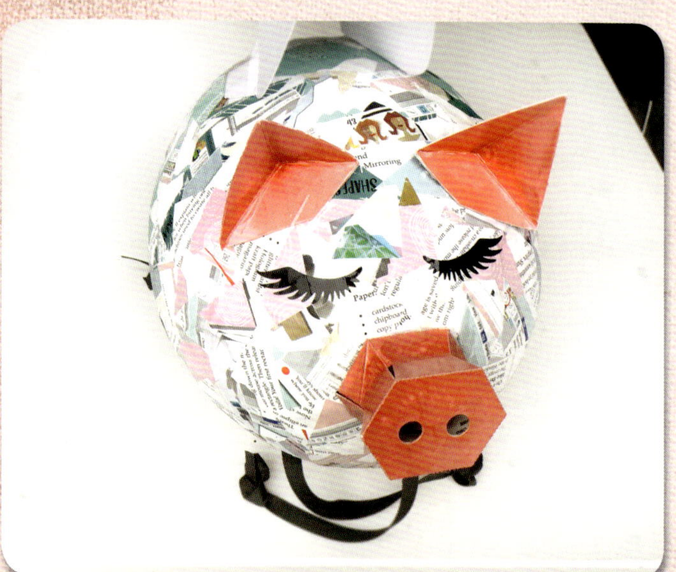

Unten am Schwein befestigst du mit Bastelkleber vier ausgediente Gurte oder Schnüre mit Knoten an den unteren Enden.

Während die angeklebten Teile trocknen, kannst du mit dem Plotter aus Vinylfolie zwei große Augenwimpern schneiden. Diese reibst du als Augen mittig zwischen den Ohren und der Schnauze auf.

Zuletzt klebst du oben mit Bastelkleber die beiden Flügel an und sicherst sie zum Trocknen mit Klebeband, das du nach dem Trocknen wieder ablösen kannst.

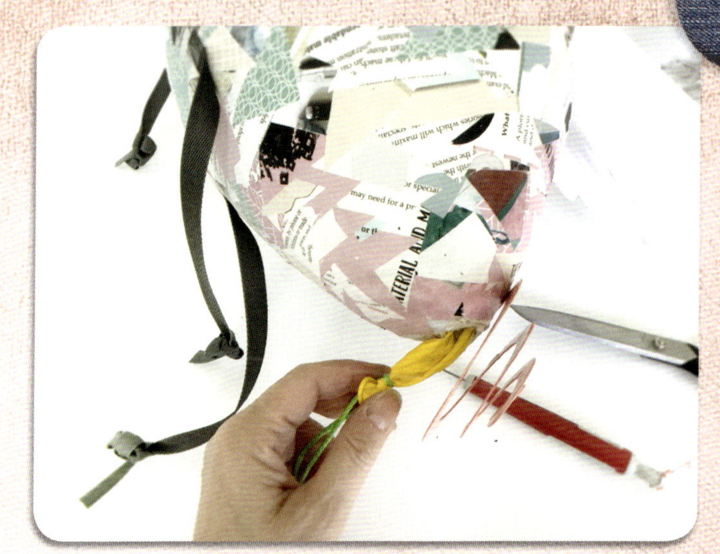

Erst wenn das Piñata-Schwein ganz trocken ist, piekst du hinten den Luftballon an und lässt langsam die Luft heraus, sodass er sich von den Pappwänden lösen kann. Dann ziehst du ihn heraus.

Zum Aufhängen verknotest du eine Schnur mit einem steifen, biegsamen Band oder Stäbchen. Dann schlitzt du mit dem Messer einen Spalt oben in die Hülle, schiebst das Band mit der Schnur hinein, sodass es wie ein Kippdübel funktioniert.

Zuletzt schneidest du einen Schlitz am Bauch der Piñata, durch den du die Süßigkeiten einfüllst.

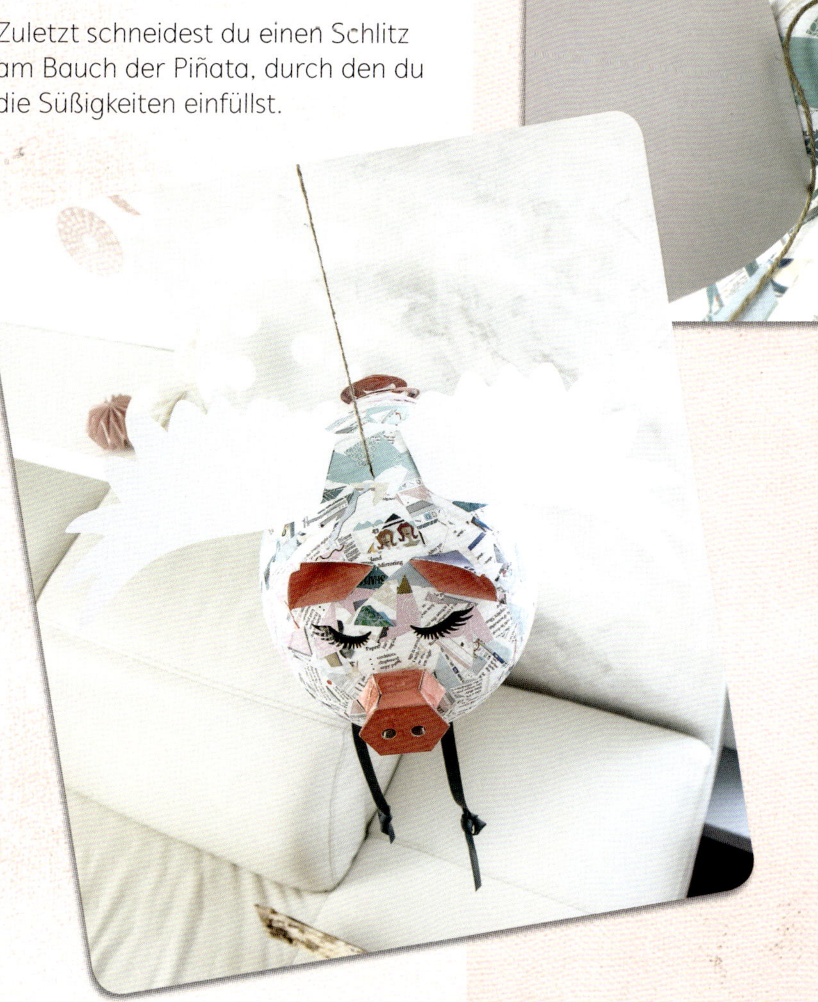

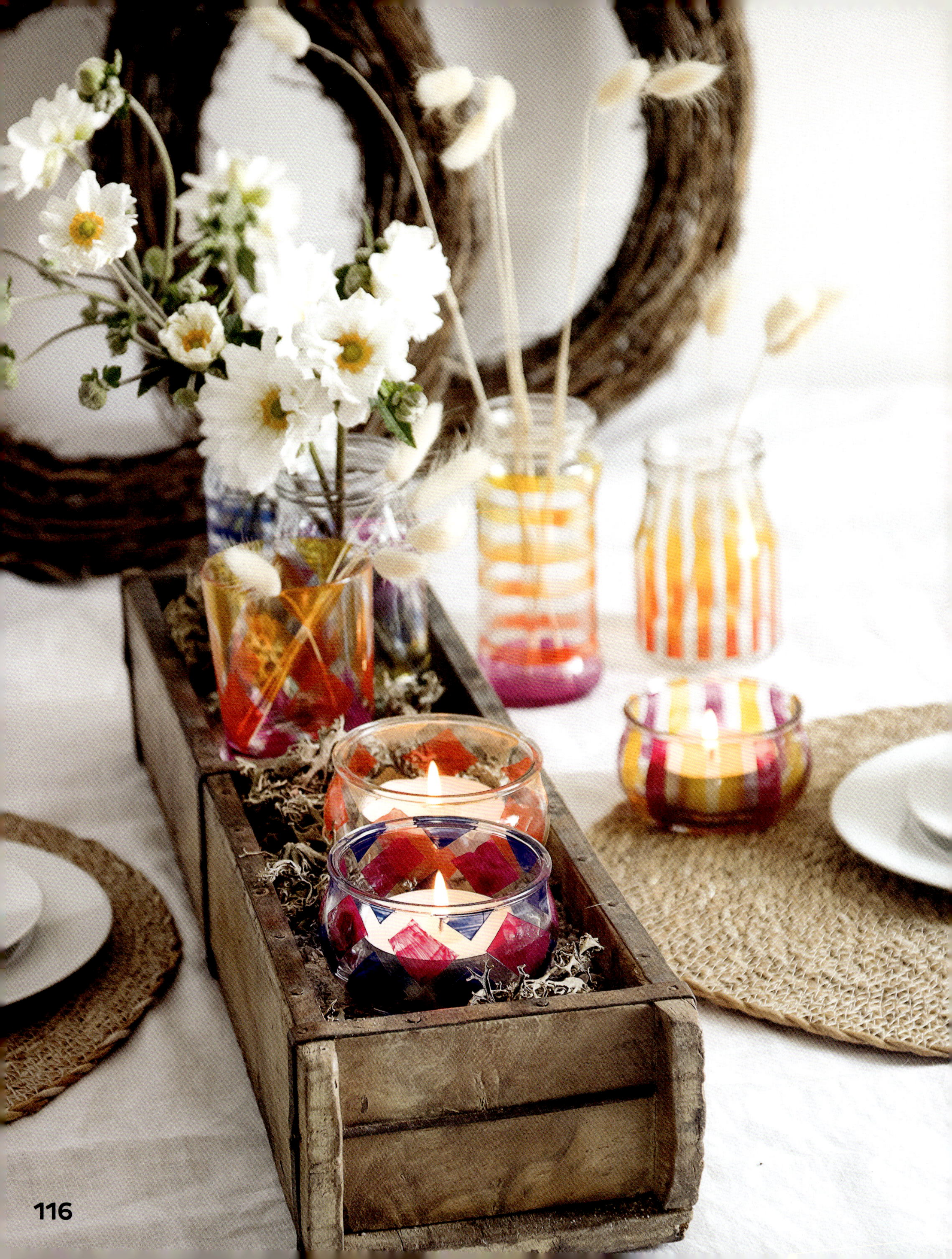

Deko mit Durchblick

Bevor du das nächste Mal einen Dekoartikel aus Glas, eine Schale, eine Vase oder eine Flasche kaufst, überlege zuerst, ob du nicht doch lieber einen ganz persönlich gestalteten Artikel aus Altglas selbst herstellen kannst.

Für dieses Projekt kannst du Vinylfolienstreifen in Farben, die dir nicht mehr gefallen, aufbrauchen. Du benutzt diese zum Abkleben der Muster auf den Gläsern und ziehst sie nach dem Bemalen wieder ab.

Das brauchst du, um Gläser mit Karos und Streifen zu verzieren:
- Gläser
- Vinylfolienstreifen
- spezielle Glasfarbe, falls die Gläser abwaschbar sein sollen
- einen mittelbreiten Pinsel mit feinen Borsten

außerdem:
- die Datei 3-4-Streifen

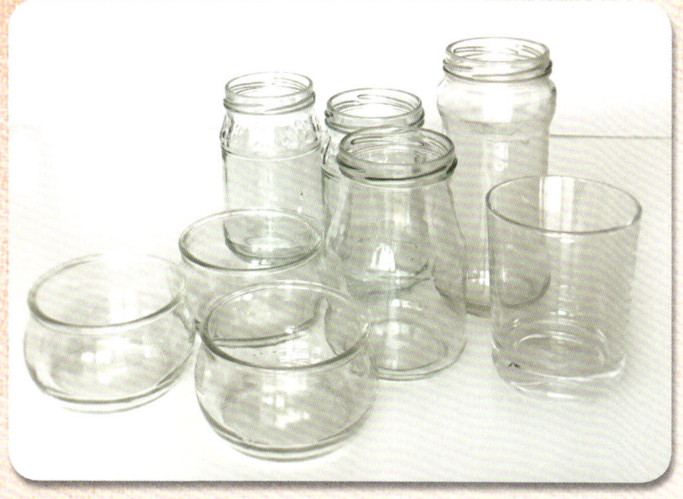

Suche dir einige Gläser, die schön genug sind, um nicht im Altglas zu landen, sondern eine neue Verwendung erfüllen können.

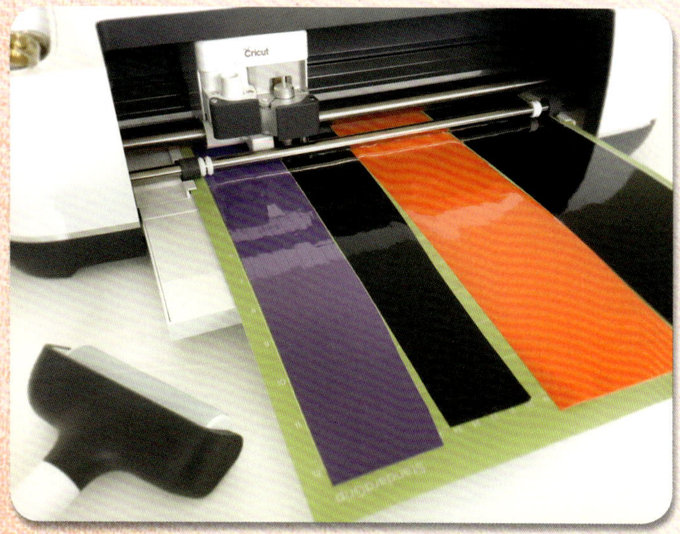

Schneide mit dem Plotter 0,5 cm breite Streifen in möglichst gleichen Abständen aus der Vinylfolie. Entgittere sie nicht!

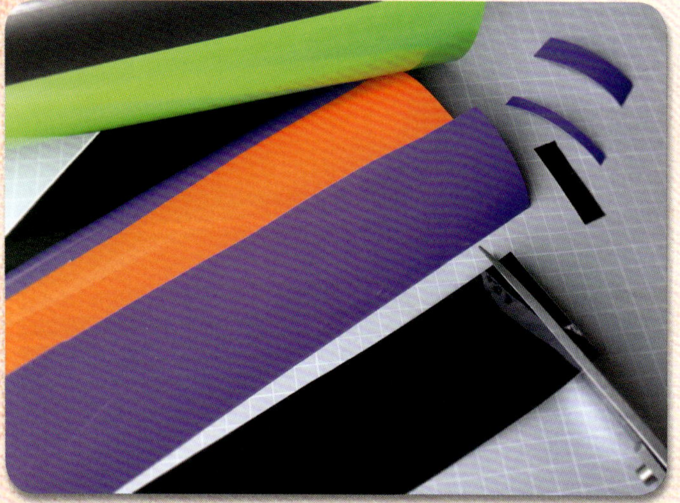

Schneide die Enden der Streifen so ab, dass alle Schnittlinien unten und oben enden.
So erhältst du schmalere und breitere Streifen und kannst alle über die gesamte Länge direkt vom Trägerpapier ablösen.

Klebe immer gleich breite Vinylfolienstreifen in ungefähr gleich großen Abständen nebeneinander auf die Gläser.

Aus diagonal angeordneten Streifen kannst du ein Karomuster bilden.

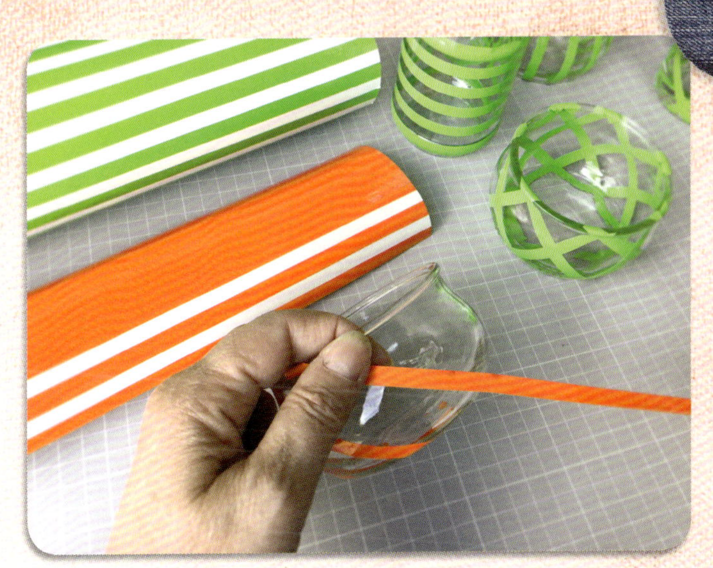

Aber auch einfache Längs- und Querstreifen sehen hübsch aus.

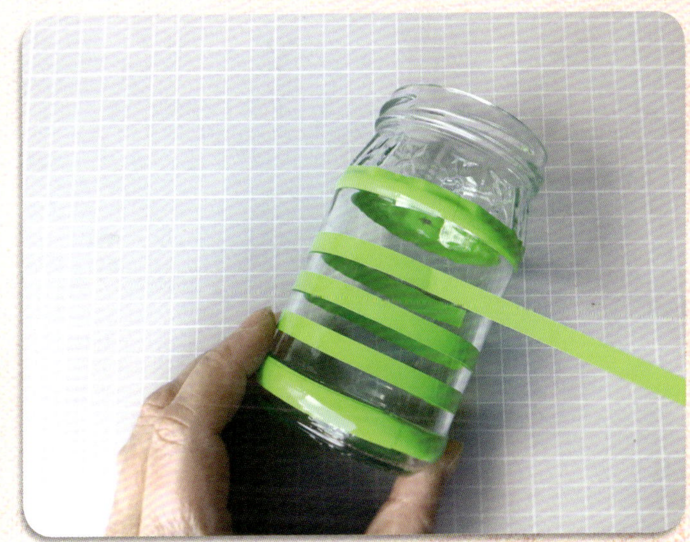

Klebe die oberen und unteren Kanten an den Gläsern mit einem Streifen Folie ab, um eine gerade Kante zu erhalten.

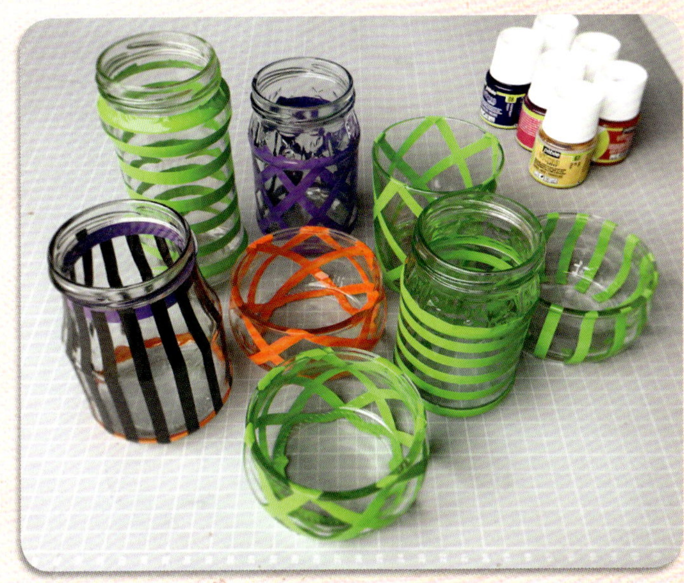

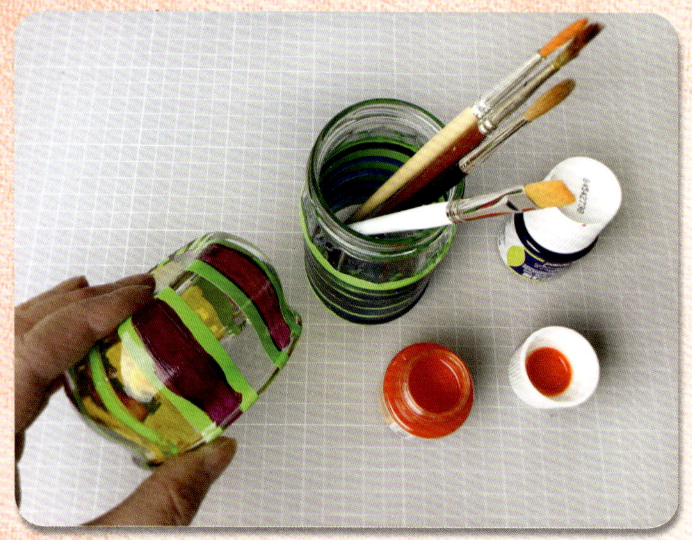

Dann male die Zwischenräume zwischen den Folienstreifen mit Glasfarbe aus. Durch das Abkleben kannst du schnell arbeiten, ohne darauf achten zu müssen, ob die Linien gerade sind.

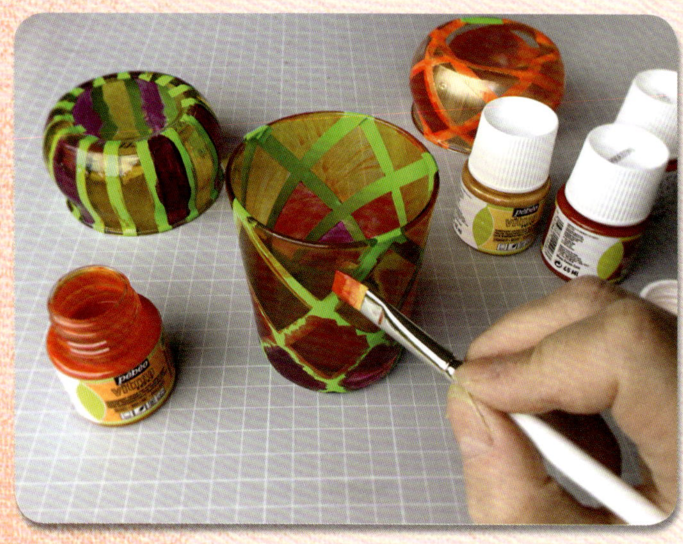

Je nachdem welche Eigenschaften deine Glasfarbe hat, werden dick aufgetragene Flächen deckend und dünn aufgetragene Farbe transparenter. Spiele mit den Effekten und verwende harmonische Farbtöne.

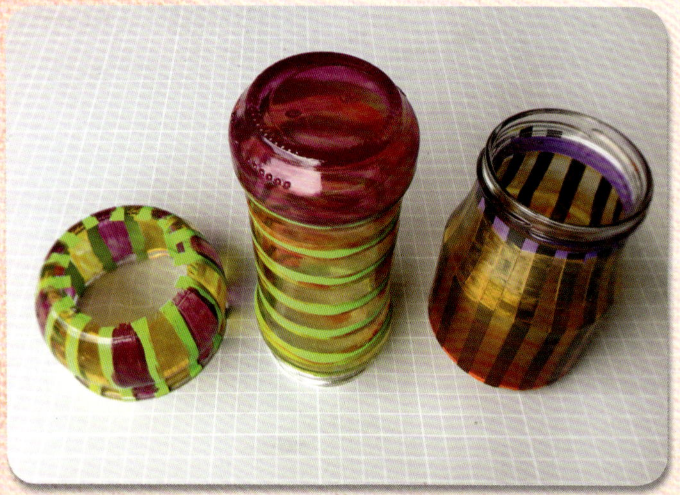

Du kannst beim Auftragen auch mehrere Farben in einem Farbverlauf ineinander übergehend lassen. Dann lasse die Farben trocknen.

Nach dem Trocken entferne die Vinylfolienstreifen. Ziehe sie vorsichtig zur Seite hin ab, damit sich die Farbe nicht mit der Folie ablöst.

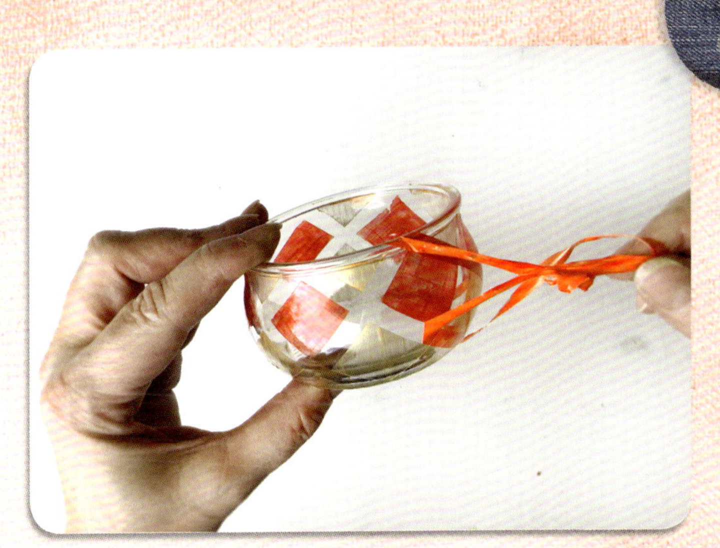

Nach dem Trocknen wird die Glasfarbe auf den bemalten Gläsern im Backofen eingebrannt. Bitte beachte hierbei die Herstellerhinweise der Farbe, die du verwendet hast.

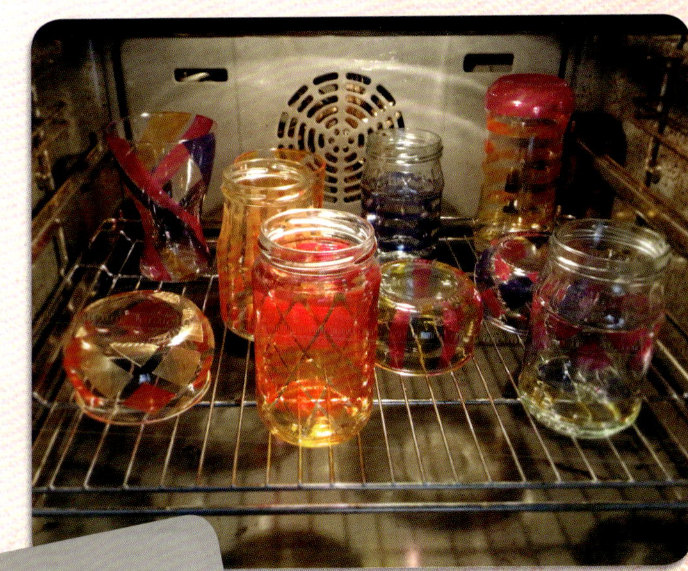

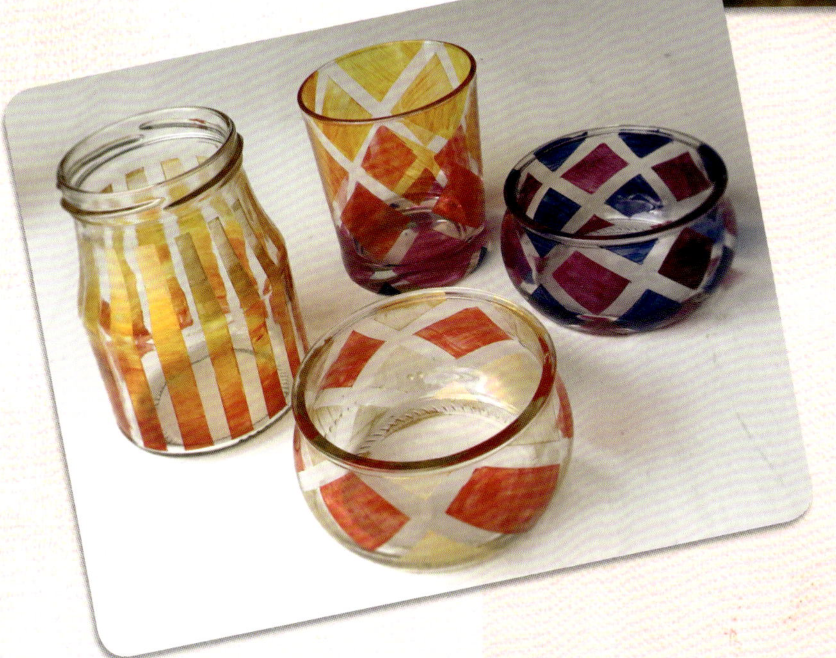

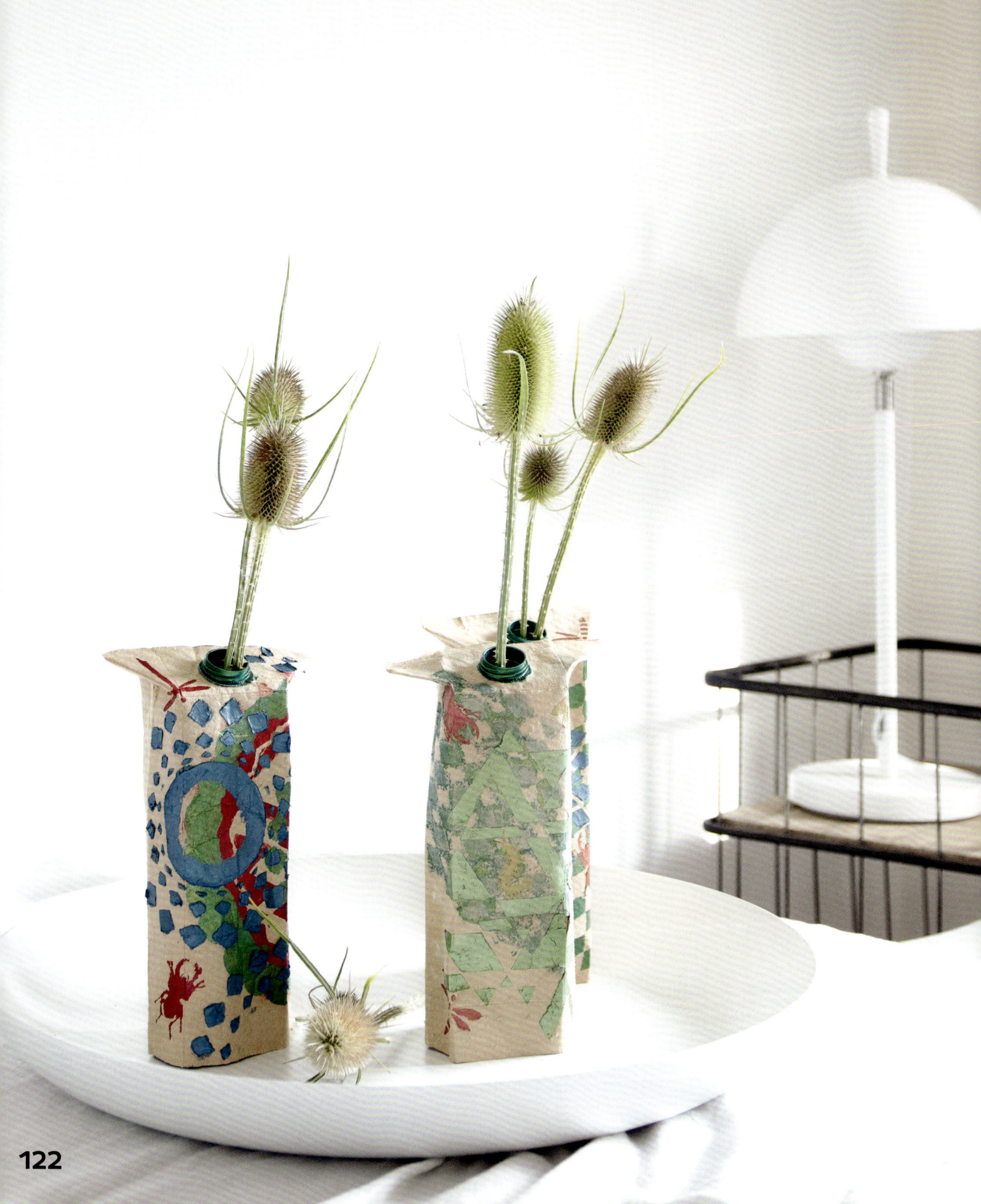

Gut verpackt?

Deutschland ist Verpackungs-Europameister. Viele Produkte sind doppelt und dreifach verpackt und noch dazu in mehreren Materialarten.

Es ist weithin bekannt ist, dass Produktverpackungen nicht nur der Sicherheit dienen, sondern uns mit einer gut durchdachten Gestaltung zum Kauf verführen sollen. Und doch ist es nicht so einfach, sich dem zu entziehen.

Die verwendeten Materialien sind Wertstoffe, die zwar häufig recycelt werden. Die tatsächliche Recyclingrate liegt jedoch nur im unteren zweistelligen Prozentbereich bei hohem Energieeinsatz.

Deshalb solltest du öfter mal das nehmen, was ohnehin im Haushalt vorhanden ist, um etwas Neues daraus zu machen und es zu 100% wiederzuverwenden. Das ist Upcycling.

Blumenkartons

Milch- und Saftkartons bestehen meist aus Verbundmaterial, das aus drei Schichten besteht – der äußeren bunt bedruckten Schutzschicht, der inneren wasserdichten Folienschicht und dazwischen befindet sich meist eine dicke Schicht Kraftpapier.

Du kannst die Schichten von Hand trennen und erhältst dann zwei verschiedene Arten von Material zum Weiterverwenden.

Das brauchst du, um ausgediente Getränkekartons in Blumenvasen umzugestalten:
- je einen Getränkekarton
- pastose Farben, um die Kartons mit Schablonen zu verzieren
- eine Rakel zum Auftragen der Farben
- einfache Marmeladengläser zum Darunterstellen

außerdem:
- Dateien deiner Wahl zum Schneiden der Schablonen

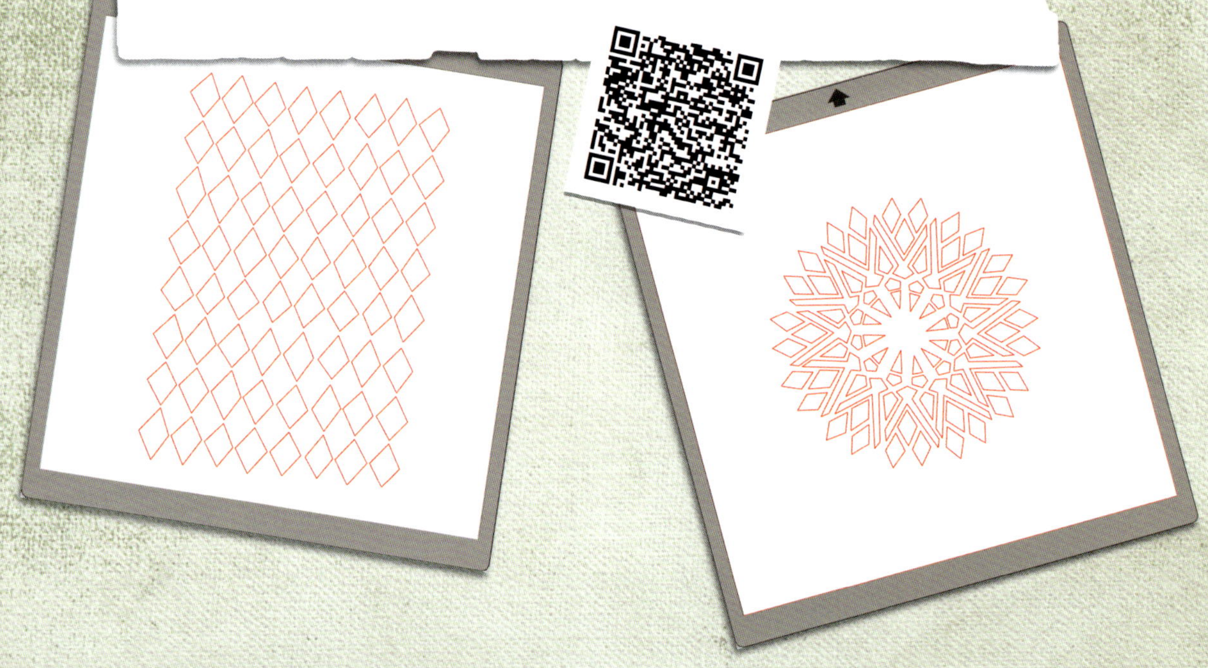

Zuerst schneidest du die Getränkekartons unten auf und reinigst sie sorgfältig, bis alle Lebensmittelreste entfernt sind.

Dann trennst du die Schichten, indem du an der Naht anfängst die äußere Schicht langsam vom restlichen Karton abzuziehen.

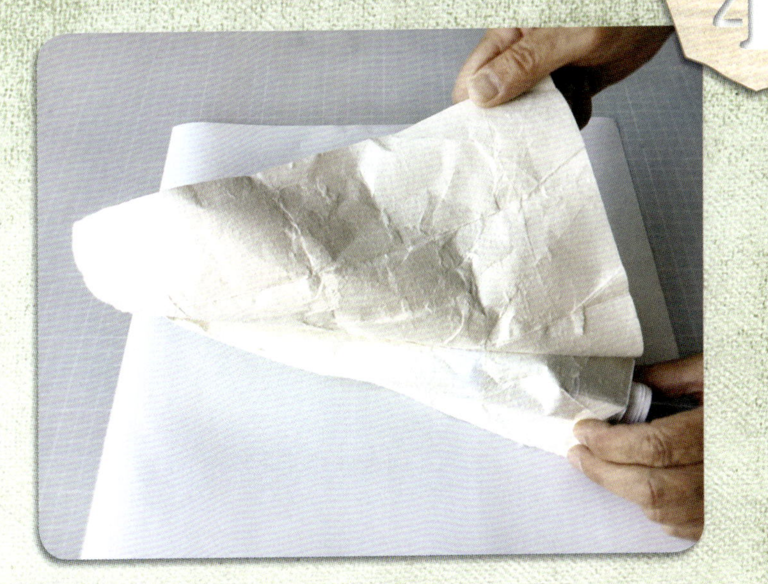

Auf diese Weise erhältst du einen neutral aussehenden Getränkekarton in der ursprünglichen Form mitsamt dem Verschluss und jeweils einen Bogen buntes beschichtetes Kraftpapier mit einem großen Loch.

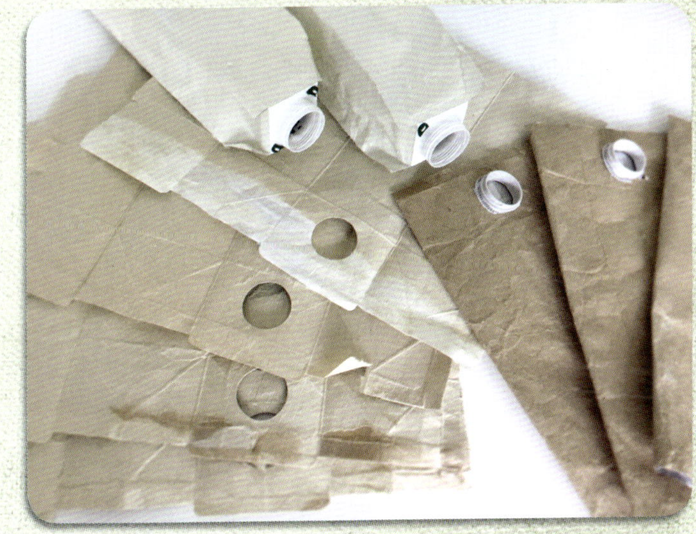

Aus der äußeren Schicht, dem flachen Bogen mit Loch, kannst du wasserabweisende Schablonen schneiden.

Achte darauf, dass du zum Schneiden die beschichtete Seite nach oben auf die Schneidematte legst, denn die Papierseite haftet beim Schneiden besser als die glatte Schutzschicht.

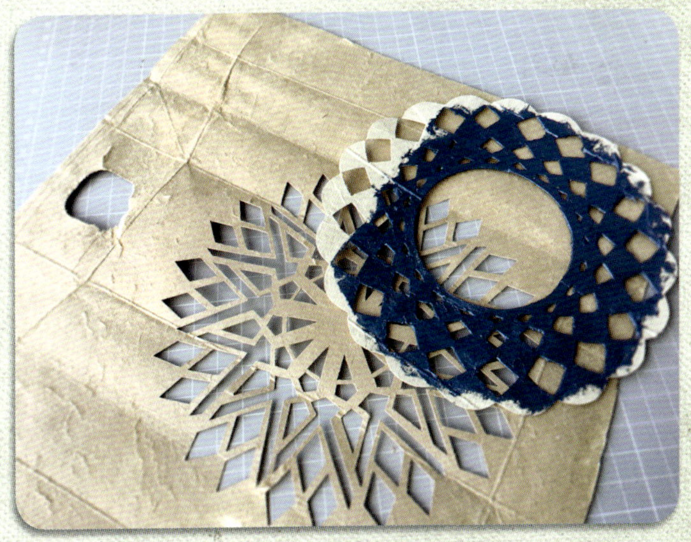

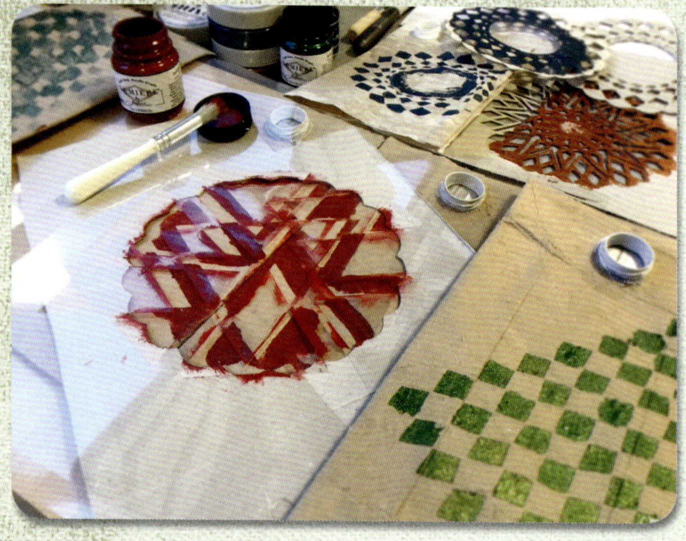

Nun richte deinen Arbeitsplatz ein. Wähle deine Motive und schneide die Schablonen mit dem Plotter oder verwende zuvor geschnittene Schablonen und Masken.

Für dieses Projekt kannst du alle Arten von Farbresten aufbrauchen, da auf Kraftpapier jede Farbe gut hält. Trage die untere Farbschicht mit der Schablone auf.

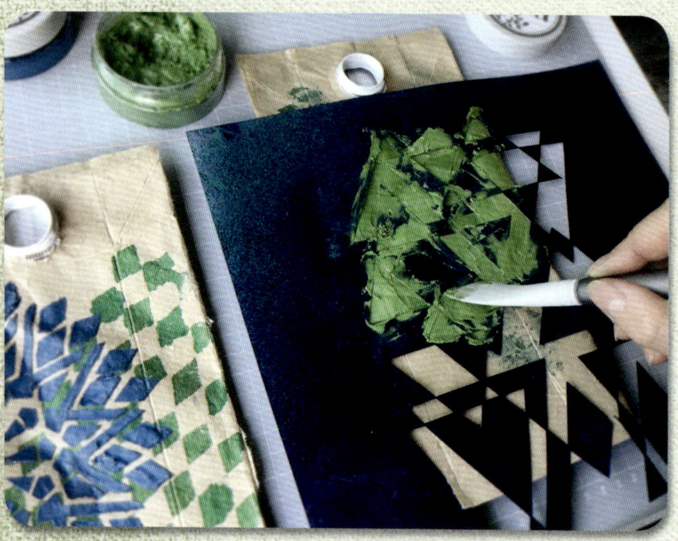

Für die oberen Lagen, das obenauf liegende Muster, haben wir eine dicke, fast trockene Mousse mit 3D-Effekt verwendet. Das ergibt eine tolle Struktur.

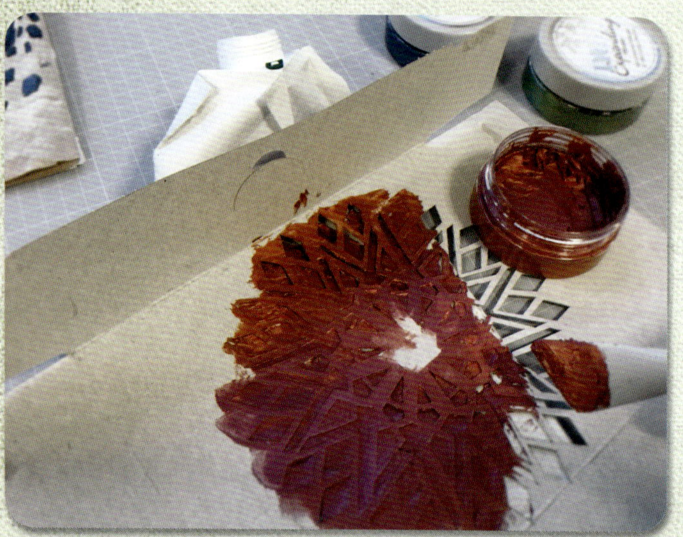

Hierfür eignen sich auch Schablonen aus dickem Karton, da die Expanding Mousse-Farben die Schablonen nicht aufweichen. Die Dicke der Kartons hilft beim Auftrag der dicken Paste und bildet schöne hohe Kanten.

Die weißen Schraubverschlüsse kannst du ebenfalls anmalen.

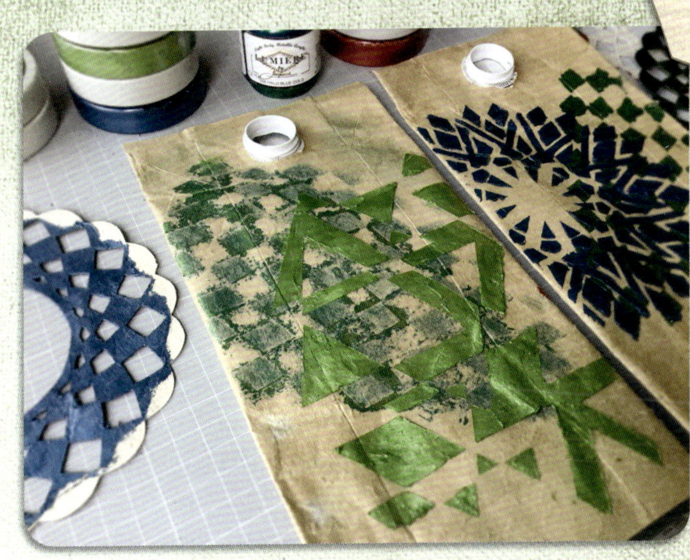

Zum Schluss haben wir einzelne Insekten-Motive aus der Expanding Mousse aufgetragen, die sich mit dem Spatel auch ein wenig modellieren lässt.

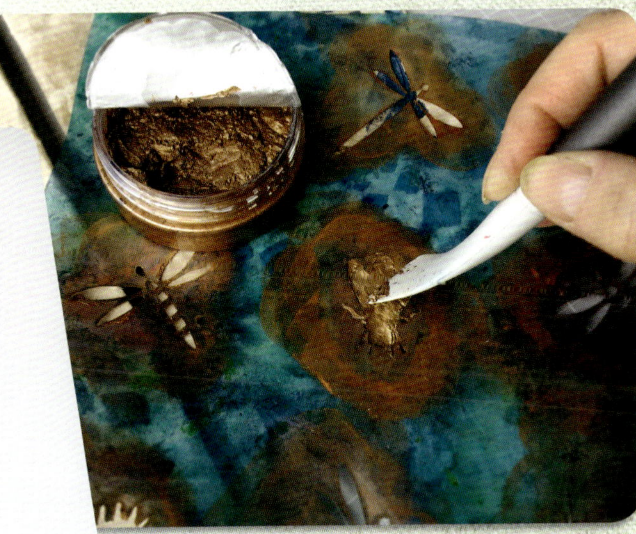

Nach dem Trocknen werden die Getränkekartons wieder in ihre ursprüngliche Form gebracht und dienen, über ein einfaches Glas gestellt, als dekorative Blumenvase.

Tipp!

Es gibt noch viel mehr tolle Ideen, um mit Saftkartons zu basteln und zu nähen. Suche einfach mal auf Pinterest oder Instagram.

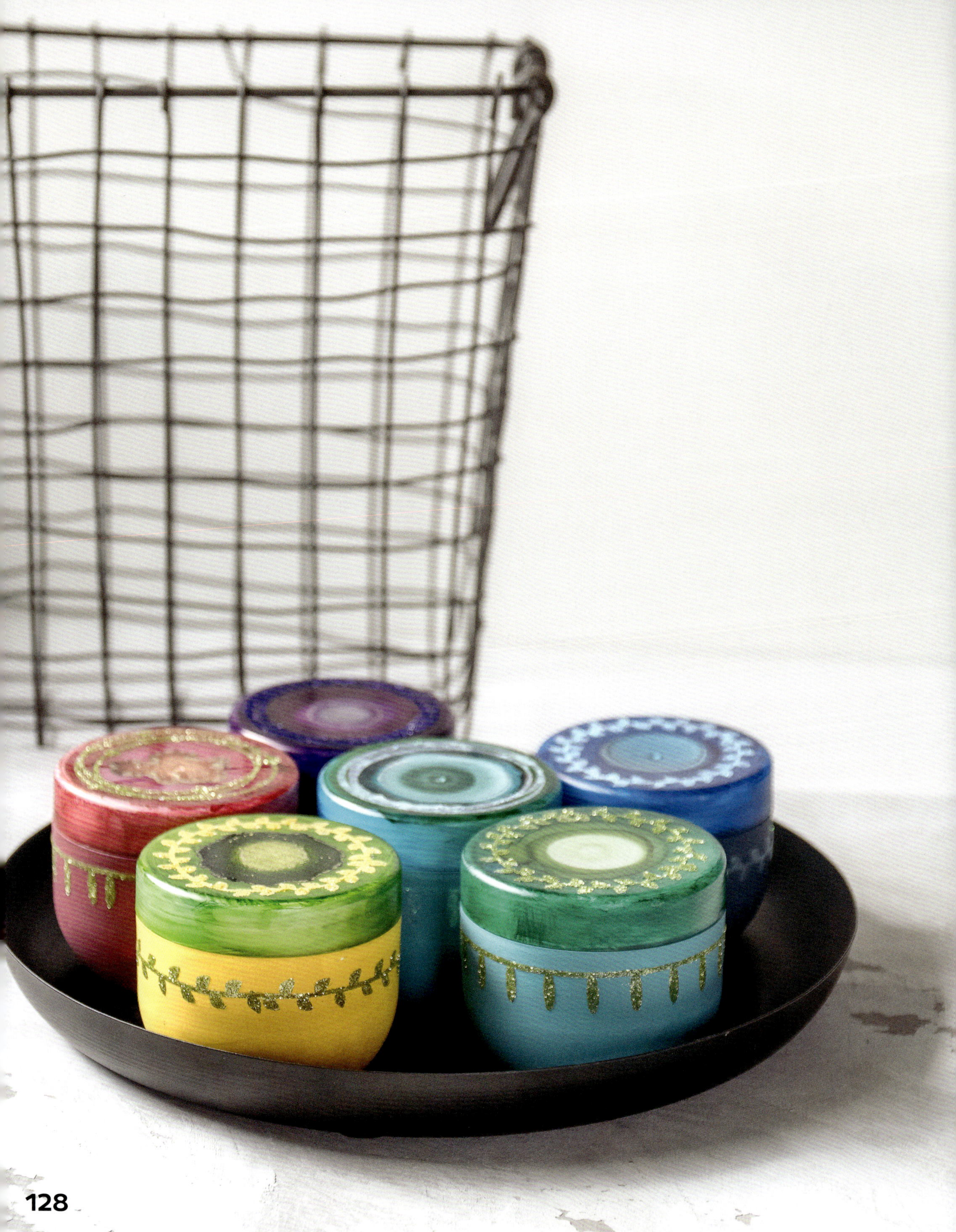

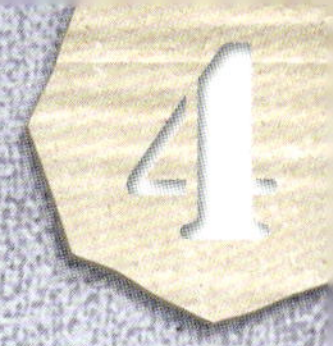

Runderneuert

Vielleicht verwendest auch du immer wieder die gleichen Pflegeprodukte und erhältst dabei immer wieder die gleichen Plastikdosen.

Mit der richtigen Technik kannst du daraus edle Behälter zum Aufbewahren kleiner Kostbarkeiten machen.

Das brauchst du, um Plastikdosen mit Farbe und Glitter aufzuwerten:
- Schraubdosen aus Kunststoff
- je einen Vinylfolienstreifen
- je nach Geschmack Chalkfarbe und Alcohol Ink
- doppelseitige Folie zum Plotten
- losen Glitter zum Aufstreuen
- alternativ dazu kannst du die Ornamente auch gleich aus Glittervinyl schneiden, entgittern und auf die Dosen übertragen.

außerdem:
- die Datei 4-2-Bordueren

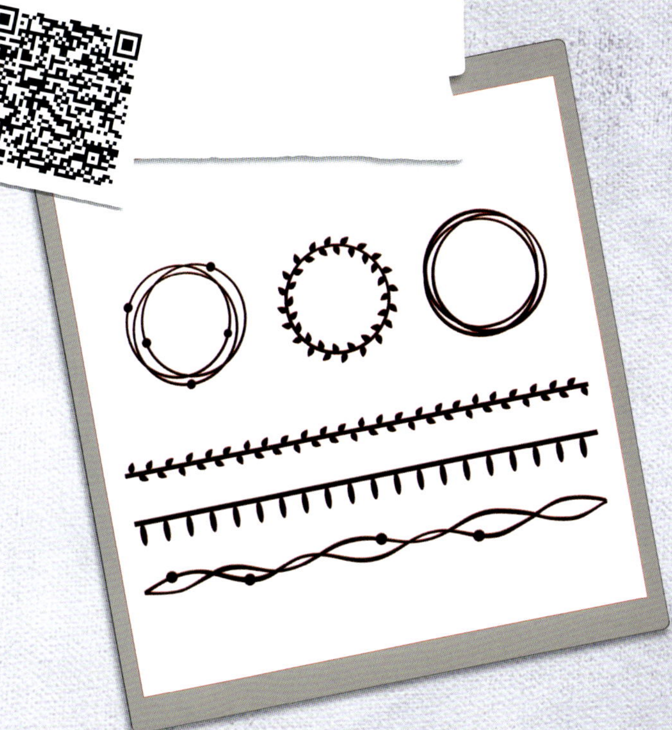

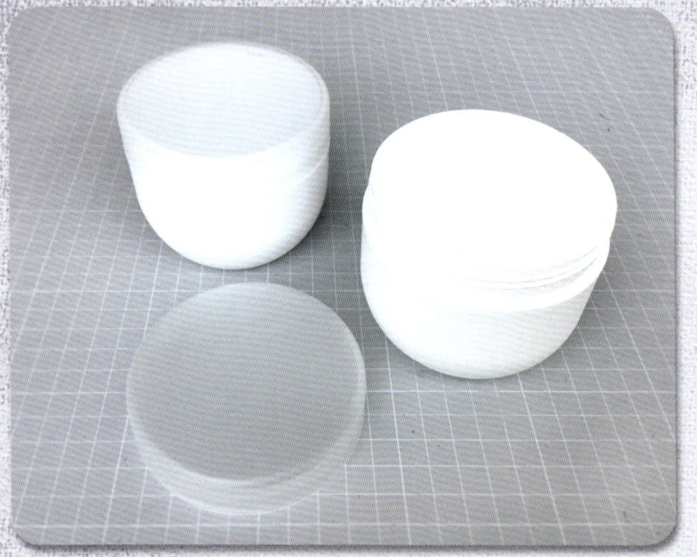

Zuerst reinigst du die Plastikdosen sorgfältig, damit sie frei von Rückständen sind und damit die Farbe gut darauf hält.

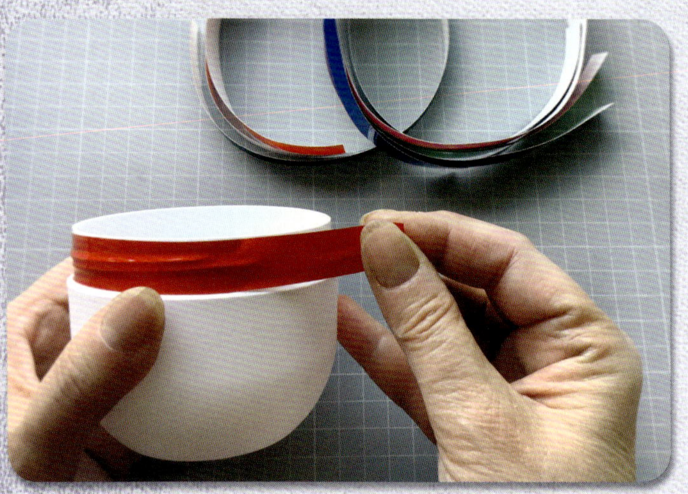

Übrig gebliebene Vinylfolienstreifen lassen sich prima zum Abkleben von Kanten verwenden. Sie ist dehnbar und lässt sich so auch über einem Schraubgewinde anbringen.

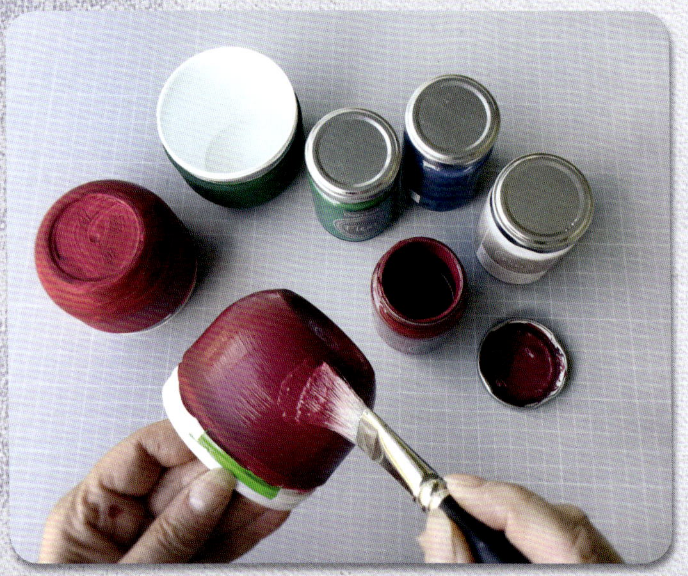

Zum Bemalen von Plastikdosen musst du die passende Farbe verwenden. Wir haben Chalkfarbe benutzt, die auf allen Untergründen gut hält, auch auf Kunststoff.

Die Deckel haben wir zuerst mit Alcohol Ink dünn bemalt.
So bleiben sie leicht transparent.

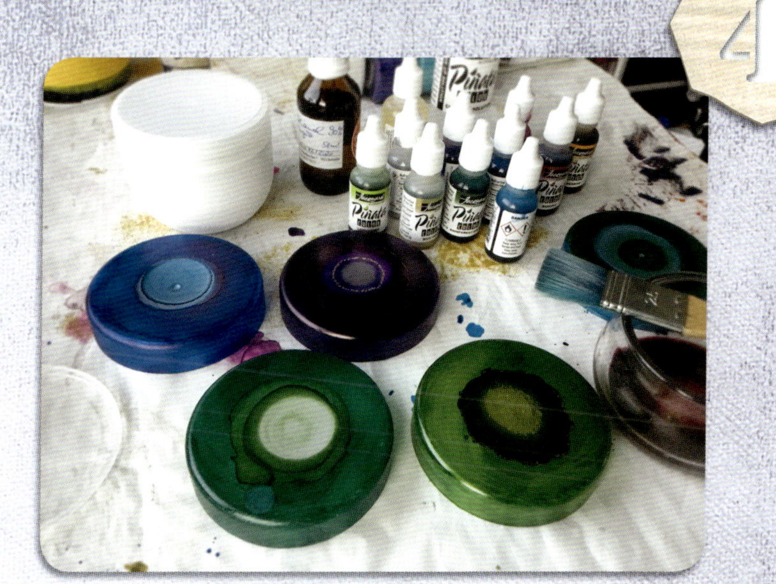

Dann haben wir in der Mitte jedes Deckels immer wieder frische Alcohol Ink aufgetropft. Diese löst die zuvor aufgebrachte Farbschicht an und verdrängt sie nach außen. Gold bildet besonders schöne Effekte.

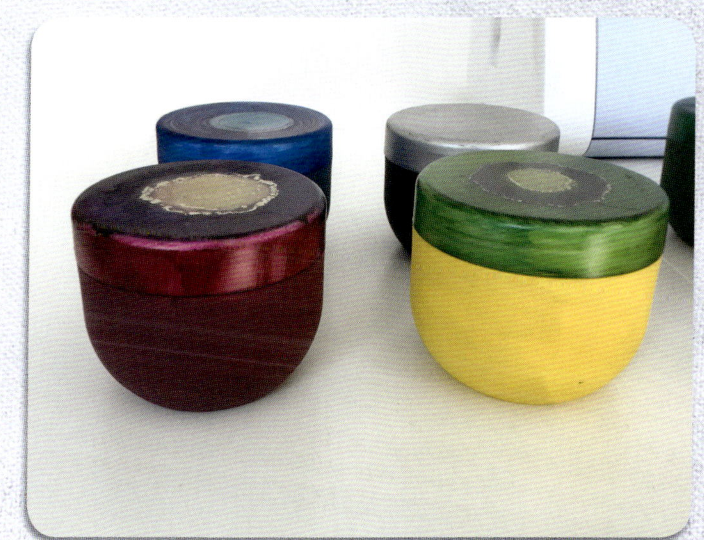

So entstehen die kreisförmigen Muster auf den Deckeln. Sie bilden einen schönen Kontrast zu den matt angestrichenen Unterteilen.

Und jetzt wird geplottet.

Du schneidest die filigranen Kreismotive und Bordüren der zugehörigen Datei aus doppelseitiger Klebefolie. Spezialfolie für Plotter lässt sich am besten schneiden.

Achte darauf, dass du, wie in der Herstelleranleitung der doppelseitigen Klebefolie beschrieben, die richtige Seite auf die Schneidematte legst. Teste zuerst die Schnitteinstellungen an einem Probestück.
Dann erst schneide alle Bordüren.

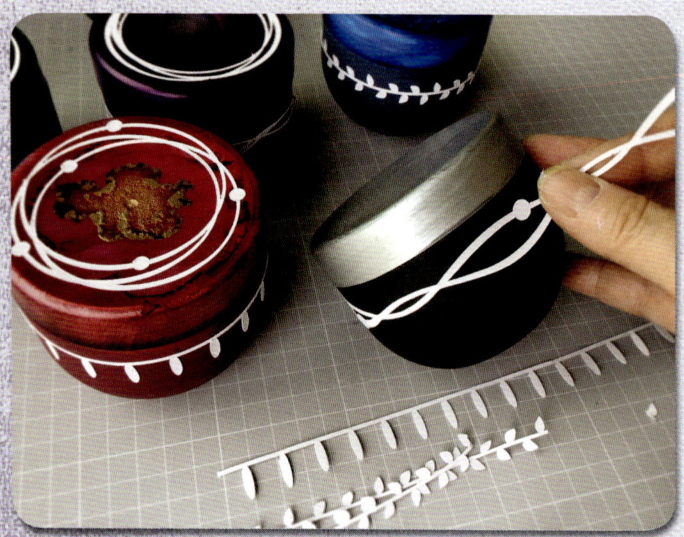

Löse die Bordüren und Kreismotive einzeln vom Trägerpapier und entferne alles Material um die Motive herum, sodass du nur die Folie mit dem Abdeckpapier übrig behältst.

Klebe die Kreismotive auf die Deckel der Dosen und die Bordüren um die Unterteile herum. Drücke sie fest an, damit die Klebeschicht gut haftet.

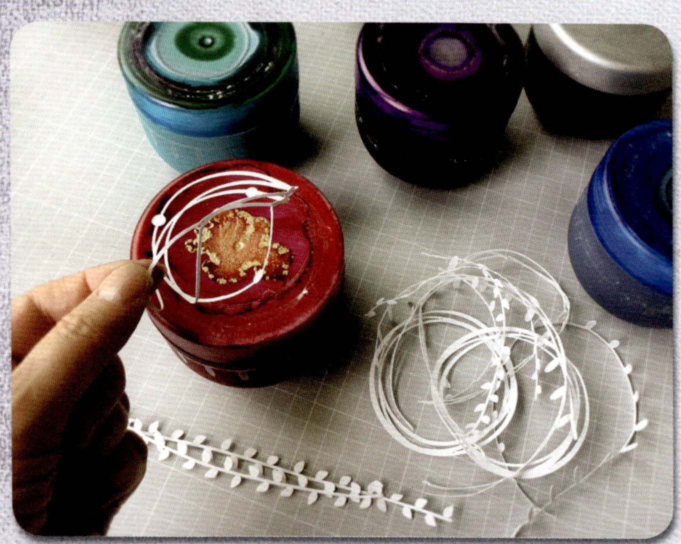

Ziehe jeweils das obere Schutzpapier des Motivs ab und vermeide es, die aufgeklebte Folie mit den Fingern anzufassen. Sie ist transparent und kaum sichtbar und löst sich bei Berührung leicht wieder ab.

4

Nun streue großzügig Glitter über die doppelseitige Klebefolie. Er bleibt auf den Motiven von selbst haften und verleiht deinen ausgedienten Plastikdosen einen edlen letzten Schliff.

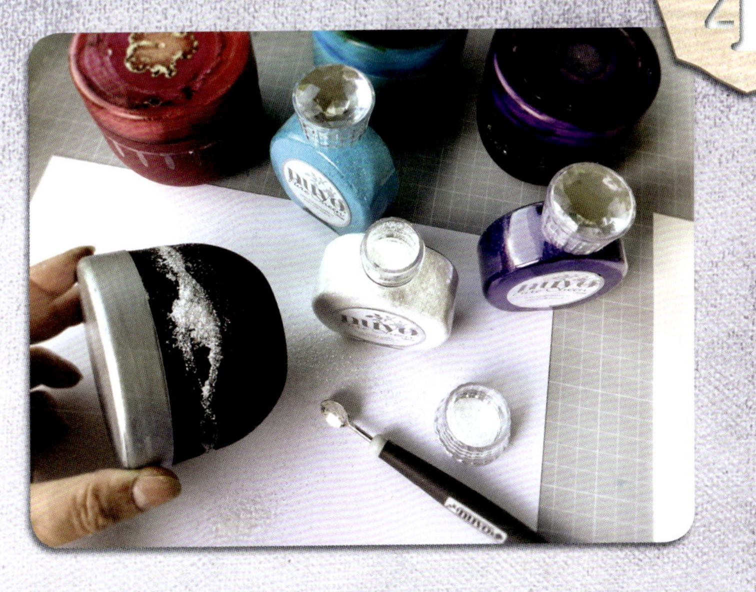

In den Dosen kannst du allerlei kleine Kostbarkeiten wie z. B. Knöpfe, Büroklammern, Schmuck und auch Schneidereste zur späteren Verwendung sicher aufbewahren.

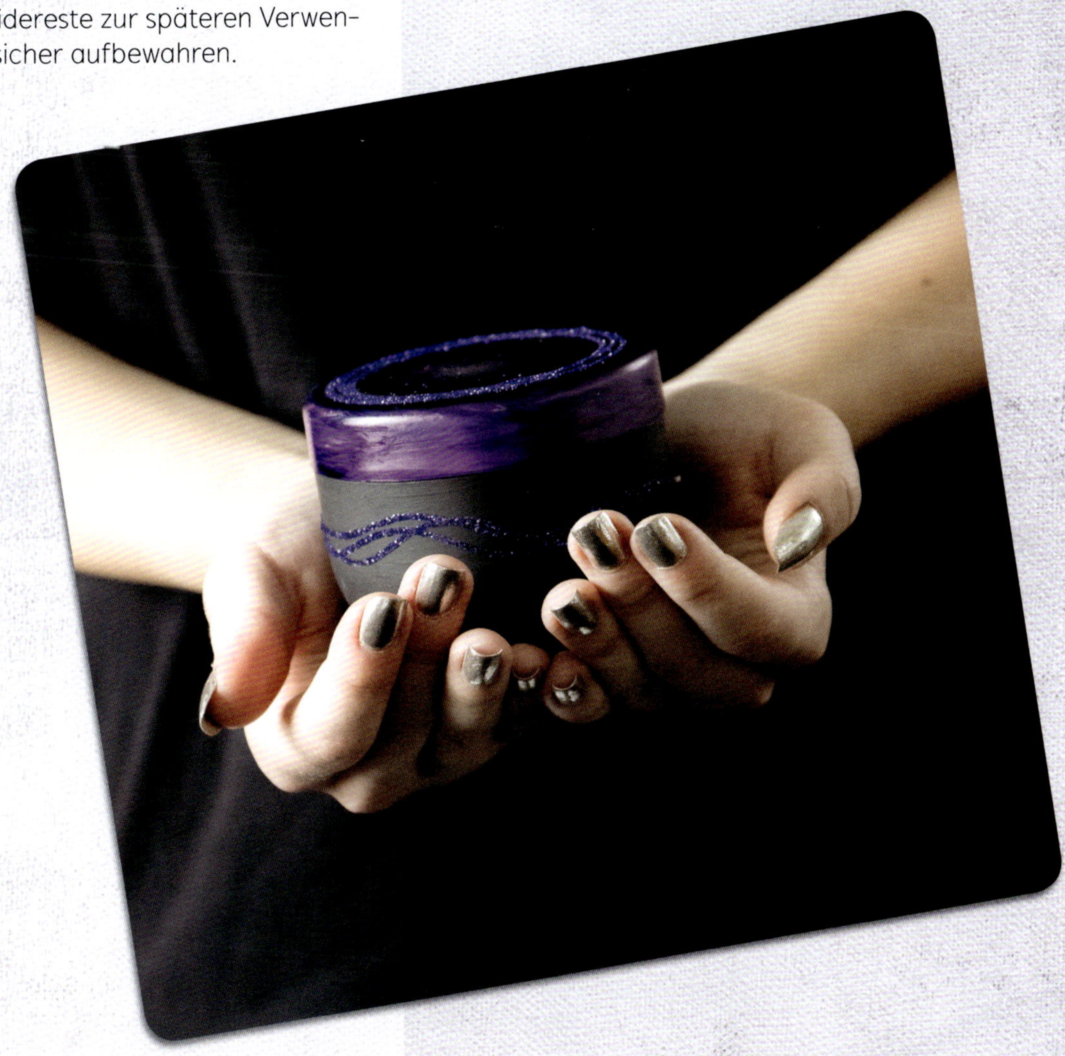

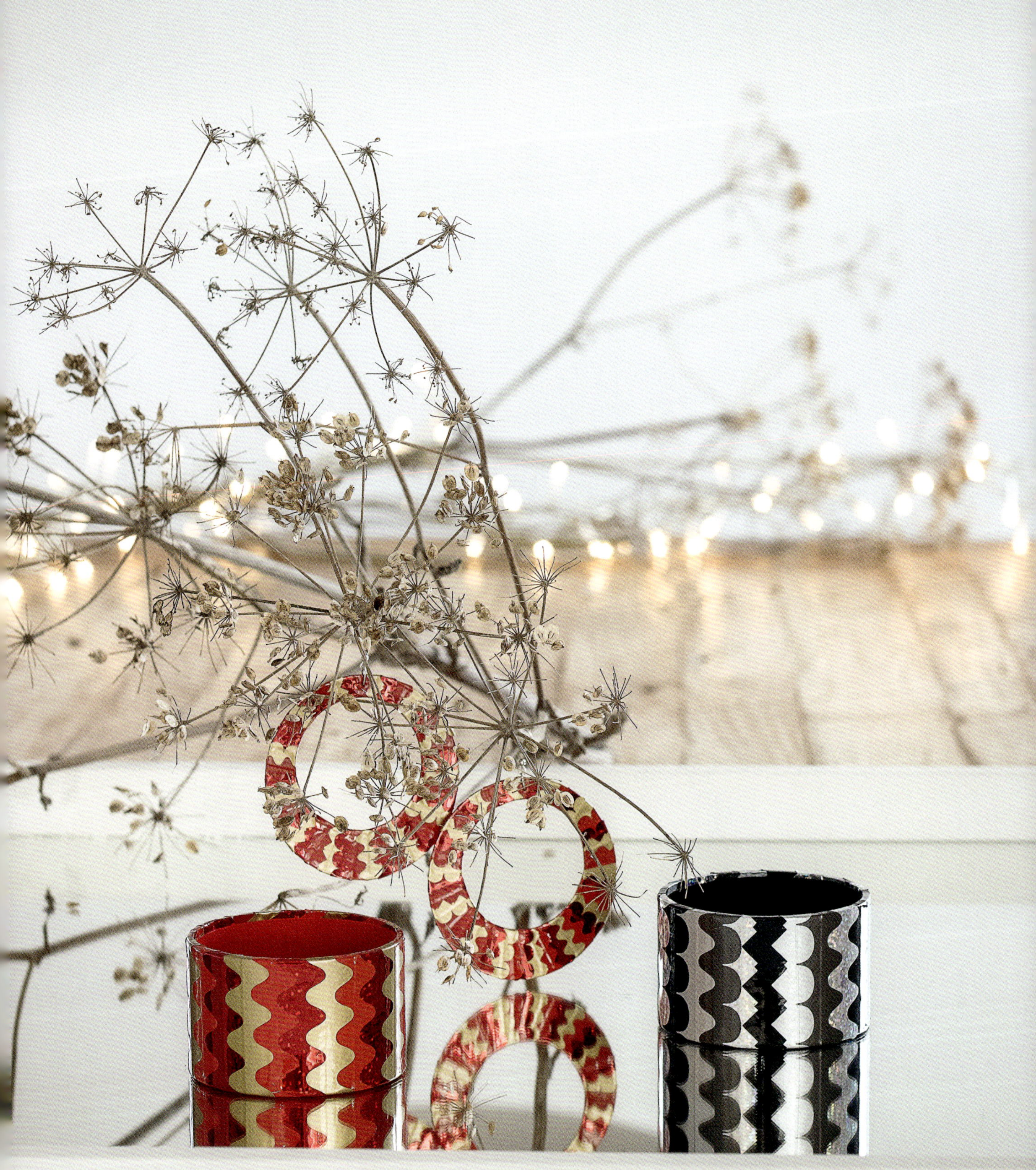

Eine Rolle Glamour, bitte!

Beim Kleben mit Packband bleibt mit jeder Rolle eine dicke, breite Hülse übrig. Diese Hülsen sind viel zu schade, um als Altpapier einfach wieder recycelt zu werden.

Du kannst daraus schnell und einfach farbenfrohe oder edel glitzernde Armreifen machen, je nachdem welche Vinylfolienreste du dafür verwendest.

Für ein komplettes Schmuckset ergänzt du die Armreifen mit Creolen aus Pappe – große Ohrringe im gleichen Muster und in passenden Farben.

Das brauchst du, um deinen eigenen Schmuck herzustellen:
- je eine Packbandhülse pro Armreif
- je ein Stück festen Karton für die Ohrringe
- je ein Paar Ohrringverschlüsse
- rechteckige Vinylfolienreste mit mindestens 10 cm Breite
- dicke, hautverträgliche Folie für die Innenseiten des Schmucks, z. B. selbstklebende Velourfolie

außerdem:
- die Datei 4-3-Vinylstreifen
- die Datei 4-3-Creolen

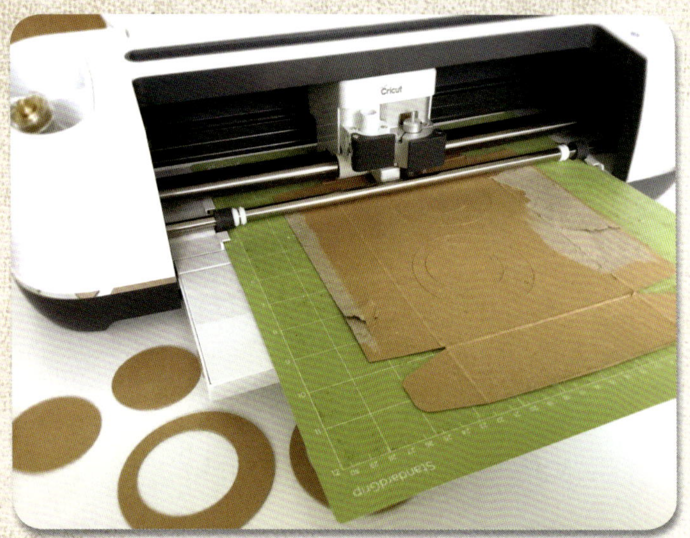

Schneide die Ringe für die Ohrringe in deiner Wunschgröße aus festem Karton. Je stabiler dieser ist, desto haltbarer und schöner sind deine Ohrringe hinterher.

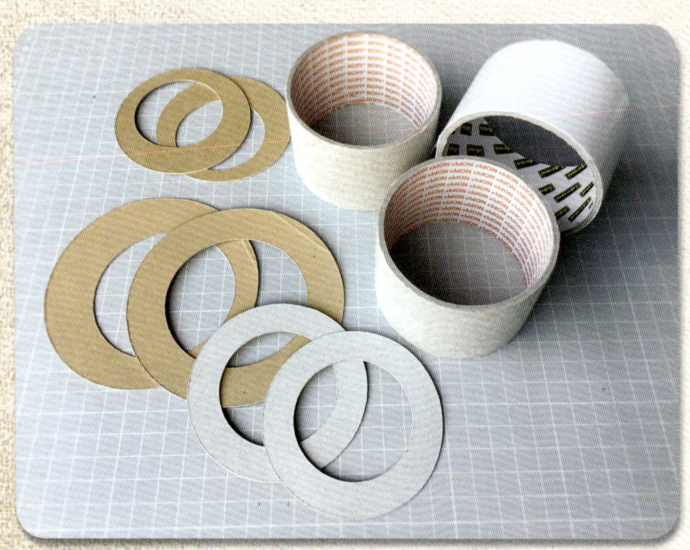

Miss die Breite der Packbandhülsen aus und passe die Datei an. Die Musterstreifen aus Vinylfolie sollten mindestens 3 cm breiter sein als die Hülse, um weit genug nach innen umgebogen werden zu können.

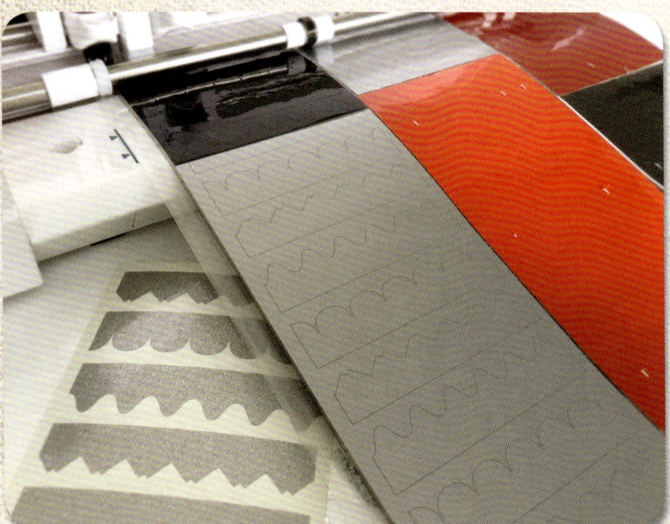

Klebe möglichst rechteckige Vinylfolienreste in der entsprechenden Breite auf die Schneidematte und passe die Schneidedatei an.

Dann schneide die Streifen.

Du kannst die Vinylfolienstreifen einfach einzeln ablösen und musst sie nicht unbedingt entgittern.

Nun kannst du entweder immer die gleichen oder abwechselnd unterschiedliche Streifen und Farben leicht überlappend auf die Packbandhülsen kleben.
Zum Schluss klebst du einen Musterstreifen anders herum, damit keine geraden Streifen das Muster stören.

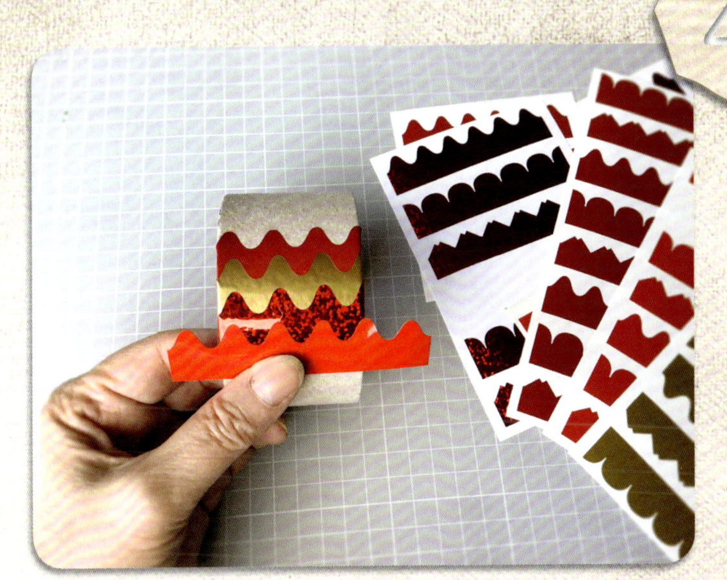

Wenn deine Ohrringe sehr groß sind, kannst du die Streifen für die Armbänder einmal mit der Schere in der Mitte durchschneiden.

Dann umklebst du beide Ohrringe parallel zueinander, damit das Muster gleich wird. So stellst du auch sicher, dass du gleich viele Streifen für Rechts und Links hast.

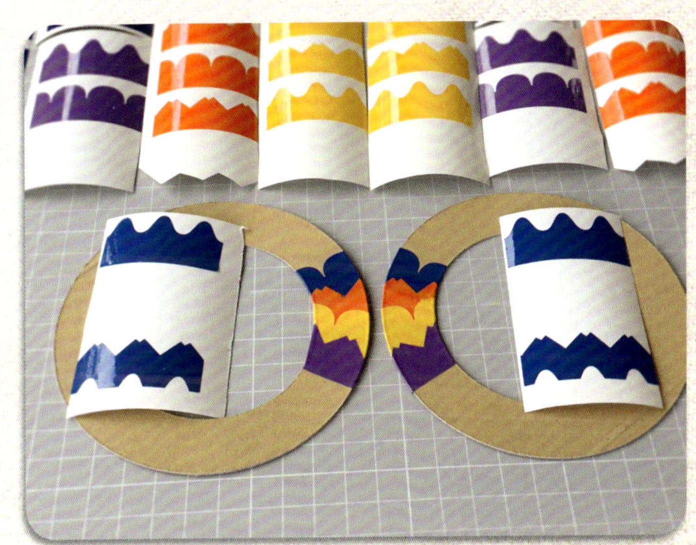

Wenn du kleinere Creolen lieber magst, solltest du die Musterstreifen im Plotterprogramm verkleinern.

Du kannst auch immer das gleiche Muster vervielfältigen und dann z. B. Armreifen und Ohrringe nur mit der Wellenform umwickeln.

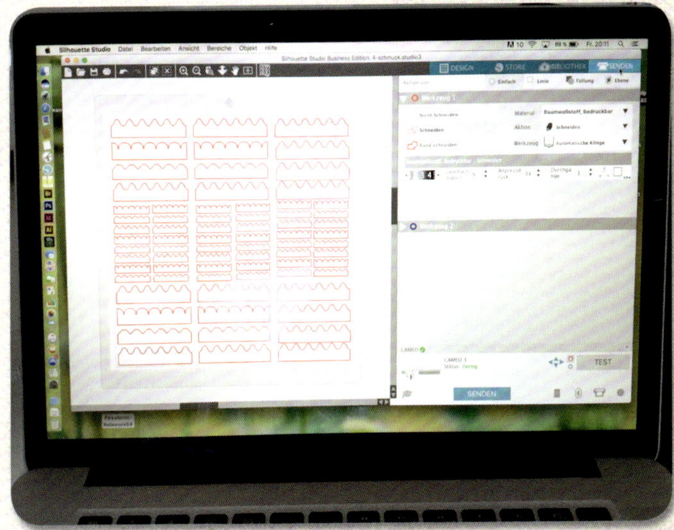

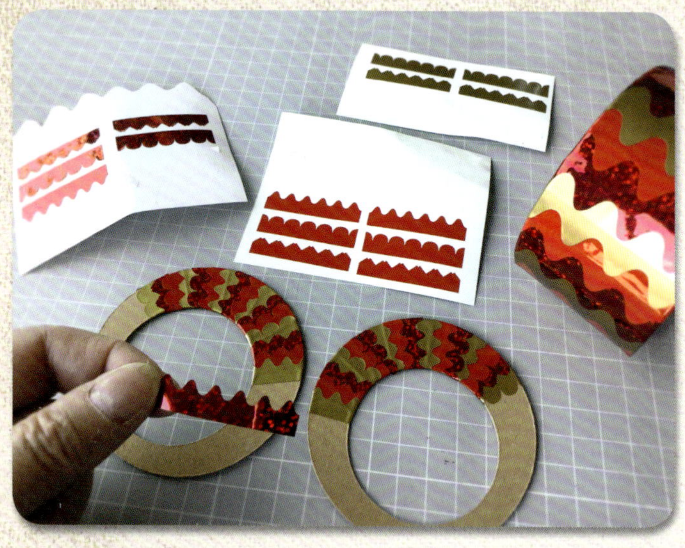

Schneide hintereinander gleich mehrere Farben und fange an zu kleben, während der Plotter noch einsatzbereit ist.
Dann kannst du noch einmal nachschneiden, bzw. nur so viele Streifen schneiden, wie du tatsächlich brauchst, um nicht wieder unbenutzte Schneidereste zu haben.

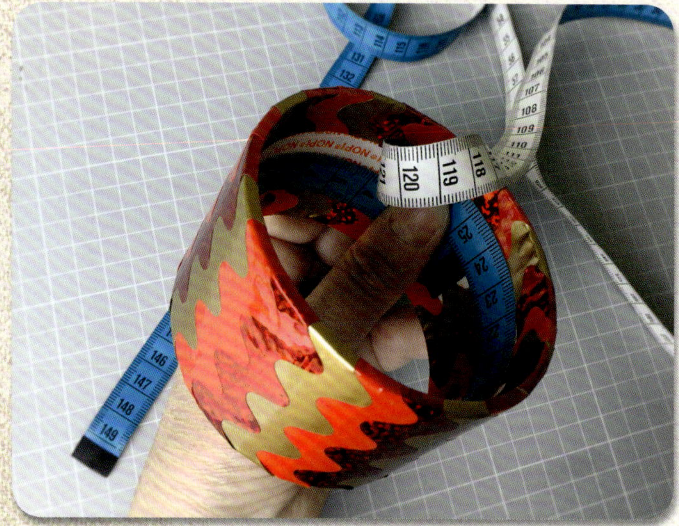

Miss den Innenumfang des Armreifens mit einem Maßband.

Nun erstellst du am Plotter ein Rechteck, das genauso lang ist und ca. 1 cm schmaler als der Armreif.

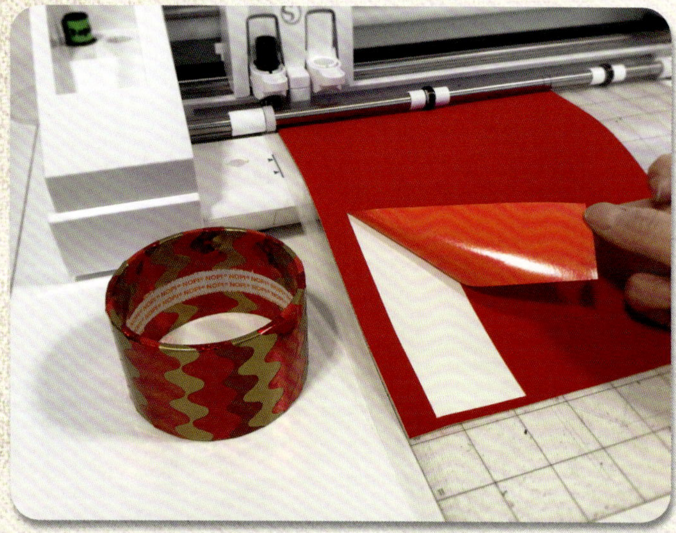

Diesen rechteckigen Streifen schneidest du aus einem Material, das angenehm auf der Haut ist, z. B. aus selbstklebender Velourfolie.

Du kannst auch die Ohrringe auf der Innenseite verschönern.
Dazu misst du sie aus und verschmälerst die ursprüngliche Datei, mit der du die Ringe geschnitten hast, um 1 - 2 mm (ein Offset innen). Der Innenring wird dabei größer und der Außenring wird kleiner geschnitten.

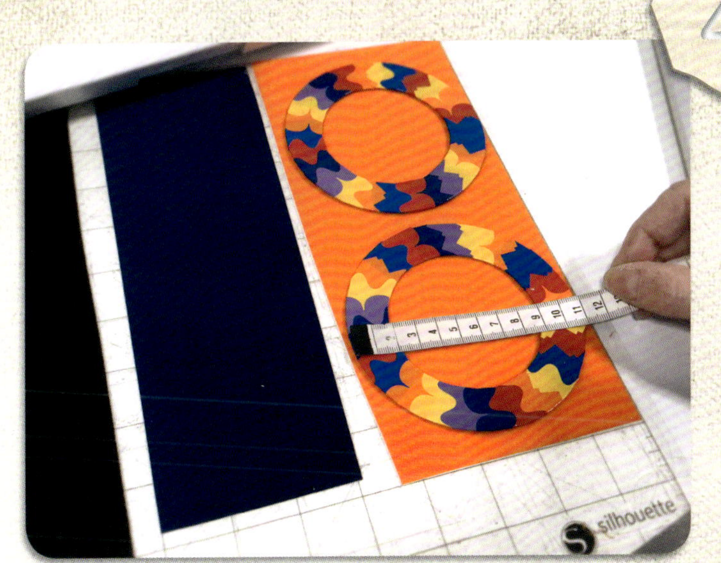

Diese Folienringe werden auf der Innenseite angebracht. Dann sind die Enden der Folienstreifen nicht mehr sichtbar.

Zuletzt piekst du je ein kleines Loch oben in den Ring und bringst einen Ohrringverschluss an.
Fertig!

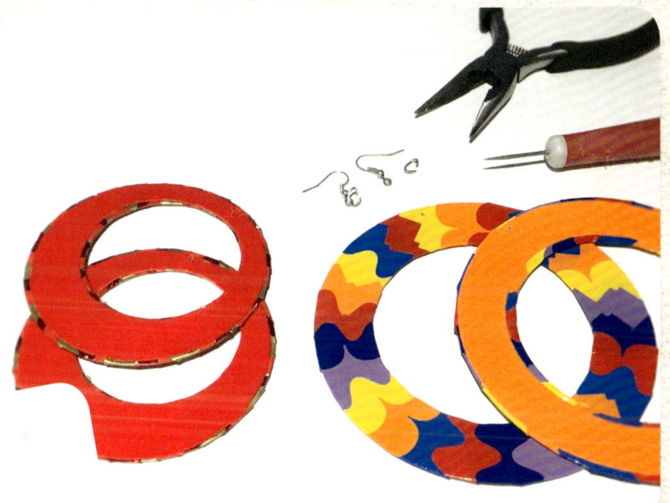

Tipp!

Stelle gleich mehrere Sets in verschiedenen Größen und Farben her. Mit Silber, Gold und Glitzerfolien sehen die Stücke sogar richtig edel aus.

Licht aus der Dose

Für manche Lebensmittel ist die Dose als Verpackung immer noch die erste Wahl. Wenn du darauf nicht verzichten möchtest, kannst du die leeren Dosen ummanteln und damit Stimmung ins Zimmer zaubern.

Bei diesem Projekt kannst du auch gleich Kerzenreste und Kerzen aufbrauchen, die dir nicht mehr gefallen.

Das brauchst du zur Herstellung von Dosenkerzen:
- je eine Metalldose
- Kerzenreste zum Einschmelzen
- einen Kochtopf und ein großes Schraubglas ohne Deckel
- je einen Docht oder ein Stück Baumwollschnur
- je zwei hitzeresistente Materialien in der Größe 10 x 30 cm, z. B. Filz und veganes Leder
- je ein Stück zum Obermaterial passendes Bindeband
- Holzstäbchen und Klebeband

außerdem:
- die Datei 4-4-Dosenkerzen

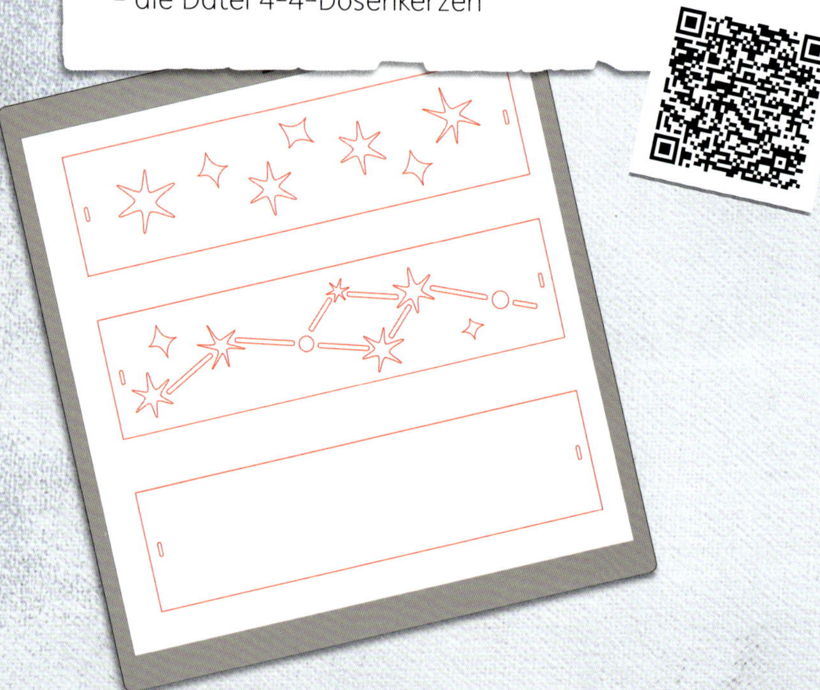

Reinige die leeren Dosen gründlich, damit keine Lebensmittelrückstände darin verbleiben.

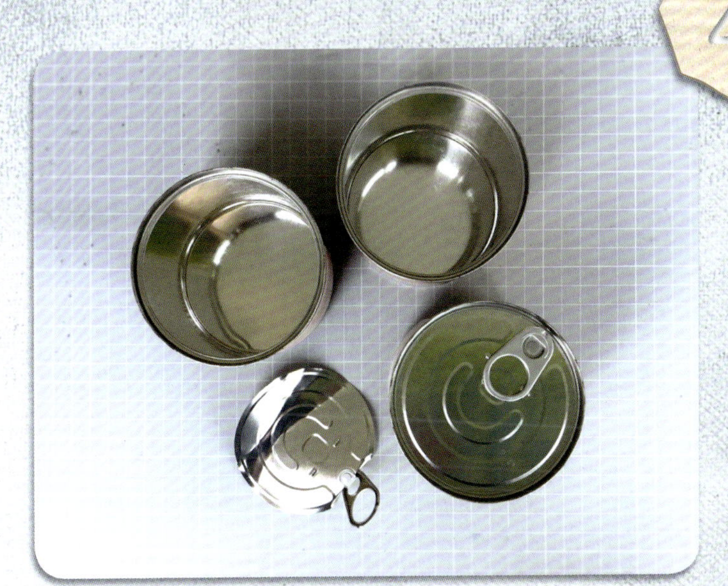

Zerkleinere die Wachsreste von gebrauchten Kerzen grob und fülle sie in das Schraubglas ein.

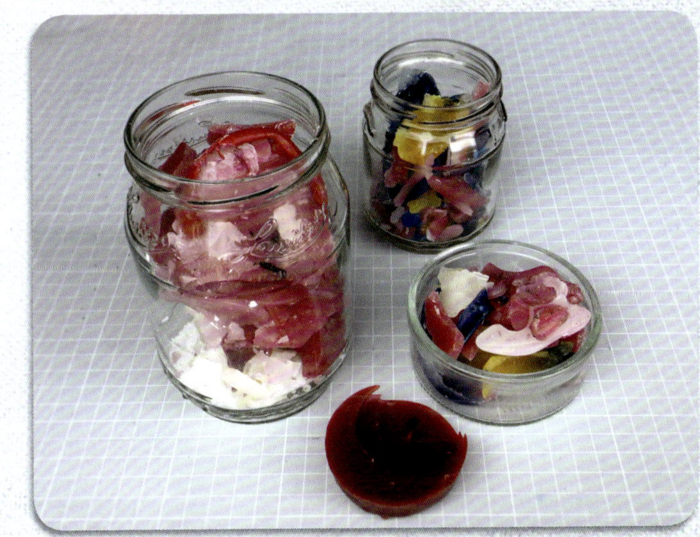

Stelle das Schraubglas in den halb mit Wasser gefüllten Kopftopf und erwärme das Wasserbad langsam auf Stufe 1. So schmelzen die Wachsreste langsam und gleichmäßig.

Entferne alte Dochtreste, nachdem das Wachs flüssig ist.

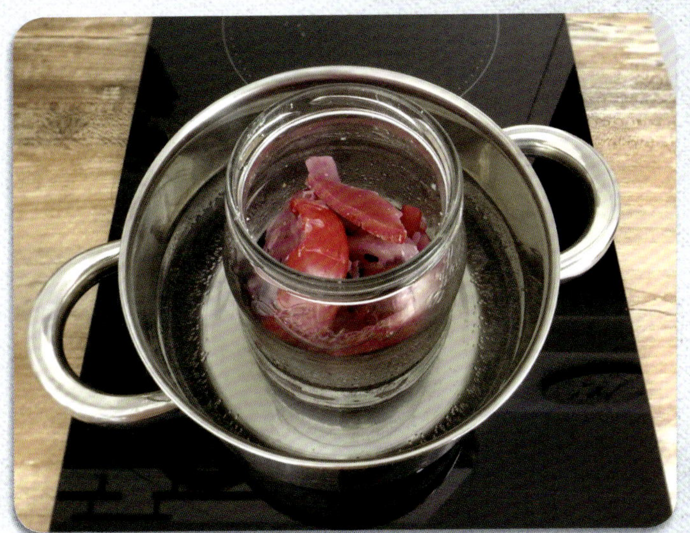

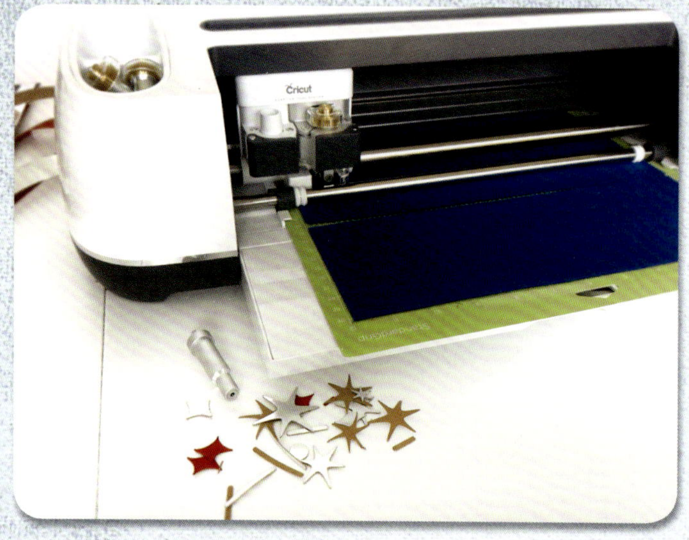

Während das Wachs langsam schmilzt, kannst du die Ummantelung mit dem Plotter schneiden.

Für jede Dosenkerze brauchst du einen Streifen ohne Muster und einen Streifen mit Muster.

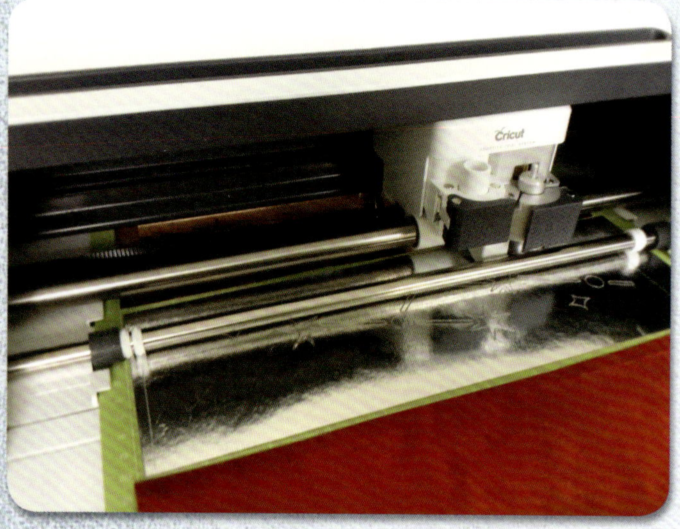

In der Datei findest du neben dem Streifen ohne Muster auch zwei verschiedene Designs mit Muster.

Entscheide dich für eines und schneide alle benötigten Streifen.

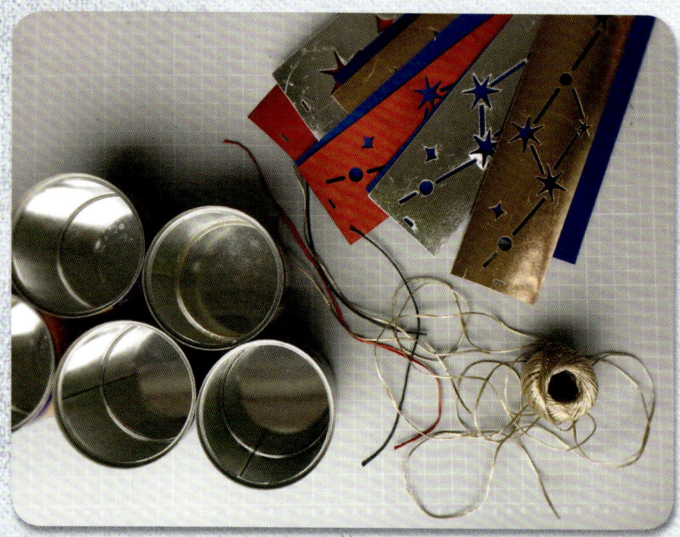

Schneide für jede Dosenkerze ein farblich passendes Bändchen zum Zusammenbinden zurecht.

Lege jeweils einen Streifen mit Muster und einen Streifen ohne Muster aufeinander.

An den Enden der Streifen befindet sich jeweils ein Schlitz. Schiebe das Bändchen durch beide Schlitze, lege die Ummantelung um die Dose herum und binde eine Schleife.

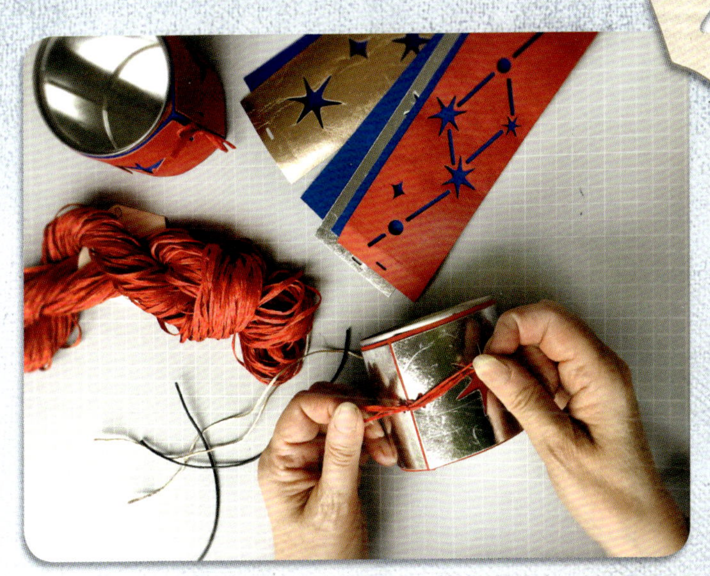

Tunke den Docht einmal kurz in das flüssige Wachs, damit er steif wird.

Dann klemme den Docht zwischen zwei Holzstäbchen und klebe diese mit Klebeband aneinander fest, sodass er in der Mitte der Dose gerade herunter hängt.

Fülle nun das flüssige Wachs in die Dose und lasse es erstarren.

Bitte lasse Kerzen niemals unbeaufsichtigt brennen!

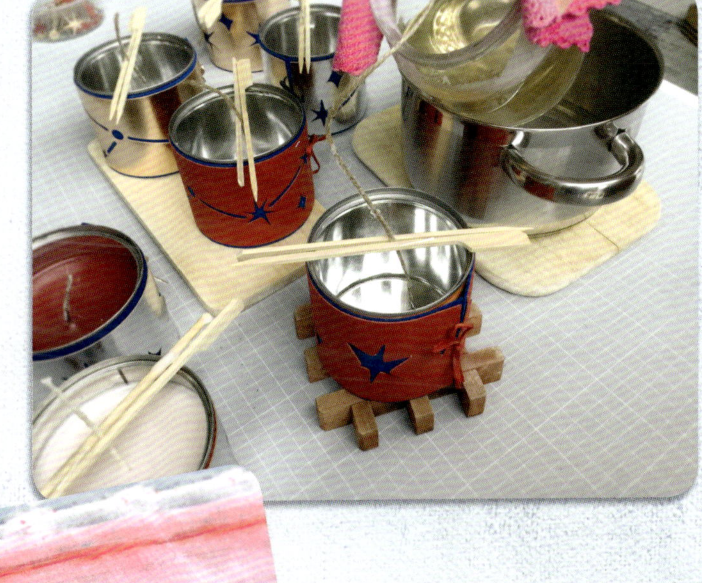

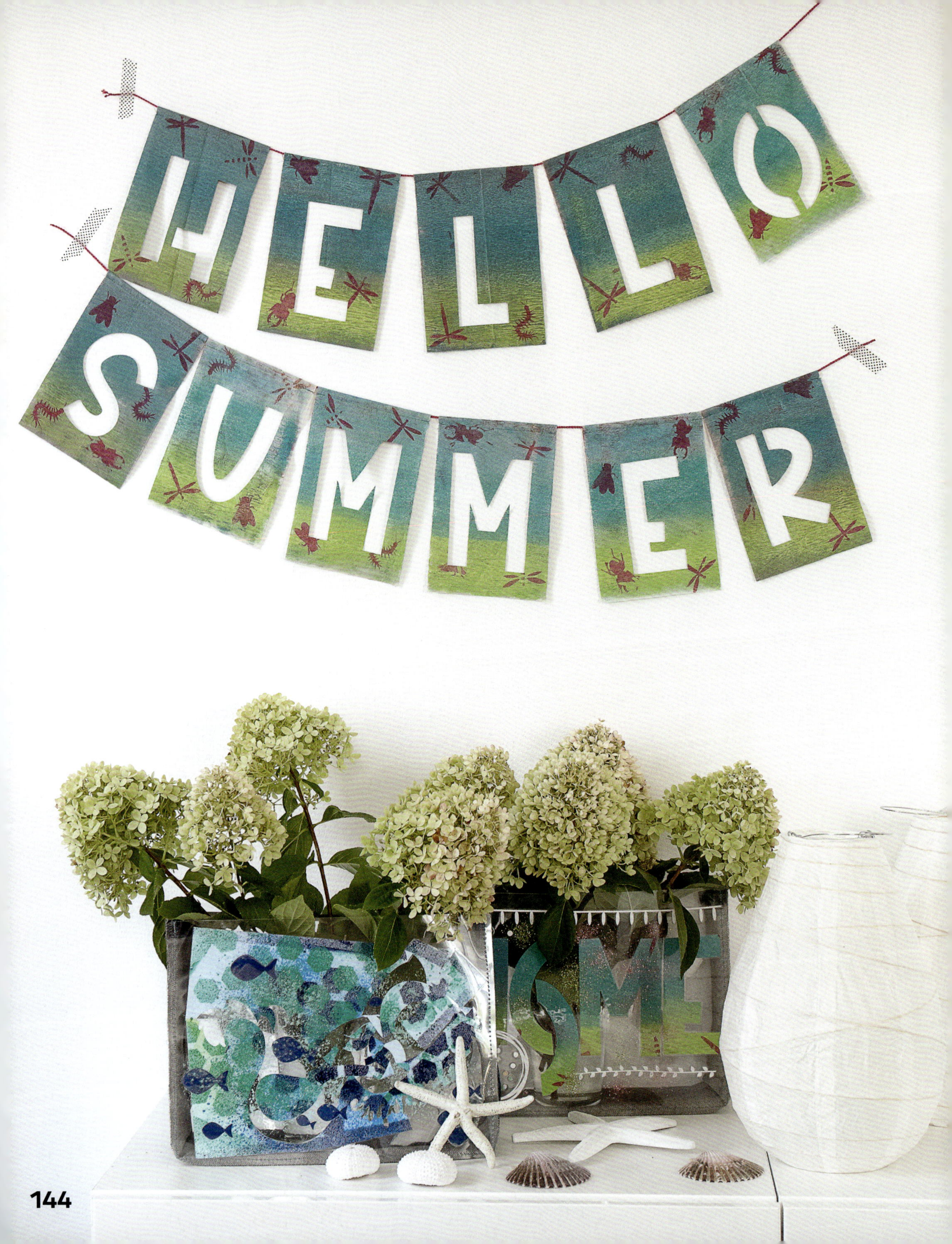

Zero Waste

Zero Waste ist in aller Munde.
Auch das Plotten ohne Abfall ist möglich.

Dazu machst du dir beim Planen eines Projekts bereits Gedanken, welche Abfälle entstehen und wie du diese direkt verwerten kannst. Dabei kommen dann gleich zwei farblich passende Werke heraus.

Wenn du den Abfall trotzdem zuerst einmal sammeln und später verwerten willst, ist es wichtig, dass du dies so schnell wie möglich tust. Diese Reste geraten schnell in Vergessenheit oder werden bald zu einer unübersichtlich großen Menge.

Auf den folgenden Seiten zeigen wir an einem Beispiel, wie du die Schneidereste direkt verbrauchst und dass gerade Abfallprodukte deine Kreativität herausfordern und nützliche Produkte dabei herauskommen können.

Du musst dich nur dafür entscheiden, dich der kreativen Herausforderung zu stellen.

Projekte ~~mit~~ ohne Abfall

Noch ein Wegwerfprodukt, das viel zu schade ist, achtlos entsorgt zu werden – Farbfangtücher, die der Wäsche beigegeben werden, um Verfärbungen zu vermeiden.

Anders als der Name verspricht, sind diese eher unattraktiv grau, nachdem sie Ihren Job gemacht haben.

Die Größe allerdings ist perfekt für immer wieder verwendbare Girlanden zu den verschiedensten Anlässen.

Das brauchst du für eine sommerliche Girlande:
- 11 gebrauchte Farbfangtücher
- eine Gelli® Geldruckplatte, falls vorhanden
- Acryl- oder Stofffarben
- eine Schnur zum Aufhängen

Das brauchst du zusätzlich für die Ordnungshelfer:
- ein altes Jeanshosenbein oder ähnlich stabilen Stoff
- ein Laminiergerät
- je zwei Laminierfolien
- Schneidereste von anderen Projekten

außerdem:
- die Datei 5-1-Sommergirlande
- verschiedene selbst geschnittene Schablonen

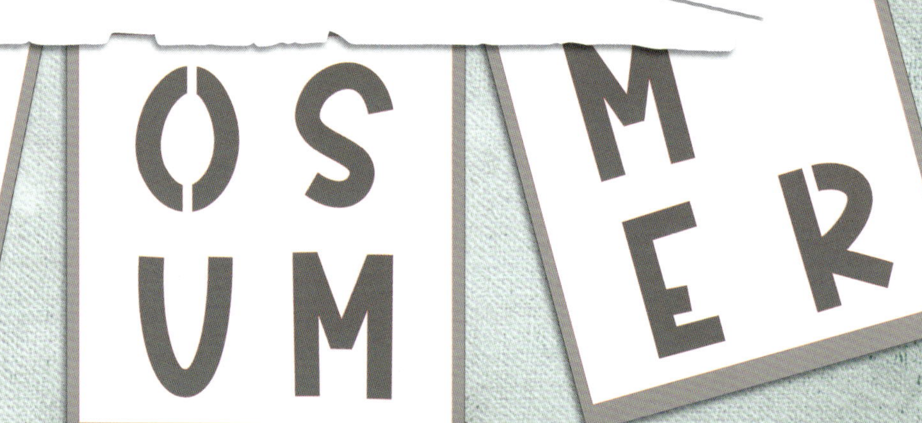

Für dieses Projekt kannst du jede Stoff- oder Acrylfarbe verwenden, da die Tücher wahrscheinlich nicht mehr gewaschen werden, nachdem du sie zu einer Girlande verarbeitet hast.

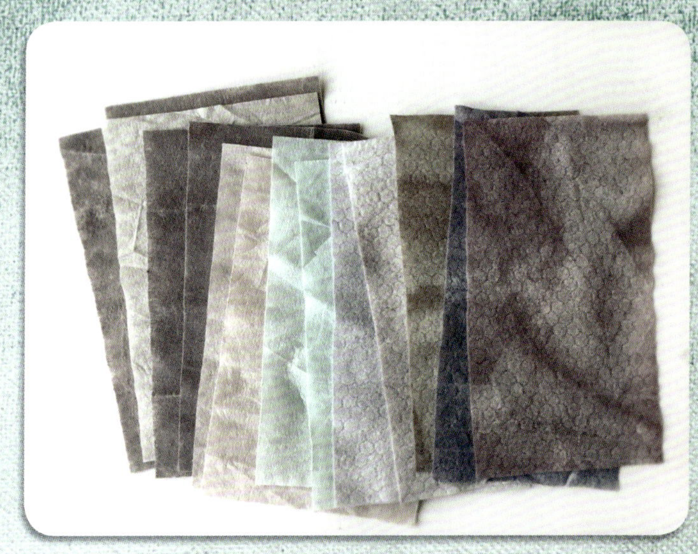

Mit 3 - 4 verschiedenen Farben und einer Gelli® Gel-Druckplatte kannst du einen schönen Farbverlauf herstellen. Alternativ dazu färbst oder bemalst du die Stoffe ohne Gel-Druckplatte.

Gib von jeder Farbe einen Strang auf die Druckplatte.
Verteile sie mit der Farbwalze unten anfangend nur von links nach rechts und zurück. Dann rollst du die Farbe eine halbe Rollenbreite weiter oben aus usw. bis alle Farbe glatt ausgerollt ist.

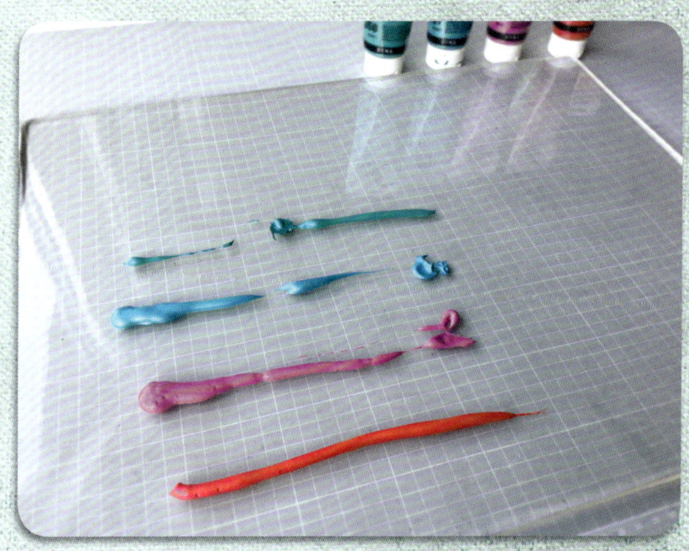

Dann legst du die Farbfangtücher dicht nebeneinander und drückst sie gut fest.

Prüfe an einer Ecke, ob die Farbe gut aufgenommen wurde. Falls nicht, reibe die Tücher noch fester auf die Platte auf.
Nimm sie ab und wiederhole den Druckvorgang, bis alle Tücher eingefärbt sind.

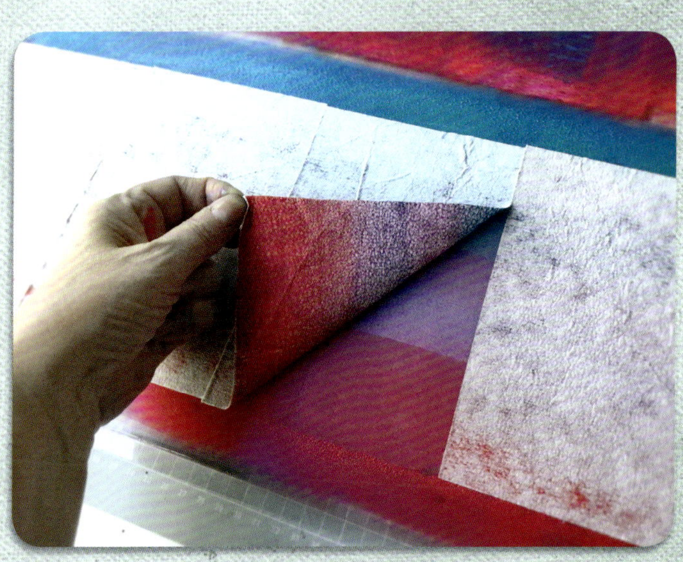

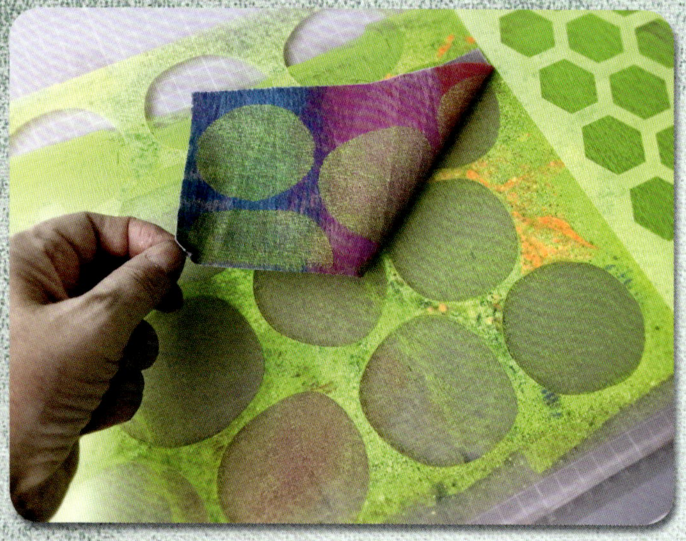

Säubere die Gel-Druckplatte und rolle mit der Farbwalze eine Kontrastfarbe auf.

Dann lege eine Schablone mit einem großen Muster, z. B. Punkten, darüber. Lege die Farbfangtücher mit der gefärbten Seite nach unten auf die Schablone und reibe sie gut fest.

So erhältst du ein dekoratives Muster über dem Farbverlauf.

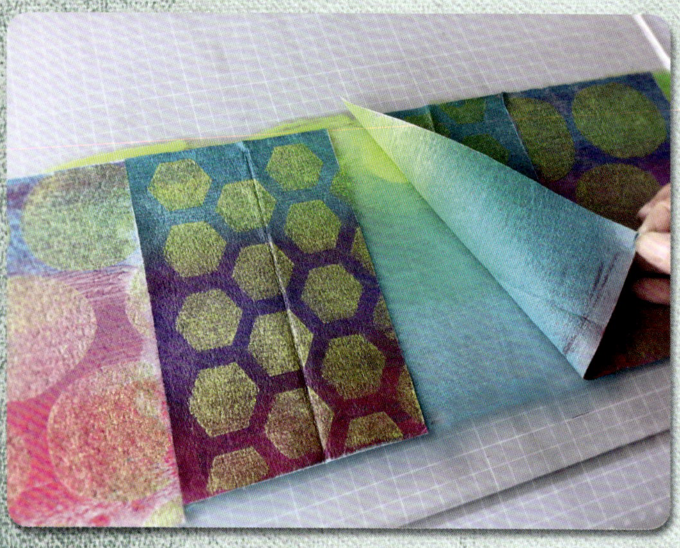

Auf die gleiche Weise färbst bzw. bedruckst du auch die Rückseiten der Tücher. Dann kannst du deine Girlande später auch mitten in den Raum hängen.

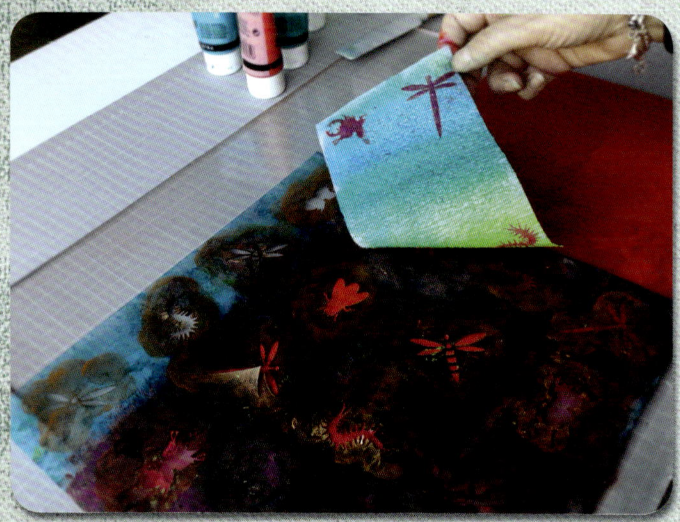

Die Rückseiten kannst du mit einem andersfarbigen Farbverlauf bedrucken und dann in den Ecken mit der Insektenmotiv-Schablone partiell Insekten aufdrucken.

Eine Gelli® Gel-Druckplatte reinigst du am besten mit feuchten, ölfreien Babytüchern. Diese sind nach dem Abreiben getränkt von Farbe.

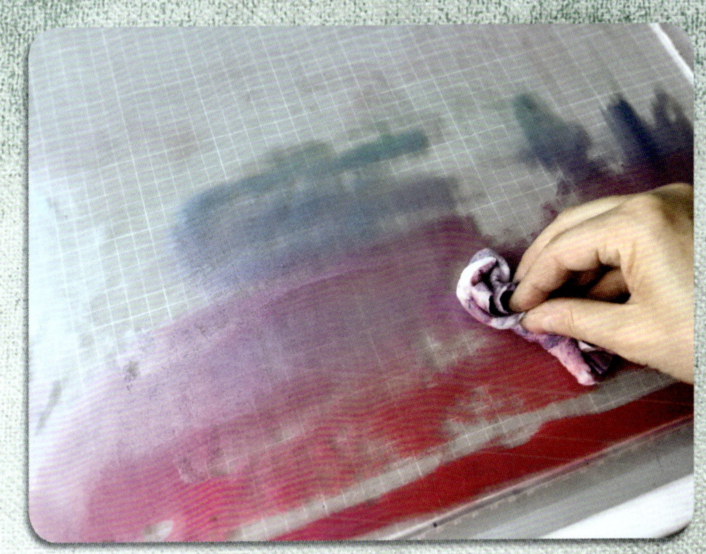

Wirf auch diese Tücher nicht weg, sondern ziehe sie glatt und lasse sie trocknen.
Schon jetzt kann man die Schönheit des zufälligen Musters erkennen.

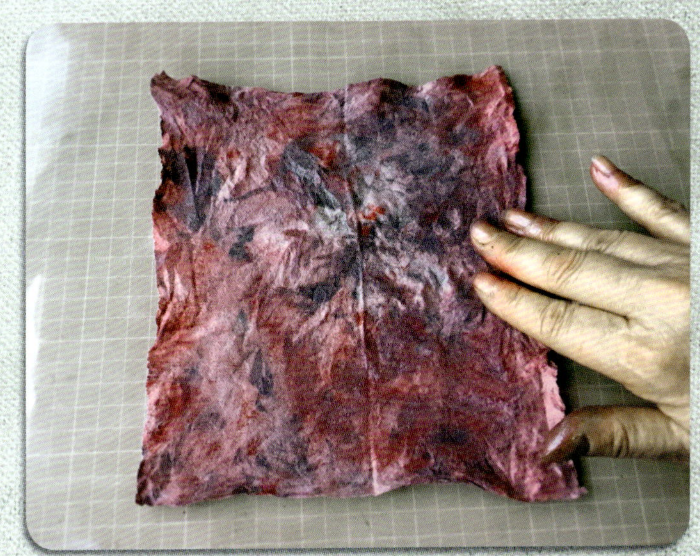

Glatt gepresst sind die Tücher ein Hauch von Stoff mit ineinander fließenden Farben.

Du kannst diese Tücher zum Basteln nehmen, etwas daraus nähen oder sie einlaminieren, um Mappen oder andere Ordnungshelfer daraus zu machen (siehe S. 150).

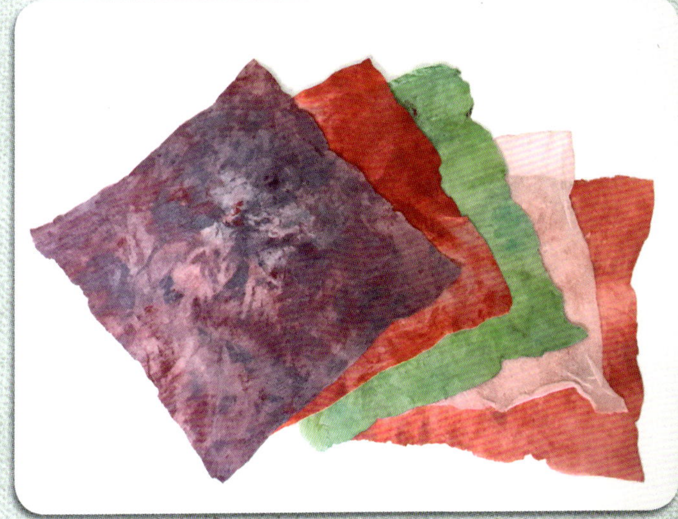

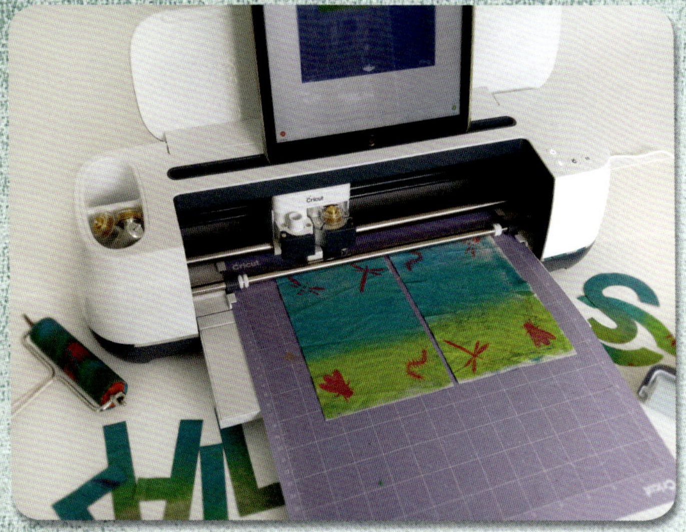

Nachdem die bedruckten Farbfangtücher getrocknet sind, kannst du die Buchstaben mit dem Plotter aus jedem Tuch ausschneiden.

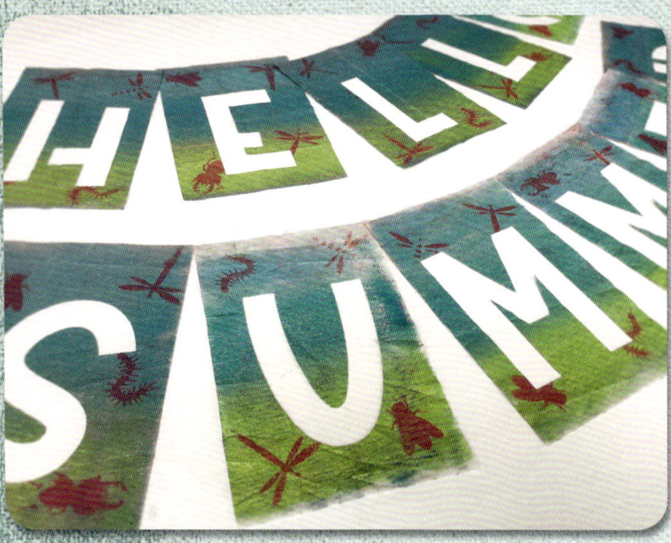

Tipp!

Die beim Schneiden heraus gefallen Buchstaben unbedingt für die Ordnungshelfer auf S. 153 zur Seite legen.

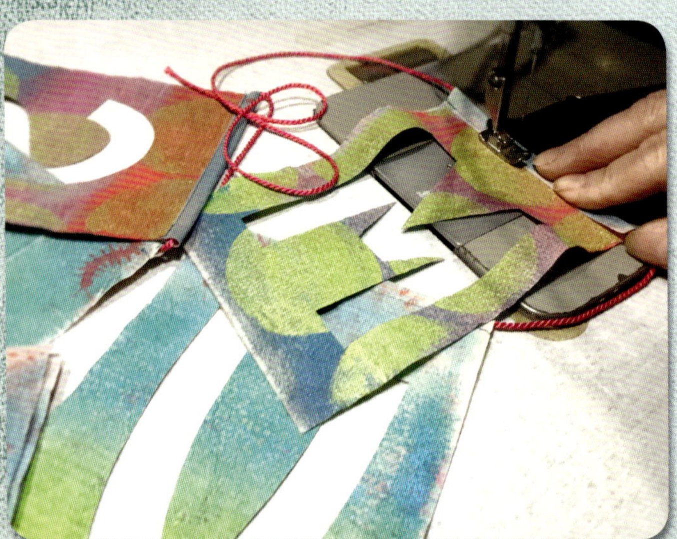

Die Girlande ist fast fertig.
Falte nun die Oberkante jedes Tüchleins ca. 1 cm um und nähe sie mit der Nähmaschine in der richtigen Reihenfolge um eine Schnur herum fest, eines nach dem anderen.

Schneidereste sind oft zu schade, um achtlos weggeworfen zu werden.

Mit etwas Planung kannst du z. B. die Negative von Bügelfolien, den vorsichtig entgitterten Teil, gleich für ein weiteres Projekt verwenden.

Wir haben während der Arbeit an den Projekten für dieses Buch einen Abfalleimer mit allen Schneideresten gefüllt – eine wahre Wunderkiste, wenn man einmal genau hinschaut.

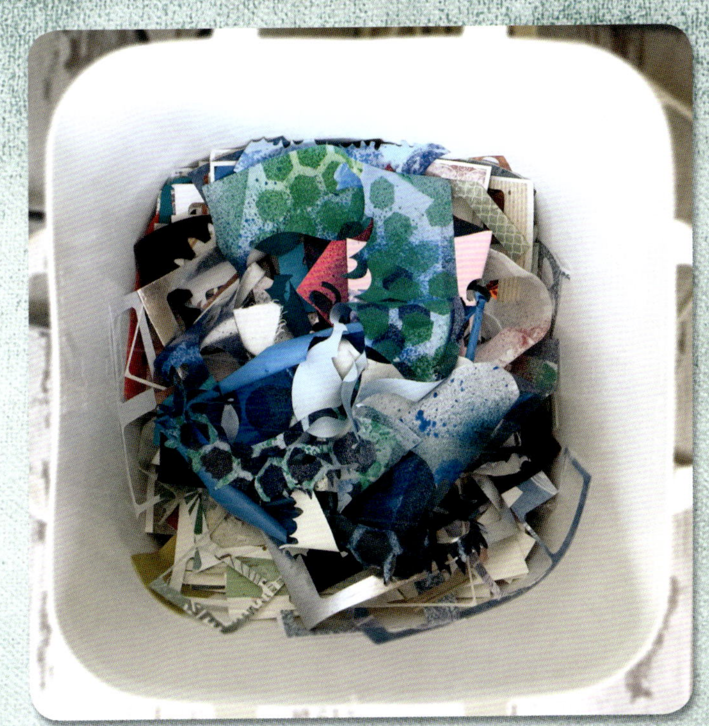

Es ist fast meditativ, kleinste Stückchen Bügelfolienabfälle auf zuvor bedruckte Probedrucke aufzulegen und harmonische Kombinationen zu finden.

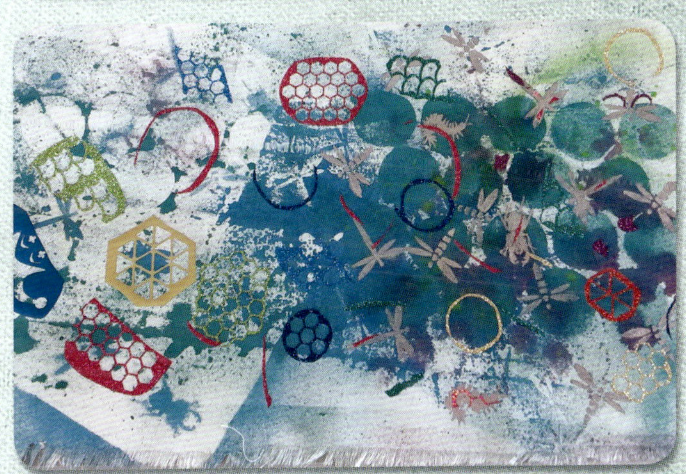

Aus solchen experimentellen Stoffen lassen sich z. B. hübsche Täschchen nähen, von denen man nie genug haben kann, um Kleinigkeiten aufzubewahren.

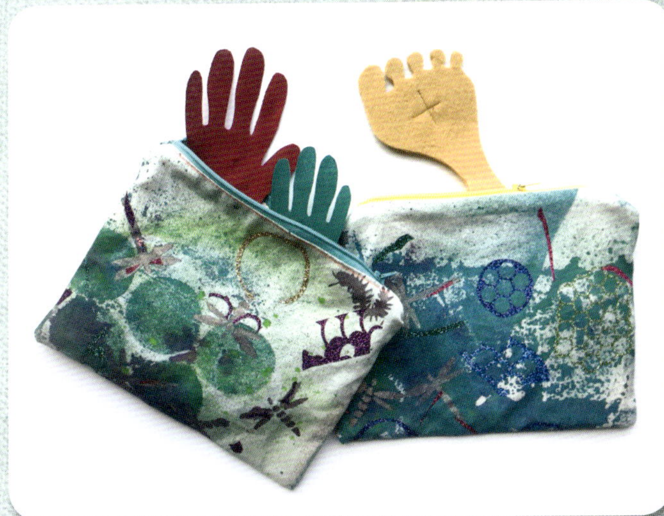

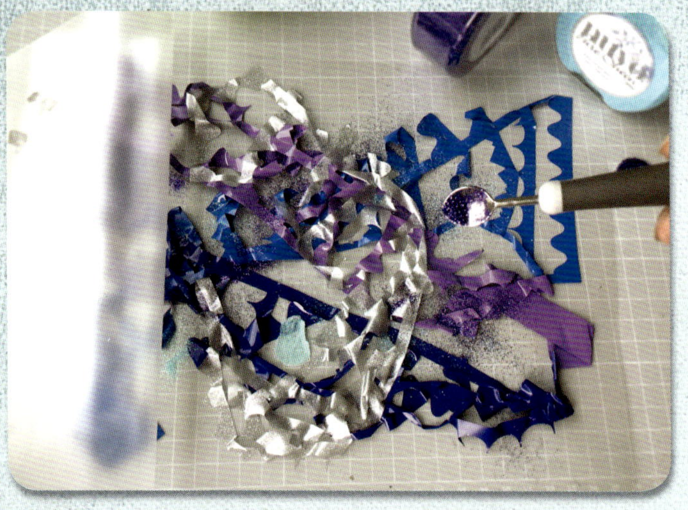

Ein Laminiergerät ist der ideale Begleiter, um allerletzte Reste zu verwerten, von denen du denkst, dass du damit eigentlich gar nichts mehr anfangen kannst.

Öffne die Laminierfolien und lege alles hinein, was dir Spaß macht. Mit einer großen Portion Glitter kannst du auch den unattraktivsten Abfällen noch einen Hauch von Glamour verleihen.

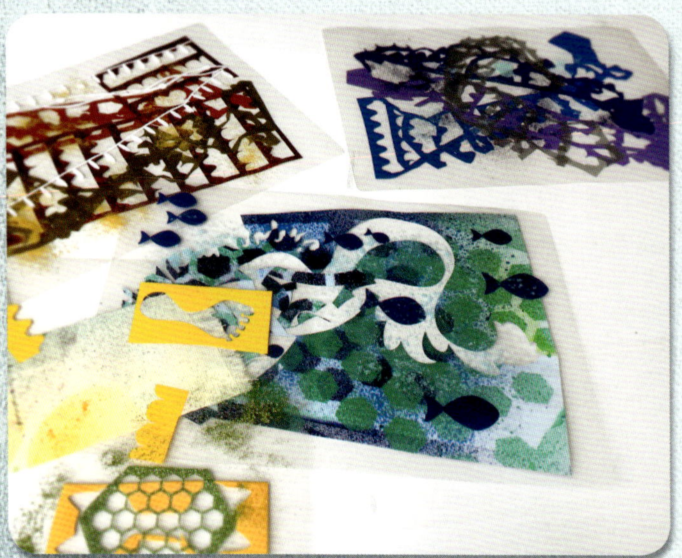

Dann lasse die Laminierfolien durch das vorgeheizte Laminiergerät laufen. Heraus kommen steife, bunte und wasserfeste Platten.

Diese kannst du so wie sie sind als Platzset oder Unterlage verwenden.

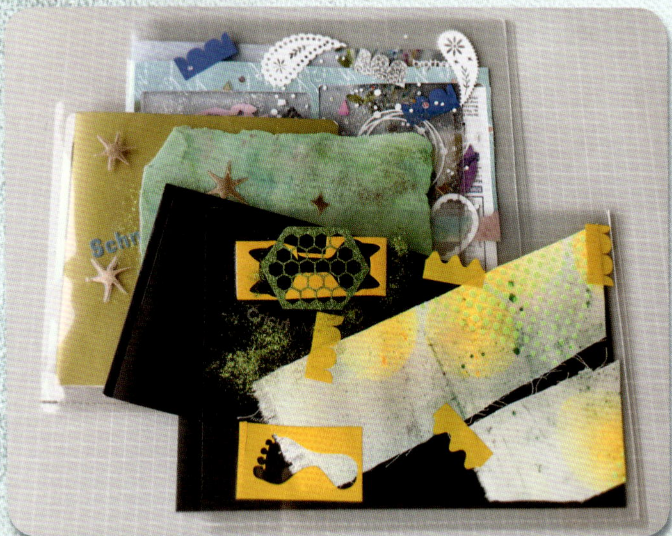

Du kannst auch jeweils zwei laminierte Folien an zwei Seiten mit der Nähmaschine zusammennähen und erhältst praktische Mappen.

Die bei der Sommergirlande herausgefallenen Buchstaben bilden hier die Grundlage. Lege sie in die aufgeklappte Laminierfolie. Dann lege alles um die Buchstaben herum, was farblich passt und was dir gefällt.

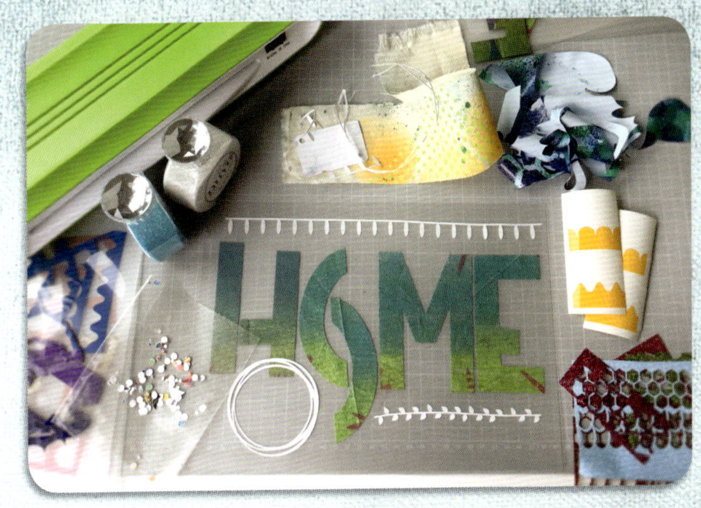

Du brauchst jeweils eine Folie für die Vorderseite und eine neutraler gestaltete Folie für die Rückseite.

Deine vorbereiteten Laminierfolien lässt du nun durch das vorgeheizte Laminiergerät laufen.

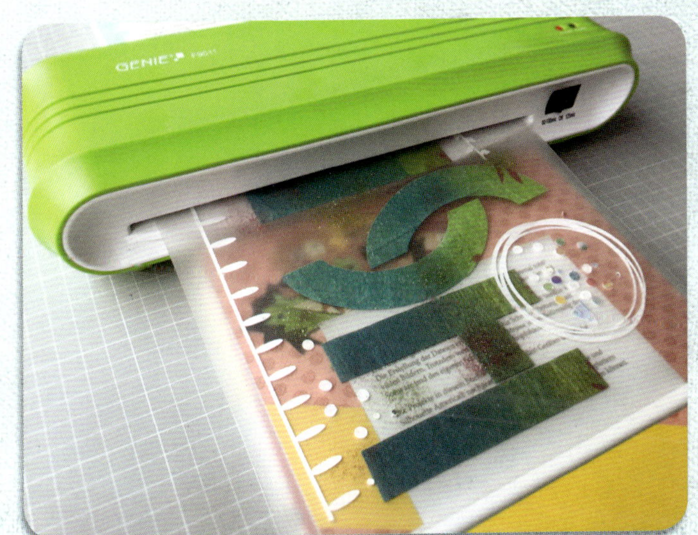

Zerschneide nun eine ausrangierte Jeanshose oder einen ähnlich stabilen Stoff in 8 - 10 cm breite und ca. 80 cm lange Streifen. Nutze auch die Naht am Saum.

Versäubere die Streifen rundum mit einer Overlock- oder einer Zickzacknaht. Dann nähst du den Stoffstreifen knappkantig zwischen die Laminierfolien (siehe Abb. S. 154)

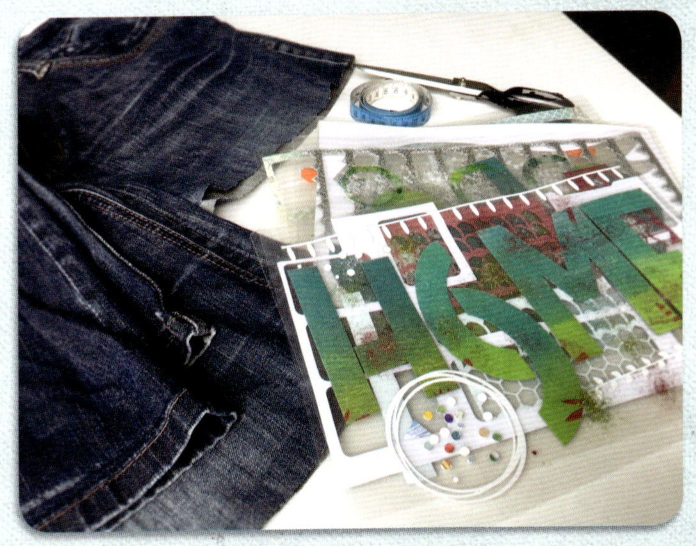

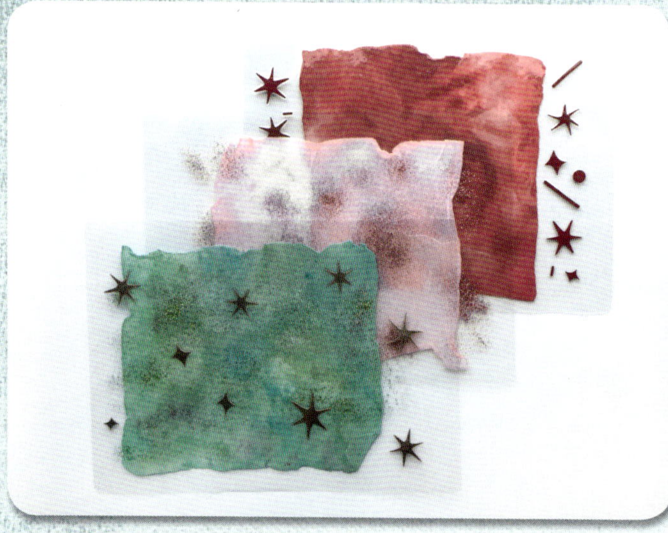

Auch die Putztücher, die wir auf S. 149 zum Reinigen der Gelli® Gel-Druckplatte genommen und getrocknet haben, lassen sich prima laminieren und mit anderen Schneideresten, z. B. den Sternchen vom Projekt auf S. 142 kombinieren.

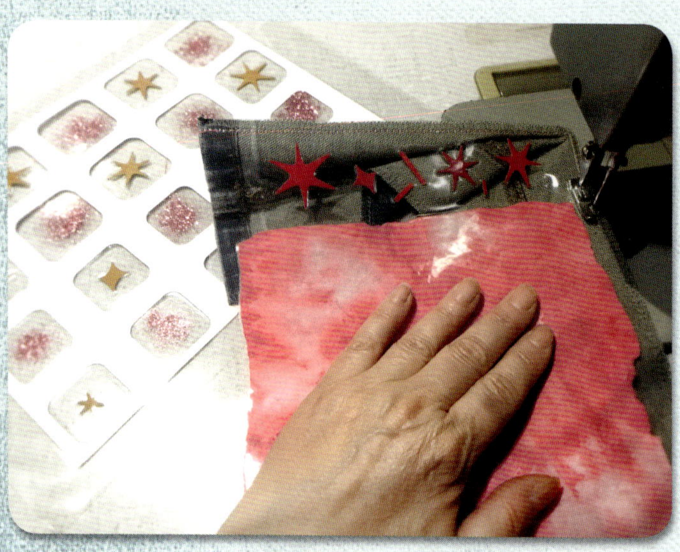

Mache am besten gleich zwei zusammenpassende Laminierfolien, eine für vorn und eine für hinten.

Noch besser:
Streifen von alten Jeans oder anderen Stoffen zwischen die beiden laminierten Platten genäht und schon hast du die perfekten Ordnungshelfer, um kurzfristig Material zu sammeln und aufzubewahren.

Lasse den Schuber in Sichtweite stehen, damit die Materialien nicht in Vergessenheit geraten und...

mach was draus!

Unser Fazit:

Während der Arbeit an diesem Buch haben wir gemerkt, wie befreiend es ist, wenn Materialberge kleiner werden, sich Kartons leeren und auch einmal „das Letzte seiner Art" verbraucht wird.

Wir haben die Reduzierung auf Material, das wir schon hatten, nicht wie erwartet als Einschränkung empfunden, sondern ganz im Gegenteil. Es hat unsere Kreativität regelrecht angefacht, aus dem Vorhandenem etwas Neues zu machen.

Insbesondere der Reste-Abfalleimer war sehr inspirierend. Und obwohl wir ihn nicht ganz geleert haben, sind daraus einige sehr schöne Täschchen, Mappen und Ordnungshelfer entstanden.

Wir haben nach dem Schreiben des Buchs einen anderen Blick auf die alltäglichen Materialien um uns herum bekommen.

Genau das wünschen wir uns mit dem Buch zu erreichen, deine Augen für Brauchbares zu öffnen, einmal den Blickwinkel zu ändern und statt etwas Neues zu kaufen, doch lieber einmal ein altes Stück aufzuarbeiten.

Viel Spaß beim Upcyceln!

Angelika & Dagmar

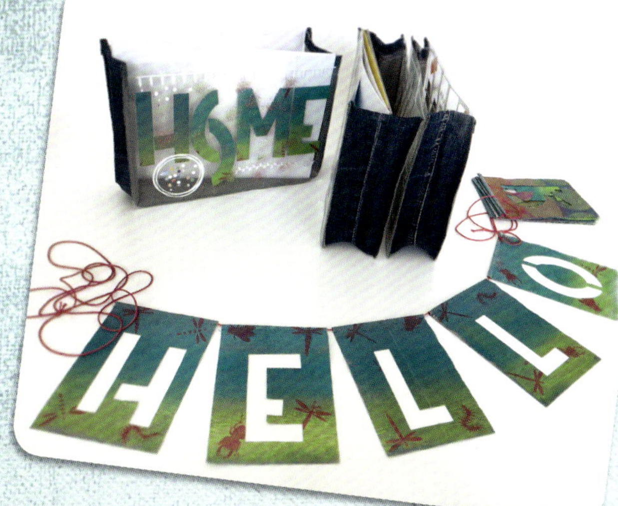

Stichwortverzeichnis

Danke!

Ein herzliches Dankeschön geht an folgende Firmen und Marken, deren Produkte wir im Buch verwenden, nennen und abbilden durften.

American Crafts, We R memory keepers® („Foil Quill" Hitzestift für Plotter)

Art Select GmbH & Co. KG (Fleur Chalky Look Farbe, Catalyst Rakel)

Cricut® (Plotter und Werkzeuge)

www.zahn-pinsel.com (Silikonpinsel)

www.gelliarts.com (Gelli® Gel-Druckplatten)

www.genie-online.de (Genie® Laminiergerät)

www.goldenpaints.com, Golden® (Acrylfarben, Stoffmal-Medium)

www.jacquardproducts.com (Airbrushfarben, Alcohol Inks, Stofffarben)

www.kreativplotter.de (Cricut® und Silhouette® Plotter, Plottermaterialien)

www.lillestoff.com (Jerseystoffe)

Moog und Langenscheidt GmbH (Buchschrauben mit Kugelkette)

www.pebeo.com (Acrylfarben, Glasfarben, Farbe mit Hammerschlageffekt)

www.tonic-studios.co.uk, Nuvo® (Expanding Mousse, Glitter, Tupfer, Mini-Rakel)

Viele der im Buch verwendeten Produkte, die schwer zu finden sind, haben wir in das Sortiment unseres Onlineshops aufgenommen: www.frischgeschnitten.com

Alle anderen Produkte lassen sich über die Internetsuche finden.

Außerdem bedanke ich mich an dieser Stelle noch einmal ganz herzlich bei den Kindermodels Lilly und Anton und bei meinem Team, bei Astrid, Barbara und Dagmar, ohne deren Sachkenntnis, Geduld und Kreativität es dieses Buch nicht gäbe. Danke!!!

Quellenverzeichnis

Fotos:

Die Fotos auf den Seiten 4, 5, 24, 34, 39 unten, 40, 44 unten, 46, 51 unten, 52, 54, 59 unten, 88, 96, 101 unten, 102, 107 unten, 108, 115 unten, 116, 122, 127 unten, 128, 133, 134, 139 unten, 144 und 160:
Astrid Algermissen, Österreich
http://creativlive.at

Die Grafiken und die Dateien zum Buch sind von der Autorin Angelika Holz erstellt.
Alle weiteren Grafiken, die nicht von der Autorin selbst gezeichnet wurden, sind Ressourcen mit kommerzieller Nutzungslizenz.

Schriften, Fonts:

Die Schriftart des Buchtitels
Caferus von Flavortype
www.flavortype.com

Die Schriftart der Überschriften:
Nanami HM von Alex Haigh, Thinkdust
www.designcuts.com

Die Hand Lettering Schrift:
Hey Style von ka designs
thehungryjpeg.com

Die Schneideplotter der Marken Brother, Cricut® und Silhouette America® sind im Handel frei erhältlich, ebenso die Gelli® Gel-Druckplatte.

Gelli Arts® and Gelli® sind eingetragene Marken der Gelli Arts LLC, die mir die Genehmigung für die Verwendung in diesem Buch erteilt hat.

Noch mehr Frisch Geschnitten

Hardcover
136 Seiten
für alle Silhouette®
Schneideplotter
Silhouette Studio® V4
ISBN 978-3-9818772-1-2

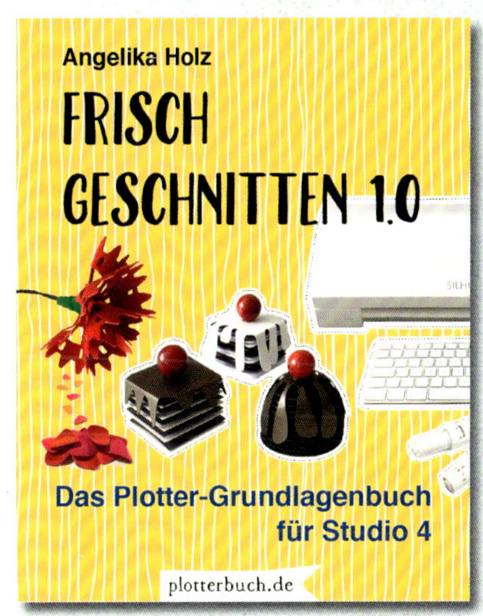

Softcover
224 Seiten
für Brother und Silhouette®
Schneideplotter
ISBN 978-3-00-053747-9

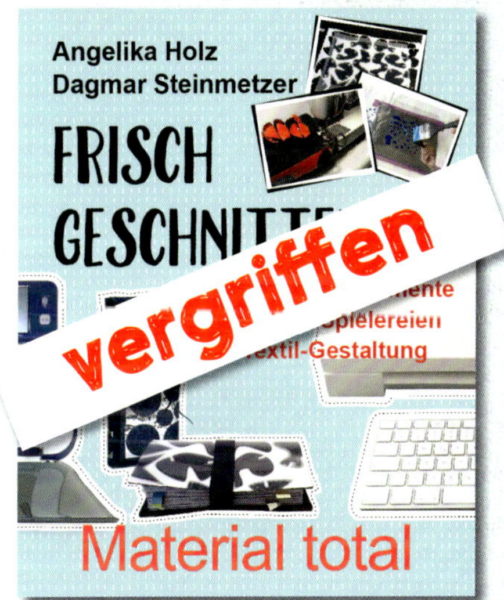

Hardcover
160 Seiten
für alle Marken
Schneideplotter
ISBN 978-3-9818772-3-6

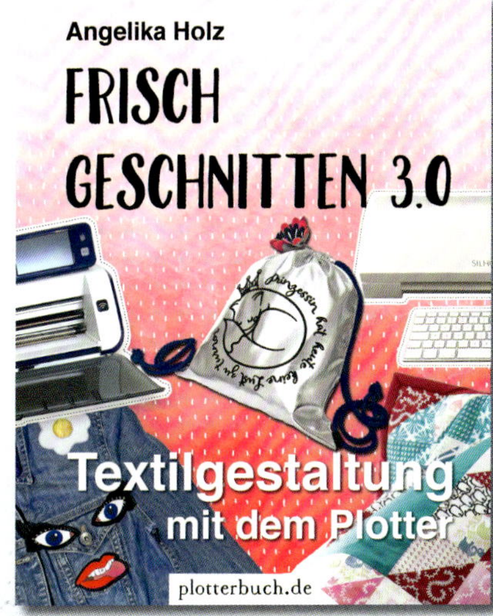

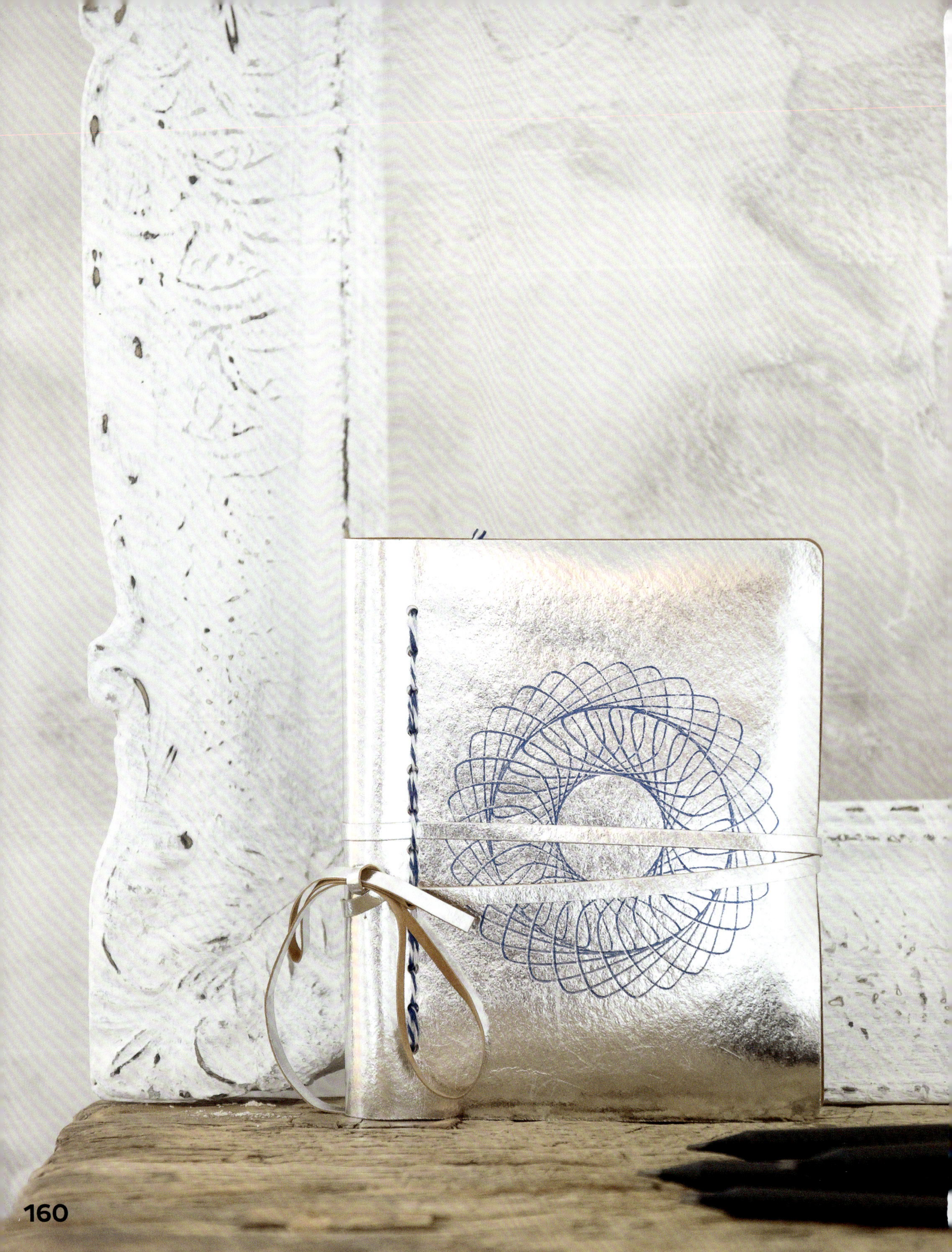

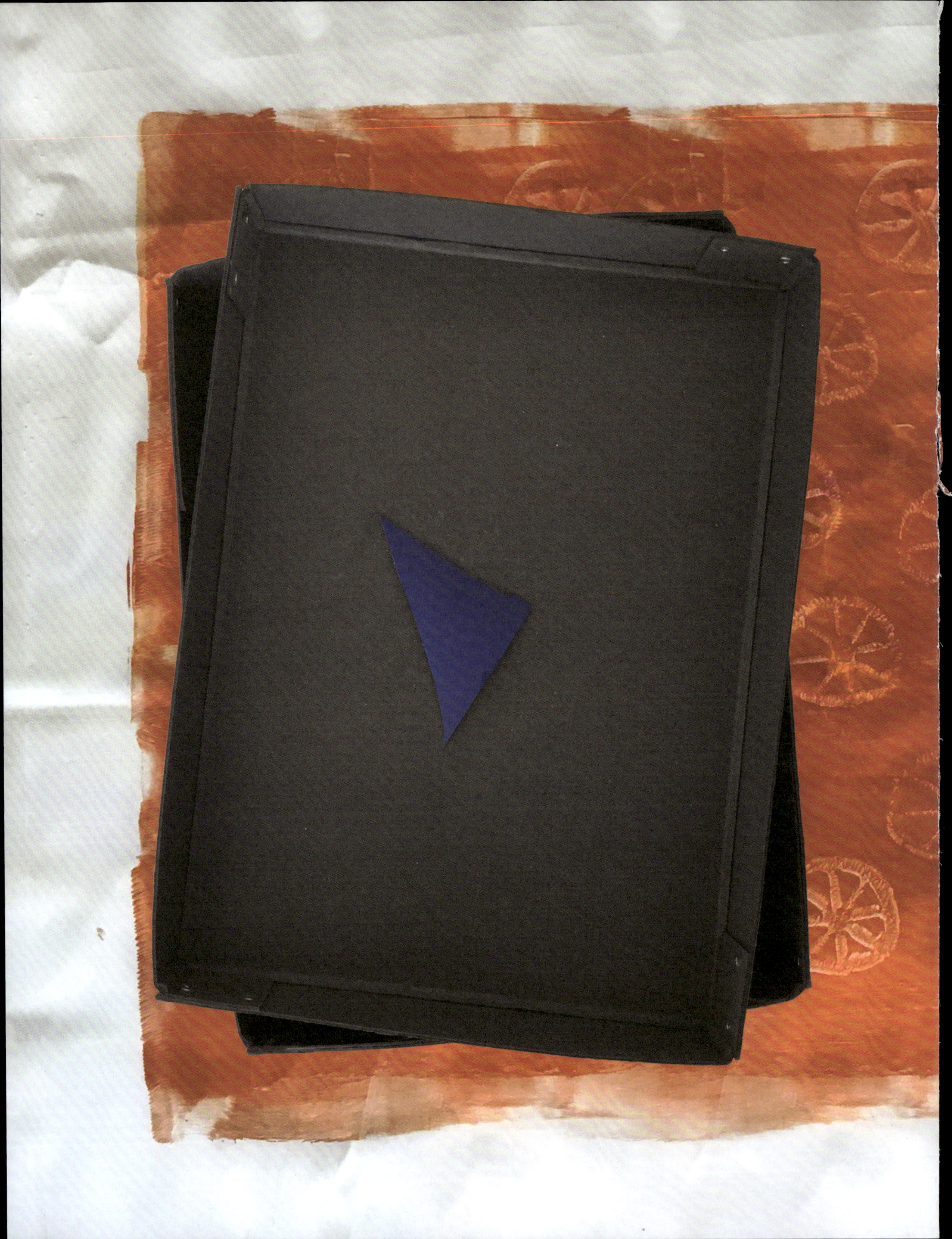